Geheimhaltung und
Offenlegung bei der
Due Diligence anlässlich
der Vorbereitung
eines Unternehmens-
bzw. Beteiligungskaufs

Europäische Hochschulschriften

European University Studies

Publications Universitaires Européennes

Reihe II **Rechtswissenschaft**

Series II Law

Série II Droit

Band/Volume **5410**

Julia Launhard

Geheimhaltung und Offenlegung bei der Due Diligence anlässlich der Vorbereitung eines Unternehmens- bzw. Beteiligungskaufs

PL ACADEMIC RESEARCH

Bibliografische Information der Deutschen Nationalbibliothek
Die Deutsche Nationalbibliothek verzeichnet diese Publikation in der Deutschen Nationalbibliografie; detaillierte bibliografische Daten sind im Internet über http://dnb.d-nb.de abrufbar.

Zugl.: Heidelberg, Univ., Diss., 2010

D 16
ISSN 0531-7312
ISBN 978-3-631-61724-3

www.peterlang.de

Für Frank, Lissi, Jens und Matt

Inhaltsverzeichnis

Abkürzungsverzeichnis

a. A./ A. A.	anderer Ansicht/Anderer Ansicht
Abl.	Amtsblatt
Abs.	Absatz
a.F.	alte Fassung
AG	Aktiengesellschaft; Die Aktiengesellschaft, Zeitschrift für das gesamte Aktienwesen
AktG	Aktiengesetz
Anm.	Anmerkung
Art.	Artikel
BayObLG	Bayrisches Oberlandesgericht
BB	Der Betriebsberater
Bd.	Band
Begr.	Begründung
BGB	Bürgerliches Gesetzbuch
BGB1.	Bundesgesetzblatt
BGH	Bundesgerichtshof
BGHZ	Entscheidungen des Bundesgerichtshofs in Zivilsachen
BT-Drucks.	Bundestags-Drucksache
bzw.	beziehungsweise
DB	Der Betrieb
d.h.	das heißt
DStR	Deutsches Steuerrecht
DStZ	Deutsche Steuer-Zeitung
etc.	etcetera
FAZ	Frankfurter Allgemeine Zeitung
f./ff.	folgende
Fn.	Fussnote
FS	Festschrift

ggf.	gegebenenfalls
GmbH	Gesellschaft mit beschränkter Haftung
GmbHG	Gesetz betreffend der Gesellschaften mit beschränkter Haftung
GmbHR	GmbH-Rundschau
GRUR	Zeitschrift der deutschen Vereinigung für gewerblichen Rechtsschutz und Urheberrecht
HB	Handbuch
HGB	Handelsgesetzbuch
Hs.	Halbsatz
i.V.m.	in Verbindung mit
KG	Kommanditgesellschaft, Kammergericht
LG	Landgericht
m. w. H.	mit weiteren Hinweisen
n.F.	neue Fassung
NJW	Neue Juristische Wochenschrift
Nr.	Nummer
OHG	Offene Handelsgesellschaft
OLG	Oberlandesgericht
PublG	Gesetz über die Rechnungslegung von bestimmten Unternehmen und Konzernen (Publizitätsgesetz – PublG) vom 15.8.1969
RegE	Regierungsentwurf
RiW	Recht des internationalen Wirtschaftsverkehrs
Rn.	Randnummer
S.	Satz
sog.	so genannte, so genannten
Tlbd.	Teilband
u.a.	unter anderem/ anderen

v.	vom
vgl.	vergleiche
Vorb.	Vorbemerkung
WiB	Wirtschaftsrechtliche Beratung
WM	Wertpapiermitteilung
WpHG	Wertpapierhandelsgesetz
ZBB	Zeitschrift für Bankrecht und Bankwirtschaft
z. B./z. Bsp.	zum Beispiel
ZGR	Zeitschrift für Unternehmens- und Gesellschaftsrecht
ZHR	Zeitschrift für das gesamte Handelsrecht und Wirtschaftsrecht
ZIP	Zeitschrift für Wirtschaftsrecht
ZPO	Zwangsvollstreckungsordnung

Literatur

Angersbach, Carsten J. — Due Diligence beim Unternehmenskauf, Baden-Baden 2002 (Zitiert: Angersbach)

Assmann, Heinz-Dieter — Das künftige deutsche Insiderrecht, AG 1994, 196ff. (Teil I) / 237ff. (Teil II) (Zitiert: Assmann, AG 1994)

Ders. — Das neue deutsche Insiderrecht, ZGR 1994, 494 – 529 (Zitiert: Assmann, ZGR 1994)

Ders. — Insiderrecht und Kreditwirtschaft, Rechtsanwendungsprobleme des Insiderrechts in Bezug auf die Organisation und die Geschäfts von Kreditinstituten, WM 1996, 1337ff. (Zitiert: Assmann, WM 1996)

Ders. — Rechtsanwendungsprobleme des Insiderrechts, AG 1997, 50 – 58 (Zitiert: Assmann, AG 1997)

Ders./ **Schneider**, Uwe — Wertpapierhandelsgesetz, Kommentar, 3. Auflage, Köln 2003 (Zitiert: Assmann/Schneider/Bearbeiter, WpHG, 3. Auflage)

Ders./ **Schneider**, Uwe — Wertpapierhandelsgesetz, Kommentar, 5. Auflage, Köln 2009 (Zitiert: Assmann/Schneider/Bearbeiter, WpHG)

Baumbach, Adolf/ **Hopt,** Klaus J./ **Merkt**, Hanno — Handelsgesetzbuch, 34. Auflage, München 2010, Begründer: Adolf Baumbach (Zitiert: Baumbach/ Hopt/Bearbeiter, HGB)

Baumbach, Adolf/ **Hueck**, Alfred — GmbH-Gesetz, 19. Auflage, München 2010 (Zitiert: Baumbach/Hueck/Bearbeiter, GmbHG)

Barthel, Carl W. — Unternehmenswert-Ermittlung vs. Due Diligence-Untersuchung, DStZ 1999, 73 – 81 (Teil I)/136 – 143 (Teil II) (Zitiert: Barthel, DStZ 1999)

Beck´sches Handbuch — der GmbH, Gesellschaftsrecht – Steuerrecht, herausgegeben von Welf Müller, Burkhard Hense, 3. Auflage, München 2002 (Zitiert: Bearbeiter, in: Beck´sches HB d. GmbH)

Beisel, Wilhelm / **Klumpp**, Hans-Hermann — Der Unternehmenskauf, 6. Auflage, München 2009 (Zitiert: Beisel/Klumpp)

Benner-Heinacher, Jella — Kollidiert die Auskunftspflicht des Vorstands mit dem Insidergesetz? DB 1995, 765 – 766 (Zitiert: Benner-Heinacher, DB 1995)

Berens, Wolfgang / **Brauner**, Hans U. (Hrsg.) — Due Diligence bei Unternehmensakquisitionen, Stuttgart 1998 (Zitiert: Bearbeiter, in: Due Diligence bei Unternehmensakquisitionen)

Beuthin, Volker — Art und Grenzen der aktienrechtlichen Haftung herrschender Unternehmen für Leitungsmachtmissbrauch, DB 1969, 1781 – 1785 (Zitiert: Beuthin, DB 1969)

Bihr, Dietrich — Due Diligence: Geschäftsführungsorgane im Spannungsfeld zwischen Gesellschafts- und Gesellschaftsinteressen, BB 1998, 1198 – 120 (Zitiert: Bihr, BB 1998)

Binz, Mark K./ **Freudenberg**, Götz/ **Sorg** — Informationsrechte in der GmbH & Co., BB 1991, 785 – 791 (Zitiert: Binz/Freudenberg/Sorg, BB 1991)

v. **Bitter**, Christian — Das Informationsrecht der GmbH-Gesellschafter in §§ 51a, 51b GmbHG, ZIP 1981, 825 – 832 (Zitiert: v. Bitter, ZIP 1981)

Boesebeck, Ernst — Auskunftserteilung außerhalb der Hauptversammlung AG 1963, 89 – 93 (Zitiert: Boesebeck, AG 1963)

Brandi, Oliver/ **Süßmann,** Rainer — Neue Insiderregeln und Ad-hoc-Publizität – Folgen für Ablauf und Gestaltung von M&A Transaktionen, AG 2004, 642 – 658 (Zitiert: Brandi/Süßmann, AG 2004)

Bremer, Jürgen — Herausgabe von Informationen im Rahmen einer Due Diligence, GmbHR 2000, 176 – 180 (Zitiert: Bremer, GmbHR 2000)

Bundesaufsichtsamt für **Wertpapierhandel**, **Deutsche Börse AG** (Hrsg.) — Insiderhandelsverbote und Ad-hoc-Publizität nach dem Wertpapierhandelsgesetz, 2. Auflage, Frankfurt 1998 (Zitiert: BuWe/Dt. Börse AG)

Bungert, Hartwin — Festschreibung der ungeschriebenen „Holzmüller“-Hauptversammlungszuständigkeiten bei der Aktiengesellschaft, BB 2004, 1345 – 1352 (Zitiert, Bungert, BB 2004)

Burgard, Ulrich — Ad hoc-Publizität bei gestreckten Sachverhalten und mehrstufigen Entscheidungsprozessen, ZHR 162 (1998), 51 – 100 (Zitiert: Burgard, ZHR 162 (1998))

Cahn, Andreas — Grenzen des Markt- und Anlegerschutzes durch das WpHG, ZHR 162 (1998), 1 – 50 (Zitiert: Cahn, ZHR 162 (1998))

Cascante, Christian/ **Bingel**, Adrian — Ist „Nutzung" mehr als „Kenntnis"? Das Insiderhandelsverbot vor dem EuGH, AG 2009, 894 – 903 (Zitiert: Cascante/Bingel, AG 2009)

Diess. — Insiderhandel – in Zukunft leichter nachweisbar? – Die Auslegung des Insiderrechts durch den EuGH und Folgen für die M&A-Praxis –, NZG 2010, 161 – 165 (Zitiert: Cascante/Bingel, NZG 2010)

Caspari, Karl-Burkhard — Die geplante Insiderregelung in der Praxis, ZGR 1994, 530 – 546 (Zitiert: Caspari, ZGR 1994)

Claussen, Carsten P. — Neues zur kommenden Insidergesetzgebung (II), ZBB 1992, 267 – 283 (Zitiert: Claussen, ZBB 1992)

Ders. — Das neue Insiderrecht, DB 1994, 27 – 31 (Zitiert: Claussen, DB 1994)

Currie, Brainerd — Selected Essays on the Conflict of Laws, Durham, North Carolina 1963 (Zitiert: Currie)

Davis, Christopher — Due Diligence: Law and Practice, London 1997 (Zitiert: Davis)

Decher, Christian E. — Information im Konzern und Auskunftsrecht der Aktionäre gemäß § 131 Abs. 4 AktG, ZHR 158 (1994), 437 – 494 (Zitiert: Decher, ZHR 1994)

Dickersbach, Volker — Das neue Insiderrecht der Bundesrepublik Deutschland vor dem Hintergrund der Europäischen Gemeinschaftsrechts, Berlin 1995 (Zitiert: Dickersbach)

Diekmann, Hans/ **Sustmann**, Marco — Gesetz zur Verbesserung des Anlegerschutzes (Anlegerschutzverbesserungsgesetz – AnlSVG), NZG 2004, 929 – 976 (Zitiert: Diekmann/Sustmann, NZG 2004)

Dierdorf, Josef — Herrschaft und Abhängigkeit einer Aktiengesellschaft auf schuldvertraglicher und tatsächlicher Grundlage, Berlin, Bonn, München 1978 (Zitiert: Dierdorf, Herrschaft und Abhängigkeit)

Dietrich, Jürgen	Die Publikums-Kommanditgesellschaft und die gesellschaftsrechtlich geschützten Interessen, Köln 1988 (Zitiert: Dietrich)
Duden, Konrad	Gleichbehandlung bei Auskünften an Aktionäre, Festschrift für Ernst von Caemmerer zum 70. Geburtstag, 499 – 515, Tübingen 1978 (Zitiert: Duden, in: Caemmerer-FS)
Ebenroth, Carsten-Thomas	Das Auskunftsrecht des Aktionärs und seine Durchsetzung im Prozess, Bielefeld 1970 (Zitiert: Ebenroth, Auskunftsrecht des Aktionärs)
Ders./**Koos**, Stefan	Die Verfassungsmäßigkeit des Auskunftsverweigerungsrechts gemäß § 131 Abs. 3 AktG bei Aktionärsfragen bezüglich stiller Reserven, BB 1995, Beilage 8, 1 – 14 (Zitiert: Ebenroth/Koos, BB 1995, Beil 8)
Eggenberger, Jens	Gesellschaftsrechtliche Voraussetzungen und Folgen einer due-diligence Prüfung, Frankfurt am Main 2001 (Zitiert: Eggenberger)
Ehrenzweig, Albert A.	Local and Moral Data in the Conflict of Laws: Terra Incognita, Buffalo Law Review 16 (1966), 55 – 60 (Zitiert: Ehrenzweig)
Ekkenga, Jens	Die Ad hoc-Publizität im System der Marktordnungen, ZGR 1-2 (1999), 165 – 200 (Zitiert: Ekkenga, ZGR 1-2 (1999))
Emmerich,Volker/ **Habersack**, Mathias	Aktien- und GmbH-Konzernrecht, 5. Auflage, München 2008 (Zitiert: Emmerich/Habersack/Bearbeiter, Aktien- und GmbH-Konzernrecht)
Eggenberger, Jens	Gesellschaftsrechtliche Voraussetzungen und Folgen einer due-diligence Prüfung, Frankfurt/ Main (Zitiert: Eggenberger)
Fette, Kerstin	Mehrheitserfordernis bei der nachträglichen Vinkulierung von GmbH-Geschäftsanteilen, GmbHR 1986, 73 – 78 (Zitiert: Fette, GmbHR 1986)
Fleischer, Holger	Investor Relations und informationelle Gleichbehandlung im Aktien-, Konzern- und Kapitalmarktrecht, ZGR 2009, 505 – 541 (Zitiert: Fleischer, ZGR 2009)
Ders.	Handbuch des Vorstandsrechts, 1. Auflage, München 2006 (Zitiert: Fleischer, Vorstandsrecht)

Fox, Ronald D. — International Bar Association (Hrsg.), Due Diligence, Disclosures and Warranties in the Corporate Acquisition Practice, 2. Auflage, London 1992, S. 143 – 164 (Zitiert: Fox)

Fromm-Russenschuck, Viola/ **Banerjea**, Nirmal Robert — Die Zulässigkeit des Handels mit Insiderpapieren nach Durchführung einer Due Diligence-Prüfung, BB 2004, 2425 – 2428 (Zitiert: Fromm-Russenschuck/Banerjea, BB 2004)

Fürhoff, Jens — Insiderrechtliche Behandlung von Aktienoptionsprogrammen und Management Buy-Outs, AG 1998, 83 – 88 (Zitiert: Fürhoff, AG 1998)

Fürhoff, Jens/**Wölk**, Armin — Aktuelle Fragen zur Ad hoc-Publizität, WM 1997, 449 – 459 (Zitiert: Fürhoff/Wölk, WM 1997)

Geßler, Ernst/ **Hefermehl**, Wolfgang/ **Eckhardt**, Ulrich/ **Kropff**, Bruno — Aktiengesetz, Band I, §§ 1 – 75, München 1973/ 1984 (Zitiert: Geßler/Hefermehl/Bearbeiter, AktG)

Dies. — Aktiengesetz, Band II, §§ 76 – 147, München 1974 (Zitiert: Geßler/Hefermehl/Bearbeiter, AktG)

Dies. — Aktiengesetz, Band VI, §§291 – 410, München 1976/ 1994 (Zitiert: Geßler/Hefermehl/Bearbeiter, AktG)

Götz, Heinrich — Die Pflicht des Aufsichtsrats zur Haftbarmachung von Vorstandsmitgliedern, NJW 1997, 3275 – 3278 (Zitiert: Götz, NJW 1997)

Götz, Jürgen — Die unbefugte Weitergabe von Insidertatsachen, DB 1995, 1949 – 1953 (Zitiert: Götz, DB 1995)

Götze, Cornelius — Auskunftserteilung durch GmbH-Geschäftsführer im Rahmen der Due Diligence beim Beteiligungserwerb, ZGR 1999, 203 – 233 (Zitiert: Götze, ZGR 1999)

Grimme, Leoni/ **v. Butlar**, Julia — Neue Entwicklungen in der Ad-hoc-Publizität – Vom Vierten Finanzmarktförderungsgesetz zur Marktmissbrauchsrichtlinie –, WM 2003, 901 – 910 (Zitiert: Grimme/v. Butlar, WM 2003)

Groß, Wolfgang — Informations- und Auskunftsrecht des Aktionärs, AG 1997, 97 – 107 (Zitiert: Groß, AG 1997)

Großkommentar — zum Aktiengesetz, Erster Band, 2. Halbband, §§ 76-147, 3. Auflage, Berlin, New York 1973 (Zitiert: GroßKomm/Bearbeiter, AktG)

Ders.	Zum Aktiengesetz, Hrsg. Klaus J. Hopt, Herbert Wiedemann, 11. Lieferung: §§ 93 – 94, 4. Auflage, Berlin, New York 1999 (Zitiert: Großkomm/Bearbeiter, AktG)
Ders.	Zum Aktiengesetz, Hrsg. Klaus J. Hopt, Herbert Wiedemann, 8. Lieferung: §§ 399 – 410, 4. Auflage, Berlin, New York 1997 (Zitiert: Großkomm/Bearbeiter, AktG)
Grundmann, Stefan	Berücksichtigung ausländischer Rechtsvorstellungen im Strafrecht – Zur „Datumtheorie" im internationalen Strafrecht, NJW 1985, 1251 – 1255 (Zitiert: Grundmann, NJW 1985, 1251)
Grunewald, Barbara	Einsichts- und Auskunftsrecht des GmbH-Gesellschafters nach neuem Recht, ZHR 146 (1982), 211 – 237 (Zitiert: Grunewald, ZHR 146 (1982))
Dies.	Zum Informationsrecht in der GmbH & Co. KG – Besprechung der Entscheidung BGH WM 1988, 1447ff., ZGR 1989, 545 – 553 (Zitiert: Grunewald, ZGR 1989)
Haas, Ulrich/ **Müller**, Henning	Haftungsrisiken des GmbH-Geschäftsführers im Zusammenhang mit Unternehmens(ver)käufen, GmbHR 2004, 1169 – 1179 (Zitiert: Haas/Müller, GmbHR 2004)
Hachenburg	Peter **Ulmer** (Hrsg.), Gesetz betreffend die Gesellschaften mit beschränkter Haftung (GmbHG), Großkommentar, 1. Band, §§ 1 – 34, 8. Auflage, Berlin, New York 1992 (Zitiert: Hachenburg/Bearbeiter, GmbHG)
Ders.	Peter Ulmer (Hrsg.), Gesetz betreffend die Gesellschaften mit beschränkter Haftung (GmbHG), Großkommentar, 2. Band, §§ 35 – 52, 8. Auflage, Berlin, New York 1997 (Zitiert: Hachenburg/Bearbeiter, GmbHG)
Ders.	Peter Ulmer (Hrsg.), Gesetz betreffend die Gesellschaften mit beschränkter Haftung (GmbHG), Großkommentar, 3. Band, §§ 53 – 85, 8. Auflage, Berlin, New York 19 (Zitiert: Hachenburg/Bearbeiter, GmbHG)
Hahn, Volker	Das Informationsrecht des Kommanditisten, BB 1997, 741 – 745 (Zitiert: Hahn, BB 1997)

Handbuch des Kapitalanlagerechts Hrsg. Heinz-Dieter Assmann, Rolf A. Schütze 3. Auflage, München 2007 (Zitiert: Bearbeiter, in: HB d. Kapitalanlagerechts)

Happ, Wilhelm/ **Semler**, Johannes Ad hoc-Publizität im Spannungsfeld von Gesellschaftsrecht und Anlegerschutz – Zum Begriff der „Tatsache" in § 15 WpHG bei mehrstufigen Entscheidungsprozessen –, ZGR 1998, 116 – 141 (Zitiert: Happ/Semler, ZGR 1998)

Harrer, Herbert Die Bedeutung der Due Diligence bei der Vorbereitung eines Unternehmenskaufs, DStR 1993, 1673 – 1675 (Zitiert: Harrer, DStR 1993)

Hasselbach, Kai Die Weitergabe von Insiderinformationen bei M&A-Transaktionen mit börsennotierten Aktiengesellschaften, NZG 2004, 1087 – 1095 (Hasselbach, NZG 2004)

Hellner, Thorwald / **Steuer**, Stephan (Hrsg.) Bankrecht und Bankpraxis, Köln 1999, Stand 7/2003 (Loseblattsammlung) (Zitiert: BuB/Bearbeiter)

Hemeling, Peter Gesellschaftsrechtliche Fragen der Due Diligence beim Unternehmenskauf, ZHR 169 (2005), 274 – 294 (Zitiert: Hemeling, ZHR 2005)

Ders. Die Gleichbehandlung der Aktionäre in Theorie und Praxis, AG 1985, 240 – 248 (Zitiert: Henn, AG 1985)

Henze, Hartwig Prüfungs- und Kontrollaufgaben des Aufsichtsrats in der Aktiengesellschaft, NJW 1998, 3309 – 3312 (Zitiert: Henze, NJW 1998)

Hessler, Hans-Joachim Sachrechtliche Generalklausel und internationales Familienrecht, München 1985 (Zitiert: Hessler)

Heymann Norbert Horn (Hrsg.), Handelsgesetzbuch. Kommentar (ohne Seerecht), Bd. 2, §§105 – 237 HGB, 2. Auflage, Berlin, New York 1996 (Zitiert: Heymann/Bearbeiter, HGB, Bd. 2)

Hirte, Heribert Die Ausübung der Informationsrechte von Gesellschaftern durch Sachverständige, BB 1985, 2208-2210 (Zitiert: Hirte, BB 1985)

Hoffmann-Becking, Michael Das erweiterte Auskunftsrecht des Aktionärs nach § 131 Abs. 4 AktG, Festschrift für Heinz Rowedder zum 75. Geburtstag, 155 – 170, München 1994 (Zitiert: Hoffmann-Becking, in: Rowedder-FS)

Holzborn, Timo/ **Israel**, Alexander — Das Anlegerschutzverbesserungsgesetz – Die Veränderungen im WpHG, VerkProspG und BörsG und ihre Auswirkungen in der Praxis, WM 2004, 1948 – 1956 (Zitiert: Holzborn/Israel, WM 2004)

Hommelhoff, Peter — Unternehmensführung in der mitbestimmten GmbH, ZGR 1978, 119 – 155 (Zitiert: Hommelhoff, ZGR 1978)

Ders. — Die Konzernleitungspflicht, Köln 1982 (Zitiert: Hommelhoff, Konzernleitungspflicht)

Ders. — Jahresabschluss und Gesellschafterinformation in der GmbH, ZIP 1983, 383 – 392 (Zitiert: Hommelhoff, ZIP 1983)

Hopt, Klaus J. — Europäisches und deutsches Insiderrecht, ZGR 1991, 17 – 73 (Zitiert: Hopt, ZGR 1991)

Ders. — Grundsatz- und Praxisprobleme nach dem Wertpapierhandelsgesetz – insbesondere Insidergeschäfte und Ad hoc-Publizität, ZHR 159 (1995), 135 – 163 (Zitiert: Hopt, ZHR 159 (1995))

Ders. — Familien- und Aktienpools unter dem Wertpapierhandelsgesetz, ZGR 1997, 1 – 31 (Zitiert: Hopt, ZGR 1997)

Horn, Norbert — Die Haftung des Vorstands der AG nach § 91 AktG und die Pflichten des Aufsichtsrats, ZIP 1997, 1129 – 1139 (Zitiert: Horn, ZIP 1997)

Huber, Ulrich — Das Auskunftsrecht des Kommanditisten, ZGR 1982, 539 – 551 (Zitiert: Huber, ZGR 1982)

Hueck, Götz — Der Grundsatz der gleichmäßigen Behandlung im Privatrecht, München, Berlin 1958 (Zitiert: Hueck, Gleichmäßige Behandlung)

Hüffer, Uwe — Aktiengesetz, 9. Auflage, München 2010 (Zitiert: Hüffer, AktG)

Immenga, Frank A. — Das neue Insiderrecht im Wertpapierhandelsgesetz, ZBB 1995, 197 – 206 (Zitiert: Immenga, ZBB 1995)

Immenga, Ulrich — Die Minderheitsrechte des Kommanditisten, ZGR 1974, 385 – 426 (Zitiert: Immenga, ZGR 1974)

Ivens, Michael — Informationsverweigerung gemäß § 51a Abs. 2 GmbHG gegenüber Konkurrentgesellschaftern, GmbHR 1989, 273 – 278 (Zitiert: Ivens, GmbHR 1989)

Janberg, Hans — Das Auskunftsrecht des Aktionärs außerhalb der Hauptversammlung, AG 1965, 191 – 194 (Zitiert: Janberg, AG 1965)

Jayme, Erik — Ausländische Rechtsregeln und Tatbestand inländischer Sachnormen – Betrachtungen zu Ehrenzweigs Datum Theorie – , Gedächtnisschrift für Albert A. Ehrenzweig, 35 – 49, Heidelberg 1976 (Zitiert: Jayme, GS Ehrenzweig)

Ders. — Sprachrisiko und internationales Privatrecht beim Bankverkehr mit ausländischen Kunden, Festschrift für Bärmann, 509 – 522, 1975 (Zitiert: Jayme, FS Bärmann)

Jilson, Robert — International Bar Association (Hrsg.), Due Diligence, Disclosures and Warranties in the Corporate Acquisition Practice, 2. Auflage, London 1992, S. 7 – 14 (Zitiert: Jilson)

Joussen, Peter — Auskunftspflicht des Vorstands nach § 131 AktG und Insiderrecht, DB 1994, 2485 – 2489 (Zitiert: Joussen, DB 1994)

Junge, Werner — Das Unternehmensinteresse, Festschrift für Ernst von Caemmerer zum 70. Geburtstag, 547 – 557, Tübingen 1978 (Zitiert: Junge, in: Caemmerer-FS)

Kaiser, Andreas — Sanktionierung von Insiderverstößen und das Problem der Kursmanipulation, WM 1997, 1557 – 1563 (Zitiert: Kaiser, WM 1997)

Kellmann, Christof — Schadensersatz und Ausgleich im Faktischen Konzern, BB 1969, 1509 – 1518 (Zitiert: Kellmann, BB 1969)

Kiem, Roger / **Kotthoff**, Jost — Ad-hoc-Publizität bei mehrstufigen Entscheidungsprozessen, DB 1995, 1999 – 2004 (Zitiert: Kiem/Kotthoff, DB 1995)

Kiem, Roger — M&A Praxis und neues Insiderrecht, M&A Review 1996, 425 – 429 (Zitiert: Kiem, M&A Review 1996)

Kiethe, Kurt — Vorstandshaftung aufgrund fehlerhafter Due Diligence beim Unternehmenskauf, NZG 1999, 976 – 983 (Zitiert: Kiethe, NZG 1999)

Kindler, Peter — Unternehmerisches Ermessen und Pflichtenbindung, ZHR 162 (1998), 101 – 119 (Zitiert: Kindler, ZHR 162 (1998))

Koch, Stefan	Neuerungen im Insiderrecht und der Ad-hoc-Publizität, DB 2005, 267 – 276 (Koch, DB 2005)
Koch, Wolfgang/ **Wegmann**, Jürgen	Praktiker-Handbuch Due Diligence, 2. Auflage Stuttgart 2002 (Zitiert: Koch/Wegmann)
Kölner Kommentar	Zum Aktiengesetz, Hrsg. Wolfgang Zoellner, Band 1, §§ 1 – 147, 1. Auflage, Köln 1985 (Zitiert: KölnerKomm/Bearbeiter, AktG)
Dass.	Zum Aktiengesetz, Band 1, §§1 – 75, 2. Auflage, Köln 1998 (Zitiert: KölnerKomm/Bearbeiter, AktG)
Dass.	Zum Aktiengesetz, Band 2, §§ 76 – 117 AktG und Mitbestimmung im Aufsichtsrat, 2. Auflage, Köln 1996 (Zitiert: KölnerKomm/Bearbeiter, AktG)
Dass.	Zum Aktiengesetz, Band 6, 1. Lieferung, §§ 291 – 328 AktG, 2. Auflage, Köln 1988 (Zitiert: Kölner-Komm/ Bearbeiter, AktG)
König, Jochen	Gesellschafterbeschluss als Voraussetzung einer due diligence, Anmerkung zu LG Köln 10. Kammer für Handelssachen, Urteil vom 26.3.2008, jurisPR-HaGesR 6/2009 Anm. 1, 1 – 5 (Zitiert: König, JurisPR-HaGESR 6/2009, Anm. 1)
Körner, Marita	Infomatec und die Haftung von Vorstandsmitgliedern für falsche ad hoc-Mitteilungen, NJW 2003, 3386 – 3388 (Zitiert: Körner, NJW 2004)
Körber, Torsten	Geschäftsleitung der Zielgesellschaft und due diligence bei Paketerwerb und Unternehmenskauf, NZG 2002, 263 – 272 (Zitiert: Körber, NZG 2002)
Koller, Ingo/ **Roth**, Wulf-Henning/ **Morck**/Winfried	Handelsgesetzbuch, 6. Auflage, München 2007 (Zitiert: Koller/Roth/Morck/Bearbeiter, HGB)
Konzen, Horst	Geschäftsführung, Weisungsrecht und Verantwortlichkeit in der GmbH und GmbH & Co KG, NJW 1989, 2977 – 2987 (Zitiert: Konzen, NJW 1989)
Koppensteiner, Hans-Georg	GmbH-rechtliche Probleme des Management Buy-Out, ZHR 155 (1991), 97 – 119 (Zitiert: Koppensteiner, ZHR 155 (1991))
Krömker, Michael	Die Due Diligence im Spannungsfeld zwischen Gesellschafts- und Aktionärsinteressen, Frankfurt am Main 2002 (Zitiert: Krömker)

Ders.	Der Anspruch des Paketaktionärs auf Informationsoffenbarung zum Zwecke der Due Diligence, NZG 2003, 418 –424 (Zitiert: Krömker, NZG 2003, 418)
Kort, Michael	Das Informationsrecht des Gesellschafters der Konzernobergesellschaft, ZGR 1987, 46 – 75 (Zitiert: Kort, ZGR 1987)
Kropff, Bruno	Der „faktische Konzern" als Rechtsverhältnis, DB 1967, 2147 – 2153 (Teil I), 2204 – 2208 (Teil II) (Zitiert: Kropff, DB 1967)
Krüger, Dirk/ **Kalbfleisch**, Eberhard	Due Diligence bei Kauf und Verkauf von Unternehmen, DStR 1999, 174 – 180 (Zitiert: Krüger/Kalbfleisch, DStR 1999)
Kümpel, Siegfried	Bank- und Kapitalmarktrecht, 3. Auflage, Köln 2003 (Zitiert: Kümpel, Bank- u. Kapitalmarktrecht)
Ders.	Insiderrecht und Ad hoc-Publizität aus Bankensicht, WM 1996, 653 – 662 (Zitiert: Kümpel, WM 1996)
Ders.	Aktuelle Fragen der Ad hoc-Publizität, AG 1997, 66 – 73 (Zitiert: Kümpel, AG 1997)
Leuering, Dieter	Die Ad-hoc-Pflicht auf Grund der Weitergabe von Insiderinformationen (§ 15 Abs. 1 S. 3 WpHG), NZG 2005, 12 – 17 (Zitiert: Leuering, NZG 2005)
Ders./ **Simon**, Stefan	Aktienrechtliche Auskunftserteilung außerhalb der Hauptversammlung, NJW-Spezial 2006, 507 – 508 (Zitiert: Leuering/Simon, NJW-Spezial 2006)
Linker, Anja Celina/ **Zinger**, Georg	Rechte und Pflichten der Organe einer Aktiengesellschaft bei der Weitergabe vertraulicher Unternehmensinformationen, NZG 2002, 497 – 502 (Zitiert: Linkler/Zinger, NZG 2002)
Loesche, Marco	Die Erheblichkeit der Kursbeeinflussung in den Insiderhandelsverboten des Wertpapierhandelsgesetzes, WM 1998, 1849 – 1859 (Zitiert: Loesche, WM 1998)
Loges, Rainer	Der Einfluss der ‚Due Diligence' auf die Rechtsstellung des Käufers eines Unternehmens, DB 1997, 965 – 968 (Zitiert: Loges, DB 1997)
Lubos, Günter	Besonderheiten bei der Übernahme von Krisenunternehmen, DStR 1999, 951 – 956 (Zitiert: Lubos, DStR 1999)

Luchterhandt, Hans Friedrich — Leitungsmacht und Verantwortlichkeit im faktischen Konzern, ZHR 133 (1970), 1 – 60 (Zitiert: Luchterhandt, ZHR 133 (1970))

Lutter, Marcus — Due Diligence des Erwerbers beim Kauf einer Beteiligung, Festschrift für Helmut Schippel zum 65. Geburtstag, München 1996, 455 – 472 (Zitiert: Lutter, in: Schippel-FS); auch ZIP 1997, 613 – 620 (Zitiert: Lutter, ZIP 1997, 620)

Ders. — Zum Informationsrecht des Gesellschafters nach neuem GmbH-Recht, ZGR 1982, 1 – 14 (Zitiert: Lutter, ZGR 1982)

Ders. — Information und Vertraulichkeit im Aufsichtsrat, 2. Auflage, Köln, Berlin, Bonn, München 1984 (Zitiert: Lutter, Information und Vertraulichkeit)

Ders. — Die Treuepflicht des Aktionärs – Bemerkungen zur Linotype Entscheidung des BGH, ZHR 153 (1989), 446-471

Ders./**Hommelhoff**, Peter — GmbH-Gesetz, 17. Auflage, Köln 2009 (Zitiert: Bearbeiter in Lutter/Hommelhoff, GmbHG)

Ders./**Timm**, Wolfram — Konzernrechtlicher Präventivschutz im GmbH-Recht, NJW 1982, 409ff (Zitiert: Lutter/Timm, NJW 1982)

Marsch-Barner, Reinhard/**Schäfer**, A. Frank — Handbuch börsennotierte AG, 2. Auflage, Köln 2009 (Zitiert: Marsch-Barner/Schäfer, HB AG)

Martens, Klaus-Peter — Die GmbH und der Minderheitenschutz, GmbHG 1984, 265 – 272 (Zitiert: Martens, GmbHR 1984)

Meilike, Heinz/ **Heidel**, Thomas — Das Auskunftsrecht des Aktionärs in der Hauptversammlung, DStR 1992, 72 – 75 (Teil I), 113 – 118 (Teil II) (Zitiert: Meilike/Heidel, DStR 1992)

Meincke, Eberhard — Geheimhaltungspflichten im Wirtschaftsrecht, WM 1998, 749 – 757 (Zitiert: Meincke, WM 1998)

Merkt, Hanno — Internationaler Unternehmenskauf, 1. Auflage, Köln 1997 (zitiert: Bearbeiter, in: Merkt, Vorauflage)

Ders. — Internationaler Unternehmenskauf, 2. Auflage, Köln 2003 (Zitiert: Bearbeiter, in: Merkt)

Ders. — Rechtliche Bedeutung der ‚due diligence' beim Unternehmenskauf, WiB 1996, 145 –150 (Zitiert: Merkt, WiB 1996)

Ders.	Due Diligence und Gewährleistung beim Unternehmenskauf, BB 1995, 1041 – 1049 (Zitiert: Merkt, BB 1995)
Mertens, Hans-Joachim	§ 51 a Abs. 1 GmbHG und die kapitalistisch strukturierte GmbH, Festschrift für Werner, 1984, 557 – 572 (Zitiert: Mertens, in: Werner-FS)
Mertens, Kai	Die Information des Erwerbers einer wesentlichen Unternehmensbeteiligung an einer Aktiengesellschaft durch deren Vorstand, AG 1997, 541 – 547 (Zitiert: Mertens, AG 1997)
Meyer-Landrut, Joachim/ **Miller**, Georg/ **Niehus**, Rudolf J	Gesetz betreffend die Gesellschaften mit beschränkter Haftung (GmbHG), Berlin, New York 1987, (Zitiert: Meyer-Landrut/Bearbeiter, GmbHG)
Müller, Klaus J.	Gestattung der Due Diligence durch den Vorstand der Aktiengesellschaft, NJW 2000, 3462 – 3456 (Zitiert: Müller, NJW 2000)
Müller, Klaus	Schranken des Informationsrechts nach § 51a GmbHG, GmbHR 1987, 87 – 94 (Zitiert: Müller, GmbHR 1987)
Münchener Handbuch des Gesellschaftsrechts	Bd. 2: Kommanditgesellschaft, Stille Gesellschaft, hrsg. Bodo Riegger, Lutz Weipert, 3. Auflage, München 2009 (Zitiert: Bearbeiter in Münchener HB d. Gesellschaftsrechts, Bd. 2)
Dass.	Bd. 3: Gesellschaft mit beschränkter Haftung, hrsg. Von Hans-Joachim Priester, Dieter Mayer, 2. Auflage, München 2003 (Zitiert: Bearbeiter, in: Münchener HB d. Gesellschaftsrechts, Bd. 3)
Dass.	Bd. 4: Aktiengesellschaft, hrsg. Von Michael Hoffmann-Becking, München 1999, (Zitiert: Bearbeiter, in: Münchener HB d. Gesellschaftsrechts, Bd. 4)
Münchener Kommentar zum Aktiengesetz	Bd. 1, §§ 1 – 75, 3. Auflage, München 2008 (Zitiert: MünchKomm/Bearbeiter, AktG, Bd. 1)
Münchener Kommentar zum Aktiengesetz	Bd. 2, §§ 76 – 117, 3. Auflage, München 2008 (Zitiert: MünchKomm/Bearbeiter, AktG, Bd. 2)
Münchener Kommentar zum Aktiengesetz	Bd. 4, §§ 118 – 147, 2. Auflage, München 2004 (Zitiert: MünchKomm/Bearbeiter, AktG, Bd. 4)
Münchener Kommentar zum Aktiengesetz	Bd. 5, §§ 278 – 328, 3. Auflage, München 2010 (Zitiert: MünchKomm/Bearbeiter, AktG, Bd. 5)

Münchener Kommentar zum Bürgerlichen Gesetzbuch Bd. 2, §§ 241 – 432, 5. Auflage, München 2006 (Zitiert: MünchKomm/Bearbeiter, BGB, Bd. 2)

Nirk, Rudolf/ **Ziemons**, Hildegard/ **Binnewies,** Burkhard Handbuch der Aktiengesellschaft, 52. Lieferung, Köln April 2009 (Zitiert: Bearbeiter in: Nirk/Ziemons/Binnewies, HB AG)

Novak, Eric Ad hoc-Publizität bei M&A-Transaktionen, BB 1999, 601 – 604 (Zitiert: Novak, DB 1999)

Oppenländer, Frank Grenzen der Auskunftserteilung durch Geschäftsführer und Gesellschafter beim Verkauf von GmbH-Geschäftsanteilen, GmbHR 2000, 535 – 541 (Zitiert: Oppenländer, GmbHR 2000)

Pananis, Panos Zur Abgrenzung von Insidertatsache und ad-hoc-publizitätspflichtigem Sachverhalt bei mehrstufigen Entscheidungsprozessen, WM 1997, 460 – 464 (Zitiert: Pananis, WM 1997)

Peters, Kai Informationsrechte und Geheimhaltungspflichten im Rahmen einer Due Diligence und daraus resultierende Haftungsrisiken, Aachen 2002 (Zitiert: Peters)

Picot, Gerhard Unternehmenskauf und Restrukturierung 2. Auflage, München 1998 (Zitiert: Bearbeiter, in: Picot, 2. Auflage)

Ders./ **Ments**, Alexander/ **Seydel**, Eberhard Die Aktiengesellschaft bei Unternehmenskauf und Restrukturierung, München 2003 (Zitiert: Picot/Ments/Seydel/Bearbeiter, Aktiengesellschaft)

Porter, Michael E Diversifikation – Konzerne ohne Konzept, Harvard Manager 1987 (Heft 4), 30 – 49 (Zitiert: Porter, Harvard Manager 1987)

Priester, Hans-Joachim Die eigene GmbH als fremder Dritter/ Eigensphäre der Gesellschaft und Verhaltenspflichten ihrer Gesellschafter, ZGR 1993, 512 – 533 (Zitiert: Priester, ZGR 1993)

Reuter, Alexander § 51a GmbHG – Quo vadis? BB 1986, 1653 – 1660 (Zitiert: Reuter, BB 1986)

Ders. Das Auskunftsrecht des Aktionärs – neuere Rechtsprechung zu § 131 AktG, DB 1988, 1615 – 2620 (Zitiert: Reuter, DB 1988)

Rodewald, Jörg — Neuregelung des Insiderrechts nach dem Anlegerschutzverbesserungsgesetz (AnlSVG) – Neue Organisationsanforderungen für Emittenten und ihre Berater, BB 2004, 2249 – 2252 (Zitiert: Rodewald, BB 2004)

Rödder, Thomas/ **Hötzel**, Oliver/ **Mueller-Thuns**, Thomas — Unternehmenskauf Unternehmensverkauf, München 2003 (Zitiert: Rödder/Hötzel/Mueller-Thuns)

Röhricht, Volker/ **Graf von Westphalen**, Friedrich — Handelsgesetzbuch, Kommentar zu Handelsstand, Handelsgesellschaften, Handelsgeschäften und besonderen Handelsverträgen ohne Bilanz-, Transport- und Seerecht, 3. Auflage, Köln 2008 (Zitiert: Röhricht/Graf von Westphalen/Bearbeiter, HGB)

Roschmann, Christian/ **Frey**, Johannes — Geheimhaltungspflichten der Vorstandsmitglieder von Aktiengesellschaften bei Unternehmenskäufen, AG 1996, 449 – 455 (Zitiert: Roschmann/Frey, AG 1996)

Roth, Günther H./ **Altmeppen**, Holger — Gesetz betreffend die Gesellschaften mit beschränkter Haftung (GmbHG), 6. Auflage, München 2009 (Zitiert: Roth/Altmeppen, GmbHG)

Rowedder, Heinz (Hrsg.) — Gesetz betreffend die Gesellschaften mit beschränkter Haftung (GmbHG), 3. Auflage, München 1997, bearbeitet von Hans Fuhrmann, Fritz Rittner, Hans-Georg Koppensteiner, Harald Wiedmann, Henning Rasner, Christian Schmidt-Leithoff, Klaus Zimmermann, Hans-Jürgen Schaal (Zitiert: Rowedder/Bearbeiter, GmbHG)

Schäfer, Frank A — Wertpapierhandelsgesetz, Börsengesetz mit BörsZulV, Verkaufsprospektgesetz mit VerkProspV, Stuttgart 1999 (Zitiert Schäfer/Bearbeiter, WpHG)

Schander, Albert A./ **Posten**, Olaf H. — Zu den Organpflichten bei Unternehmensübernahmen, ZIP 1997, 1534 – 1538 (Zitiert: Schander/Posten, ZIP 1997)

Schiessl, Maximilian — Die Informationsrechte der Personenhandelsgesellschafter im Lichte der GmbH-Novelle 1980, GmbHR 1985, 109 – 112 (Zitiert: Schiessl, GmbHR 1985)

Ders. Abdingbarkeit der Kontrollrechte des Kommanditisten aus § 166 HGB, NJW 1989, 1597 – 1598 (Zitiert: Schiessl, NJW 1989)

Schimansky, Herbert/ **Bunte**, Herman-Josef/ **Lwowski**, Hans-Jürgen Bankrechtshandbuch, Band III, 3. Auflage, München 2007 (Zitiert: Bankrechtshandbuch/Bearbeiter)

Schlegelberger, Franz Handelsgesetzbuch, Kommentar, Band III/ 2. Halbband (§§ 161 – 177a, §§ 335 – 342 (§§ 230-237 n.F.)), 5. Auflage, München 1986 (Zitiert: Schlegelberger/ Bearbeiter, HGB)

Schmidt, Karsten Gesellschaftsrecht, 4. Auflage, Köln, Berlin, Bonn, München 2002 (Zitiert: Karsten Schmidt, Gesellschaftsrecht)

Ders. Informationsrechte in Gesellschaften und Verbänden, 1984 (Zitiert: Karsten Schmidt, Informationsrechte)

Schmidt-Diemitz, Rolf Pakethandel und das Weitergabeverbot von Insiderwissen, DB 1996, 1809 – 1813 (Zitiert: Schmidt-Diemitz, DB 1996)

Schmitz, Winfried F. International Association of Young Lawyers (Hrsg.), Due Diligence for Corporate Acquisitions, London 1996, 169 – 197 (Zitiert: Schmitz, in: Due Diligence for Corporate Acquisitions)

Schneider, Ingo Unternehmenserwerb mit Informationen aus einer Due Diligence kein strafbarer Insiderhandel, DB 2005, 2678 – 2681 (Zitiert: Schneider, DB 2005)

Schneider, Uwe H./ **Singhof**, Bernd Die Weitergabe von Insidertatsachen in der konzernfreien Aktiengesellschaft, insbesondere im Rahmen der Hauptversammlung und an einzelne Aktionäre – Ein Beitrag zum Verhältnis von Gesellschaftsrecht und Kapitalmarktrecht – , Festschrift für Alfons Kraft, 585 – 605 (Zitiert: Schneider/Singhof, FS Kraft)

Scholz, Franz Kommentar zum GmbH-Gesetz, – 10. Auflage, Köln 2007 (Zitiert: Scholz/Bearbeiter, GmbHG)

Schroeder, Ulrich Darf der Vorstand der Aktiengesellschaft dem Aktienkäufer eine Due Diligence gestatten? DB 1997, 2161 – 2166 (Zitiert: Schroeder, DB 1997)

Seibt, Christoph/ **Reiche**, Felix Unternehmens- und Beteiligungskauf nach der Schuldrechtsreform, DStR 2002, 1135ff (Teil I), 1183ff. (Teil II) (Zitiert: Seibt/Reiche, DStR 2002, 1135/1183)

Seifert, Peter Zum Auskunftsrecht des Aktionärs nach neuem Aktienrecht – insbesondere zur Auslegung von § 131 Abs. 4 AktG, AG 1967, 1-4 (Seifert, AG 1967)

Semler, Johannes Leitung und Überwachung der Aktiengesellschaft, 2. Auflage, Köln, Berlin, Bonn, München 1996 (Semler, Leitung und Überwachung)

Ders./**Volhard**, Rüdiger Arbeitshandbuch für Unternehmensübernahmen, Bd. 1, München 2001 (Zitiert: Semler/Volhard/Bearbeiter, Unternehmensübernahmen)

Sethe, Rolf Die Verschärfung des insiderrechtlichen Weitergabeverbots, ZBB 2006, 243 – 257 (Zitiert: Sethe, ZBB 2006)

Siehr, Kurt Ehrenzweigs Lex-Fori-Theorie und ihre Bedeutung für das amerikanische und deutsche Kollisionsrecht, RabelsZ 34 (1970) 585 – 635 (Siehr, Rabelz 34 (1970), 585)

Sina, Peter Grenzen des Konzern-Weisungsrecht nach § 308 AktG, AG 1991, 1 – 10 (Zitiert: Sina, AG 1991)

Singhof, Bernd Zur Weitergabe von Insiderinformationen im Unterordnungskonzern, ZGR 2001, 146 – 175 (Singhof, ZGR 2001, 146)

Soergel, Hans Theodor Kommentar zum Bürgerlichen Gesetzbuch, Bd. 3, Schuldrecht II (§§ 433 – 515), 12. Auflage, Köln 1991 (Zitiert: Soergel-Bearbeiter, 12. Auflage)

Spindler, Gerald/ **Speier**, Torben Die neue Ad-hoc-Publizität im Konzern, BB 2005 2031 – 2035 (Zitiert: Spindler/Speier, BB 2005)

Staub, Hermann Großkommentar zum Handelsgesetzbuch, Hrsg. Claus-Wilhelm Canaris, Wolfgang Schilling, Peter Ulmer, 4. Auflage, 9. Lieferung: §§ 161 – 177a, Berlin, New York 1987 (Zitiert: Staub/Bearbeiter, HGB)

Ders. | Großkommentar zum Handelsgesetzbuch, Hrsg. Claus-Wilhelm Canaris, Wolfgang Schilling, Peter Ulmer, Erster Bank: §§ 1 – 37a; Zweiter Band: §§ 48 – 104;,Dritter Band: §§ 105 – 160, 5. Auflage, Berlin, New York 2009 (Zitiert: Staub/Bearbeiter, HGB)

von **Stebut**, Dietrich | Geheimnisschutz und Verschwiegenheitspflicht im Aktiengesetz, Köln, Berlin, Bonn, München 1972 (Zitiert: v. Stebut)

Stengel, Arndt/ **Scholderer**, Frank | Aufklärungspflichten beim Beteiligungs- und Scholderer, Unternehmenskauf, NJW 1994, 158 – 164 (Zitiert: Stengel/Scholderer, NJW 1994)

Stoffels, Markus | Grenzen der Informationsweitergabe durch den Vorstand einer Aktiengesellschaft im Rahmen einer „Due Diligence", ZHR 165 (2001), 362 – 382 (Zitiert: Stoffels, ZHR 165 (2001))

Strohn, Lutz | Die Verfassung der Aktiengesellschaft im faktischen Konzern, Köln, Berlin, Bonn, München, 1979 (Zitiert: Strohn)

Sudhoff, Heinrich | Rechte und Pflichten des Kommanditisten, 3. Auflage, Köln 1986 (Zitiert: Sudhoff, Kommanditisten)

Ders. | GmbH & Co KG, 6. Auflage, München 2005 (Zitiert: Bearbeiter in: Sudhoff, GmbH & Co KG)

Süßmann, Rainer | Insiderhandel – Erfahrungen aus der Sicht des Bundesaufsichtsamts für den Wertpapierhandel, AG 1997, 63ff. (Zitiert: Süßmann, AG 1997)

Ders. | Die befugte Weitergabe von Insidertatsachen, AG 1999, 162 – 173 (Zitiert: Süßmann, AG 1999)

Thümmel, Roderich C. von | Zu den Pflichten des Aufsichtsrat bei der Verfolgung von Haftungsansprüchen gegenüber dem Vorstand der AG, DB 1997, 1117 – 1120 (Zitiert: Thümmel, DB 1997)

Tietze, Jörg | Die Informationsrechte des GmbH-Gesellschafters, Köln 1985 (Zitiert: Tietze)

Timm, Wolfram | Das neue GmbH-Recht in der Diskussion, GmbHR 1980, 286 – 295 (Zitiert: Timm, GmbHR 1980)

Traugott, Rainer | Informationsflüsse nach Transaktionsabschluss bei Aktiengesellschaften, BB 2001, 2277 – 2282 (Zitiert: Traugott, BB 2001)

Treek, Joachim — Die Offenbarung von Unternehmensgeheimnissen durch den Vorstand einer Aktiengesellschaft im Rahmen einer Due Diligence, in: Festschrift für Wolfgang Fikentscher zum 70. Geburtstag, 435 – 455, Tübingen 1998 (Zitiert: Treek, in: Fikentscher-FS)

Triebel, Volker — Angloamerikanischer Einfluss auf Unternehmenskaufverträge in Deutschland – eine Gefahr für die Rechtsklarheit? RiW 1998, 1 – 7 (Zitiert: Triebel, RiW 1998)

Ders. — Droste (Hrsg.), Mergers & Acquisitions in Germany, Bicester 1995, 22 – 40 (Zitiert: Triebel, in: Mergers & Acquisitions in Germany)

Vaupel, Christoph F. — Zum Tatbestandsmerkmal der erheblichen Kursbeeinflussung bei der Ad hoc Publizität, WM 1999, 521 – 535 (Zitiert: Vaupel, WM 1999)

Veil, Rüdiger — Weitergabe von Informationen durch den Aufsichtsrat an Aktionäre und Dritte, ZHR 172 (2008), 239 – 273 (Zitiert:Veil, ZHR 172 (2008))

Veltins, Michael A./ **Hikel**, Dieter A. — Zur Einschränkung bzw. Erweiterung der Informationsrechte des Kommanditisten, DB 1989, 465 – 468 (Zitiert: Veltins/Hikel, DB 1989)

Volhard, Rüdiger/ **Weber**, Dolf — Gesellschaftsvertragliche Verschwiegenheits- und Offenbarungspflichten bei der Veräußerung von GmbH-Geschäftsanteilen, Festschrift für Semler, 387 – 418, Berlin, New York 1993 (Zitiert: Volhard/Weber, in: Semler-FS)

Vorbrugg, Georg — Droste (Hrsg.), Mergers & Acquisitions in Germany, Bicester 1995, 501 (Zitiert: Vorbrugg, in: Merger & Acquisitions in Germany)

Weber, Ulf Andreas — Das neue deutsche Insiderrecht, BB 1995, 157 – 166 (Zitiert: Weber, BB 1995)

Wegen, Gerhard — Due Diligence-Checkliste für den Erwerb einer deutschen Gesellschaft, WiB 1994, 291 – 296 (Zitiert: Wegen, WiB 1994)

Weimann, Stephan — Insiderrechtliche Aspekte des Anteilserwerbs, DStR 1998, 1556 – 1561 (Zitiert: Weimann, DStR 1998)

Werner, Rüdiger — Haftungsrisiken bei Unternehmensakquisitionen: die Pflichte des Vortands zur Due Diligence, ZIP 2000, 989 – 996 (Zitiert: Werner, ZIP 2000)

Weipert, Lutz — Gesellschafterinformationsrechte in der Kommanditgesellschaft, DStR 1992, 1097 – 1102 (Zitiert: Weipert, DStR 1992)

Westermann, Harm Peter — Erman BGB, 12. Auflage, Köln 2008 (Zitiert: Bearbeiter in Erman BGB)

Wicke, Hartmut — Gesetz betreffend die Gesellschaften mit beschränkter Haftung (GmbHG), 1. Auflage, München 2008 (Zitiert: Wicke, GmbHG)

Widder, Stefan/ **Gallert**, Jan — Ad-hoc-Publizität infolge der Weitergabe von Insiderinformationen – Sinn und Unsinn von § 15 Abs. 1 S. 3 WpHG, NZG 2006, 451 – 454 (Zitiert: Widder/Gallert, NZG 2006)

Wiedemann, Herbert — Gesellschaftsrecht, Band I, Grundlagen, München 1980 (Zitiert: Wiedemann, Gesellschaftsrecht I)

Ders. — Die Übertragung und Vererbung von Mitgliedschaftsrechten bei Handelsgesellschaften, München, Berlin 1965 (Zitiert: Wiedemann, Mitgliedschaftsrechte)

Wilde, Christian — Informationsrecht und Informationspflichten im Gefüge der Gesellschaftsorgane, ZGR 1998, 423 – 465 (Zitiert: Wilde, ZGR 1998)

Winter, Martin — Eigeninteresse und Treupflicht bei der Einmann-GmbH in der neueren BGH-Rechtsprechung, ZGR 1994, 570 – 594 (Zitiert: Winter, ZGR 1994)

Ders. — Mitgliedschaftliche Treuebindungen im GmbH-Recht, München 1988 (Zitiert: Winter, Mitgliedschaftliche Treuebindungen)

Wittich, Georg — Erfahrungen mit der Ad hoc-Publizität in Deutschland, AG 1997, 1 – 5 (Zitiert: Wittich, AG 1997)

Wohlleben, Hermann Peter — Informationsrechte des Gesellschafters, München 1989 (Zitiert: Wohlleben)

Ziegler, Ole — „Due Diligence“ Im Spannungsfeld zur Geheimhaltungspflicht von Geschäftsführern und Gesellschaftern, DStR 2000, 249 – 255 (Zitiert: Ziegler, DStR 2000)

Ziemons, Hildegard — Die Weitergabe von Unternehmensinterna an Dritte durch den Vorstand einer Aktiengesellschaft, AG 1999, 492 – 500 (Zitiert: Ziemons, AG 1999)

Diess. Neuerungen im Insiderrecht und bei der Ad-hoc-Publizität durch die Marktmissbrauchsrichtlinie und das Gesetz zur Verbesserung des Anlegerschutzes, NZG 2004, 537 – 584 (Zitiert: Ziemons, NZG 2004)

Diess./**Jaeger**, Carsten Treupflichten bei der Veräußerung einer Beteiligung an einer Aktiengesellschaft, AG 1996, 358 – 364 (Zitiert: Ziemons/Jaeger, AG 1996)

Zitzmann, Axel Die Vorlagepflichten des GmbH-Geschäftsführers, Heidelberg 1991 (Zitiert: Zitzmann)

Zoellner, Wolfgang Die Schranken mitgliedschaftlicher Stimmrechtsmacht bei den privatrechtlichen Personenverbänden, München 1963 (Zitiert: Zoellner, Schranken mitgliedschaftlicher Stimmrechtsmacht)

Zumbansen, Peer/**Lachner**, Constantin M. Die Geheimhaltungspflicht des Vorstands bei der Due Diligence: Neubewertung im globalisierten Geschäftsverkehr, BB 2006, 613 – 619 (Zitiert: Zumbansen/Lachner, BB 2006)

A. Einleitung

I. Einführung in das Thema

Die Zahl der Unternehmenskäufe und -beteiligungen auf nationaler und internationaler Ebene ist in den letzten Jahren stetig weiter gestiegen. Im Zuge dessen hat sich die Erkenntnis durchgesetzt, dass die Größe eines Unternehmens nicht der einzige Faktor ist, der eine Transaktion zu einem Erfolg werden lässt, sondern dass das Erreichen von strategischen Vorteilen und Synergien ebenso wichtig ist und dass dies eine sorgfältige Vorbereitung der Transaktion voraussetzt[1]. Misserfolge sind oft auf mangelnde Kenntnisse über das erworbene Unternehmen zurückzuführen; in Extremfällen wären Transaktionen nicht durchgeführt worden, wenn man von manchen Umständen und Problemfeldern des Zielunternehmens gewusst hätte[2]. Um etwaige Missstände festzustellen, werden detaillierte Informationen über das Unternehmen benötigt. Diese können im Rahmen der Due Diligence erlangt werden.

Unter Due Diligence versteht man allgemein eine systematische rechtliche und betriebswirtschaftliche Analyse des Unternehmens. Die Due Diligence war vor noch einem Jahrzehnt in Deutschland praktisch unbekannt war und hat sich unter anderem zu einem wesentlichen Bestandteil von Unternehmenskäufen, Fusionen, Verschmelzungen oder größeren Kreditfinanzierungen entwickelt. Es gibt selten Unternehmenskäufe oder einen Erwerb von Beteiligungen, ohne dass eine solche Prüfung vorausgeht. Nachdem zunächst die Due Diligence vermehrt bei Großunternehmen durchgeführt wurde, setzt sie sich inzwischen auch bei mittelständischen Unternehmen durch[3] und kommt somit bei allen Rechtsformen, in denen Unternehmen organisiert sind, nämlich Aktiengesellschaften, Gesellschaften mit beschränkter Haftung und Personengesellschaften, vor.

Rechtsanwälte, die im Transaktionsgeschäft tätig sind, raten strikt zur Durchführung einer Due Diligence. Dadurch hat sich in der Praxis ein standardisiertes Verfahren entwickelt, aufgrund dessen Analyseschwerpunkte der Prüfung herausgefiltert werden, um Kernfaktoren des Unternehmens für Erfolg bzw. Misserfolg zu ermitteln.

1 Stoffels, ZHR 165 (2001), 362 (363).
2 Porter, Harvard Manager 1987, 30 (30ff.).
3 Koch/Wegmann, 8.

II. Rechtliche Problemstellung

Die Einordnung der Due Diligence im deutschen Recht ist in der Literatur umstritten. Das Verfahren der Due Diligence ist im deutschen Recht nicht geregelt. Eine Zeitlang wurde behauptet, die Due Diligence als angloamerikanisches Rechtsinstitut stelle einen Fremdkörper in der deutschen Rechtsordnung dar und sei deshalb nur schwer zu integrieren[4]. Diese Ansicht wird heute nicht mehr in dieser Form vertreten. Stattdessen wird anerkannt, dass die Due Diligence schon längst über die internationale Praxis auch bei rein deutschen Transaktionen Anwendung findet[5]. Aber auch unabhängig davon, welcher Ansicht man folgen möchte, ist unbestritten, dass die rechtliche Behandlung der Due Diligence und ihre rechtlichen Folgen viele Fragen aufwerfen. Insbesondere der Einfluss auf die Haftung des Verkäufers nach deutschem Recht, auf die gesetzliche Gewährleistung, die Garantiehaftung, die vorvertragliche Haftung, die Folgen einer Due Diligence bezüglich der Kenntniszurechnung gemäß § 278 BGB und der Konflikt zwischen nach deutschem Recht bestehenden Offenlegungs- und Geheimhaltungspflichten werden in der Literatur behandelt.

III. Fragestellung der Arbeit

Im Rahmen dieser Untersuchung sollen nicht alle rechtlichen Fragen der Due Diligence umfassend erörtert werden. Stattdessen sollen die Konflikte zwischen dem Wunsch, eine Due Diligence durchzuführen[6], und dagegenstehenden Geheimhaltungsinteressen des Zielunternehmens dargestellt werden, sowie Lösungsansätze für die sich hieraus ergebenden Rechtsfragen entwickelt werden. Die Durchführung der Due Diligence eröffnet dem an der Veräußerung interessierten Gesellschafter bzw. dem an dem Kauf Interessierten den Zugang zu vertraulichen oder geheimen Informationen. Findet die Transaktion anschließend nicht statt, da zum Beispiel „dealbreaker“[7] gefunden wurden, kann die Due Diligence zum Boomerang für das Zielunternehmen werden. Dieser Konflikt zwischen dem Auskunftsbegehren des potentiellen Käufers und Verkäufers und den Offenlegungsverboten der Geschäftsführung des Zielunternehmens soll erörtert

---

4 Teichmann, in: Merkt, Vorauflage, Rn. 1061.

5 Teichmann, in Merkt, Rn. 854.

6 Wird im Folgenden von Informationsbegehren, -rechten etc. gesprochen, ist damit sowohl das Auskunftsbegehren, -recht als auch das Begehren hinsichtlich oder das Recht auf Einsichtnahme gemeint.

7 Hierzu im Einzelnen mehr in Abschnitt B.III.4.

und ein Lösungsversuch unternommen werden. Zusätzlich wirft die Due Diligence in börsennotierten Aktiengesellschaften weitere Rechtsfragen auf.

IV. Gang der Untersuchung

Zunächst soll die Due Diligence allgemein vorgestellt werden. Hierbei ist ein kurzer Blick auf die angloamerikanische Herkunft, die in der deutschen Praxis gewonnen Inhalte und Funktionen der Prüfung und die rechtlichen Fragen, die die Durchführung einer Due Diligence auslöst, zu werfen.

Anschließend wird die Rechtslage nach deutschem Recht in der Aktiengesellschaft, der börsennotierten Aktiengesellschaft, der Gesellschaft mit beschränkter Haftung und der Kommanditgesellschaft dargestellt. Aufgrund der rechtsformspezifischen Regelung der Informationsansprüche bzw. Geheimhaltungsverpflichtungen sind die Untersuchungen der verschiedenen Gesellschaftsformen getrennt vorzunehmen.

Es sind die gesetzlichen Regelungen von Auskunftsrechten, wie § 131 Abs. 1 AktG für die Aktiengesellschaft, § 51a Abs. 1 GmbHG für die GmbH und § 166 Abs. 1, 3 HGB für Personengesellschaften, Schweigepflichten des Vorstands gemäß § 93 Abs. 2 S. 1 AktG beziehungsweise der Geschäftsführung gemäß § 51a Abs. 2 GmbHG und Gleichbehandlungsgebote gemäß §§ 53a, 131 Abs. 4 S. 1 AktG aufzugreifen. Ebenfalls sollen die Fragen, die im Zusammenhang mit dem Wertpapierhandelsrecht in der Aktiengesellschaft aufkommen, erörtert werden. In diesem Bereich ist auf § 15 Abs. 1 S. 1 WpHG und §§ 38 Abs. 1 Nr. 2, 39 Abs. 2 Nr. 3 i.V.m. § 14 Abs. 1 Nr. 2 WpHG einzugehen. Auch sind die Konstellationen in verbundenen Unternehmen zu behandeln.

Dabei konzentriert sich die Prüfung auf den so genannten Share Deal[8]: Da beim Asset Deal[9] Teile eines Unternehmens veräußert werden, ist dies in der Regel eine eigenverantwortliche Geschäftsführungsmaßnahme. Diese unterliegt der Leitungskompetenz der jeweiligen Geschäftsführung. Grenzen dieser Leitungskompetenz finden sich im „Holzmüller"-Fall[10]. Die Interessenskonflikte zwi-

---

8 Zu dem Begriff des Share Deal siehe unter C.I.1.

9 Zu dem Begriff des Asset Deal sieh unter C.I.2.

10 Die Rechtssprechung im „Holzmüller"-Fall entschied, dass, wenn keine Leitungsmaßnahme mehr angenommen werden kann, da so tief in die Mitgliedsrechte der Aktionäre eingegriffen wird, der Vorstand diese Entscheidung nicht mehr ausschliesslich in eigener Verantwortung treffen kann, ohne die Hauptversammlung zu beteiligen, vergleiche BGHZ 83, 122 (131). Die hierfür maßgeblichen Kriterien wurden durch eine weitere Entscheidung des BGH vom 26. April 2004 - II ZR 120/02, NJW 2004, 1860, eingegrenzt und auf wesentliche Fälle beschränkt; besprochen von Bungert, BB 2004, 1345ff.

schen Gesellschaftern und Management an Information bzw. Geheimhaltung treten hier nicht in der Form wie bei dem Share Deal auf und sollen deshalb nicht Inhalt dieser Arbeit sein.

Zu beachten ist auch, dass die nachfolgenden Untersuchungen nur Gesellschaften behandeln, deren Gesellschaftskapital in mehreren Händen liegt und deren Interessen nicht gleichgelagert sind. Bei Einstimmigkeit oder Einmann-Gesellschaften kann über die Güter der Gesellschaft bis zur Grenze der Vernichtung bzw. ihres Kapitals verfügt werden[11]. Es bestehen keine Interessenkonflikte zwischen den Gesellschaftern und der Geschäftsführung, da Personenidentität vorliegt.

Weiterhin ist darauf hinzuweisen, dass die folgende Darstellung sich auf Gesellschaftsanteile bezieht, die nicht vinkuliert[12] sind. Ist im Rahmen des Gesellschaftsvertrages eine Vinkulierung der Gesellschaftsanteile vereinbart worden und sind diese daher nicht veräußerbar, erübrigt sich eine Diskussion über die Durchführung im Vorfeld eines Unternehmens- bzw. Beteiligungskaufs.

Zuletzt sollen die Ergebnisse der behandelten Unternehmensformen miteinander verglichen und Schlussfolgerungen hinsichtlich der Durchführung der Due Diligence im deutschen Recht gezogen werden.

---

11 Priester, ZGR 1993, 512 (519/521); Winter, ZGR 1994, 570 (585).

12 Aktien und Geschäftsanteile sind grundsätzlich frei übertragbar: Namensaktien und Geschäftsanteile können durch eine entsprechende Regelung in der Satzung vinkuliert werden, vergleiche hierzu Semler/Volhard/Weber-Rey, Unternehmensübernahmen, § 14 Rn. 139ff. Der Gesellschaftsanteil einer Personengesellschaft ist dagegen grundsätzlich vinkuliert, kann aber im Gesellschaftsvertrag oder im Einzelfall übertragbar gestellt werden, vergleiche hierzu Eggenberger, 189, mit weiteren Nachweisen.

B. Allgemeines zur Due Diligence

I. Due Diligence im angloamerikanischen Recht

Der Begriff Due Diligence wird im angloamerikanischen Recht in unterschiedlichen Zusammenhängen verwendet: Zum einen wird im US-amerikanischen Recht mit „Due Diligence“ ein Verhaltensmaßstab und nicht eine Tätigkeit oder Funktion umschrieben[13]. Der Sorgfaltsmaßstab gilt für den Board of Directors, für das Management des an einem Unternehmenskauf interessierten Unternehmens und für die mit diesem Vorgang betrauten Berater (Rechtsanwälte und Wirtschaftsprüfer)[14]. Zurückzuführen ist dies auf die in diesen Bereichen anwendbaren Grundsätze des Stellvertretungsrechts[15]. Zum anderen dient die Due Diligence im Rahmen der gewissenhaften Prüfung des Börsenzulassungsprospektes dem Schutz der Anleger bei Börseneinführung neuer Aktien[16].

Des Weiteren wird mit Due Diligence eine mit einer Funktion versehene Tätigkeit im Rahmen von Unternehmenskäufen beschrieben[17]. In diesem Bereich umfasst der Begriff eine Prüfung des Zielunternehmens, durch welche der Käufer feststellt, ob das Kaufobjekt seinen Vorstellungen entspricht[18]. Diese Praxis basiert auf den im Kaufrecht des Common Law geltenden Grundsatz „caveat emptor“, nach welchem der Käufer verpflichtet ist, sich selbst einen Überblick über den Kaufgegenstand und dessen Beurteilung zu verschaffen[19]. Keine Partei hat die Pflicht, materielle Fakten gegenüber der anderen Partei offen zu legen[20]. Auch wenn der Käufer die Kaufsache sorgfältig untersuchet und hierbei ein Mangel unentdeckt bleibt, führt dies nicht grundsätzlich zu Gewährleistungsansprüchen des Verkäufers[21], da der redliche Verkäufer nicht für Mängel und Fehler der Sache haftet. Es fehlt an einer entsprechenden gesetzlichen Regelung.

---

13 Krüger/Kalbfleisch, DStR 1999, 174; Barthel, DStZ 1999, 73 (77).

14 Wegen, WiB 1994, 291; Krüger/Kalbfleisch, DStR 1999, 174.

15 Barthel, DStZ 1999, 73 (76 Fn. 21).

16 Barthel, DStZ 1999, 73 (77).

17 Krüger/Kalbfleisch, DStR 1999, 174; Merkt, WiB 1996, 145 (146).

18 Jilson, 7.

19 Fox, 143; Krüger/Kalbfleisch, DStR 1999, 174 (174); Loges, DB 1997, 965 (965); Merkt, WiB 1996, 145 (146); Teichmann, in: Merkt, Rn. 854; Davis, 1-3.

20 Davis, 2-2.

21 Merkt, WiB 1996, 145 (146).

Stattdessen muss der Käufer auf einer vertraglichen Regelung bestehen, wenn er wünscht, dass der Verkäufer für bestimmte Eigenschaften des Kaufobjekts einsteht[22]. Somit müssen neben der Funktion zur Ermittlung der Unternehmenswertes im Weg der Due Diligence auch sämtliche Aspekte festgestellt werden hinsichtlich derer Gewährleistungspflichten des Verkäufers vereinbart oder ausgeschlossen werden müssen. Auf diese Weise wird ein Gerüst von Gewährleistungen erstellt[23]. Die Initiative hierfür liegt vollständig beim Käufer.

Aufgrund dieser Risikotragungspflicht des Käufers werden meist hohe Anforderungen an die Vorbereitung und die Durchführung eines Unternehmenskaufs gestellt[24]. Die Durchführung einer Due Diligence ist daher in den USA sehr verbreitet[25]. Eine ausführliche Erläuterung der gesetzlichen Regelungen im angloamerikanischen Recht, und eine Erörterung der einschlägigen gesetzlichen Normen (Uniform Commercial Code/Securities Law) soll jedoch nicht Gegenstand dieser Arbeit sein.

II. Due Diligence als ausländischer Rechtsbegriff im deutschen Recht

1. Anwendung ausländischen Rechts auf einen Inlandssachverhalt?

Da die Due Diligence ein Rechtsbegriff ist, der aus dem angloamerikanischen Rechtsraum übernommen wurde, stellt sich die Frage, ob dies Auswirkungen auf die Anwendung deutschen Rechts im Rahmen der Durchführung einer Due Diligence hat. Die Due Diligence, die ein Rechtsbegriff des angloamerikanischen Rechts ist, wurde in das deutsche Recht übertragen, unabhängig davon, ob Auslandsberührungen vorliegen, die aufgrund Kollisionsregeln zur Anwendung von angloamerikanischen Recht führen könnten. Im Gegenteil: Da die Due Diligence auch auf rein deutsche Transaktionen Anwendung findet, bei der alle Vertragsparteien deutsch sind und das potentielle Kaufobjekt ein in Deutschland ansässiges Unternehmen ist, hat diese „Unternehmensprüfung" nicht viel mehr gemeinsam mit dem angloamerikanischen Recht als einen wohlklingenden amerikanischen Namen. Der Begriff der Due Diligence bedeutet in diesen Fällen nichts weiter, als dass eine Unternehmensprüfung durchgeführt wird, die nach einem

---

22 Loges, DB 1997, 965 (965).
23 Merkt, BB 1995, 1041 (1043, 1044).
24 Merkt, BB 1995, 1041 (1041).
25 Barthel, DStZ 1999, 73 (76).

amerikanischen Muster erfolgt. Eine tatsächliche Auslandsberührung mit den USA liegt aber nicht vor.

Dennoch wird vertreten, dass angloamerikanisches Recht im Hinblick auf die Auslegung eines Begriffs aus diesem Rechtskreis, wie zum Beispiel der Due Diligence, heranzuziehen sei. Als Begründung wird angeführt, es gehe hierbei nicht um die grundsätzliche Anwendung der jeweiligen Rechtsordnung, sondern das ausländische Recht werde zur Auslegung des Sachverhalts auf der Tatbestandsseite herangezogen[26]. Das ausländische Recht, dem der Rechtsbegriff entstammt, könnte als „Datum" heranzuziehen sein, auch wenn das ausländische Recht die Normen des inländischen Rechts nicht vollständig ersetzt, sondern grundsätzlich weiterhin deutsches Recht anzuwenden ist[27].

2. Curries und Ehrenzweigs Datumlehre

Currie stellt fest, dass ausländisches Recht – unabhängig von einschlägigen kollisionsrechtlichen Regelungen – auch als „Datum" bei der Rechtsanwendung lokalen Rechts herangezogen werden kann[28]. Hiermit meint er, dass ausländisches Recht nicht nur im Rahmen einer Verweisung zur Anwendung kommen kann, sondern auch bei Auslegung von inländischen Generalklauseln Berücksichtigung finden sollte[29]. *Ehrenzweig* greift die Datumlehre auf und nimmt eine Unterscheidung zwischen „Local Data" und „Moral Data" vor[30]. „Moral Data" betreffen Sitte, Brauch, Anstand etc., die nach *Ehrenzweig* nur nach Maßstäben der lex fori beurteilt werden können[31], während „Local Data" ortsgebundene Regeln sind, die Teil des zu beurteilenden Sachverhalts sind[32]. Solche „Local Data" können zur Konkretisierung der Tatbestandesmerkmale des inländischen Rechts herangezogen werden, ohne dass eine Rechtsfolgeanordung vorliegt[33].

---

26 Jayme, GS Ehrenzweig, 35 (44); auch in: FS Bärmann, 509 (520f.).

27 Unter anderem bei Jayme, GS Ehrenzweig, 35 (44f.).

28 Currie, 67 („The reference to the alien law has nothing to do with conflict of laws, but merely supplies a datum that is rendered material by the rule of decision which is found in the law of the forum").

29 Hessler, 150f.

30 Ehrenzweig, 55 (55ff.); Grundmann, NJW 1985, 1251 (1252).

31 Ehrenzweig, 55 (56); Jayme, GS Ehrenzweig, 35 (39f.); Grundmann, NJW 1985, 1251 (1253f.); siehe auch Siehr, RabelsZ 34 (1970) 585 (620f.).

32 Jayme, GS Ehrenzweig, 35 (39).

33 Jayme, GS Ehrenzweig, 35 (45).

3. Datumlehre in ihrer Anwendung im deutschen Recht

Für die Anwendung der Datumlehre auf einen deutschen Sachverhalt bedeutet dies, dass, auch wenn grundsätzlich deutsches Recht zur Anwendung käme, das ausländische Recht (unter anderem) zur Auslegung herangezogen werden kann. Eine Ansicht betont zu Recht, dass dies charakteristisch für diese Fälle gilt, bei denen eine zu schematische und zu weitgehende Verweisung auf das deutsche Recht dem Einzelfall wegen einem sehr starken Bezug zu einem ausländischen Recht nicht gerecht wird[34].

Wie oben bereits dargelegt, dürfte es sich hierbei nur um Fälle handeln, in denen eine starre und unflexible Anwendung des deutschen Rechts den Umständen nicht gerecht werden könnte, so dass ausländische Regeln als „Local Data“ heranzuziehen wären, um ein gerechtes Ergebnis zu erzielen. In unserem Fall, in dem eine Due Diligence in Deutschland durchgeführt wird und auf die deutsches Recht anwendbar ist, liegt meistens keine Auslandberührung vor. Das angloamerikanische Recht könnte dann nur Berücksichtigung finden, wenn das Parteiverhalten derart von ausländischen Recht geprägt wäre, so dass zur rechtlichen Bewertung der Due Diligence gemäß des anwendbaren deutschen Rechts auch angloamerikanisches Recht als „Local Data“ heranzuziehen sei. Ein in diesem Zusammenhang angeführtes Beispiel ist das eines Erblassers, der ein Testament in angloamerikanischer Rechtstechnik abgefasst hat, welches dann nur unter Berücksichtigung dieses Recht ausgelegt werden kann[35]. Im Falle der Due Diligence könnte dies nur dann der Fall sein, wenn amerikanische (oder andere ausländische) Parteien in Deutschland an der Durchführung einer Due Diligence beteiligt sind, und diese nach dem Muster einer Due Diligence ihres eigenen Landes durchführten. Da der Begriff der Due Diligence aber mehr eine praktische Systematik umschreibt, deren rechtliche Bewertung in den verschiedenen Rechtsordnungen divergiert und unter anderem in Deutschland ihre eigene Ausprägung erfahren hat, ist dies schwer vorstellbar. Das Verhalten der Vertragsparteien ist damit nicht grundsätzlich von angloamerikanischem Recht beeinflusst, so dass das Heranziehen von „Local Data“ als nicht erforderlich erscheint.

34 Grundmann, NJW 1985, 1251 (1253).

35 Jayme, GS Ehrenzweig, 35 (44f.).

4. Ergebnis

Ein grundsätzlicher Einfluss von angloamerikanischem Recht auf die rechtliche Beurteilung ist auch im Rahmen der Heranziehung von „Local Data“ zu verneinen.

III. Due Diligence in Deutschland

1. Gründe für die Adaption aus dem angloamerikanischem Recht

Die Übernahme der Due Diligence aus dem angloamerikanischen Recht beruht auf verschiedenen Gründen:

Der starke Einfluss des angloamerikanischen Rechtssystems auf internationale Unternehmenskaufverträge ist maßgeblich[36]. Er basiert auf der Tatsache, dass der Anteil US-amerikanischer und britischer Unternehmen unter ausländischen Käufern besonders groß ist, was Resultat der starken wirtschaftlichen Lage dieser Länder ist.

Der Gewohnheitssatz, dass der Käufer berechtigt ist, den ersten Vertragsentwurf vorzulegen[37] und damit die Durchführung der Transaktion maßgeblich beeinflusst, gewährleistet die Durchsetzung der Vorstellungen der aus dem angloamerikanischen Rechtskreis stammenden Käufer. Hinzu kommt, dass die in Deutschland lange überwiegend praktizierte Methode der Unternehmensbewertung, nämlich die Ertragswertmethode, einige Nachteile im Gegensatz zur Due Diligence aufweist: Für die Bestimmung der Ertragskraft eines Unternehmens reicht es nicht mehr aus, den Umsatz eines Jahres mit einem bestimmten Faktor zu multiplizieren, denn mit den Umsätzen werden unterschiedlich hohe Deckungsbeiträge erwirtschaftet[38]. Die Ertragswertmethode umfasst damit nicht alle beim Unternehmenskauf wichtigen Sachverhalte und Ziele des Käufers, so dass eine Entscheidung allein anhand des Ertragswertes häufig nicht sachgerecht ist[39]. Hierdurch konnte sich die umfassende Analyse einer Due Diligence auch in Deutschland durchsetzen.

Auch wird das deutsche gesetzliche Gewährleistungsrecht gemäß §§ 437ff. BGB im Hinblick auf Unternehmenskäufe als nicht befriedigend angesehen[40]. So

---

36 Vorbrugg, in: Mergers & Acquisitions in Germany, 115.

37 Triebel, RiW 1998, 1 (1).

38 Koch/Wegmann, 8.

39 Berens/Strauch, in: Due Diligence bei Unternehmensakquisitionen, 80f.

40 Loges, DB 1997, 965 (965). Das hat auch die Schuldrechtsreform 2002 nicht grundlegend geändert, vergleiche Seibt/Reiche, DStR 2002, 1135/1181 (1186f.).

werden die kaufrechtlichen Bestimmungen als unpassend und die einschlägige Rechtsprechung in vielen Punkten als unklar bezeichnet[41]. Dies führt in der Praxis dazu, dass dem Rat des Bundesgerichtshofs[42] entsprechend von den gesetzlichen Regelungen unabhängige Haftungsregelungen zwischen den Parteien zu vereinbart werden.

2. Begriff und Bedeutung der Due Diligence in Deutschland

Im deutschen Recht (wie zum Teil auch im angloamerikanischen Recht) wird unter einer Due Diligence eine den Kauf eines Unternehmens vorbereitende Prüfung des Kaufobjekts verstanden, die in der Praxis der Beteiligungs- und Unternehmenskäufe durchgeführt wird[43]. Teilweise wird sie deshalb als „systematische rechtliche und betriebswirtschaftliche Analyse zur Beurteilung der Vorteilhaftigkeit eines Vertragswerkes für eine geplante Unternehmenstransaktion" definiert[44]. Um dem vielseitigen Einsatz der Prüfung gerecht zu werden, sollte ihre Definition jedoch weiter gefasst werden, denn eine Due Diligence umfasst im Allgemeinen die detaillierte und systematische Analyse von Daten einer Gesellschaft mit dem Ziel, ein Gesamtbild des Unternehmens zu erlangen[45]. Sie geht auch Unternehmensbewertungen voraus[46], die nicht im Rahmen einer Transaktion vorgenommen werden. Die Verwendung der Due Diligence im Transaktionsgeschäft, als auch im Vorfeld von Unternehmens- oder Beteiligungskäufen, ist daher zwar üblich, aber nicht ausschließlich: Sie kann auch dazu herangezogen werden, die Höhe des Abfindungsanspruchs eines Gesellschafters gemäß § 738 BGB, der aus einer Personengesellschaft ausscheidet, zu bestimmen. Ebenso können mittels der Due Diligence Abfindungen gemäß §§ 304, 305 AktG ermittelt werden. Zusätzlich kommt sie bei Umwandlungen, Börsengängen, Verschmelzungen, Umstrukturierungen bzw. Spaltungen, Management Buy-Outs, Sanierungen oder größeren Kreditfinanzierungen in Betracht[47]. Seltener ist ihre Anwendung im Rahmen von steuerlichen Erhebungen, Erbauseinan-

---

41 Loges, DB 1997, 965 (965).

42 BGHZ 65, 246f.

43 Loges, DB 1997, 965; Merkt, WiB 1996, 145; ähnlich auch Harrer, DStR 1993, 1673 (1673) und Treek, in: Fikentscher-FS, 434 (434).

44 Barthel, DStZ 1999, 73 (73).

45 Koch/Wegmann, 3.

46 Koch/Wegmann, 3.

47 Treek, in: Fikentscher-FS, 434.

dersetzungen, Scheidungsverfahren oder Enteignungen[48]. In der vorliegenden Arbeit soll – wie bereits dargestellt – nur die Due Diligence näher behandelt werden, die anlässlich eines Unternehmens- beziehungsweise Beteiligungskaufs durchgeführt wird.

Da sich der Begriff in diesem Zusammenhang auf die prüfende Tätigkeit und nicht auf den Sorgfaltsmaßstab im angloamerikanischen Recht bezieht, müsste von einer Due Diligence-Untersuchung gesprochen werden[49]. Die Abkürzung „Due Diligence" hat sich jedoch durchgesetzt und soll auch hier verwendet werden. Obwohl Begriff und Durchführung der Due Diligence in jeglichen Transaktionen im angloamerikanischen Rechtssystem als selbstverständlich angesehen wird, wurde sie in Deutschland in großem Ausmaß vor wenigen Jahren als unbekannt eingeordnet[50]. Aber auch während die Häufigkeit der Durchführung (in großem Masse) zugenommen hat, misstrauen noch immer viele Verkaufsinteressenten dem Begehren vieler potentieller Käufer, umfassende Informationen über das Kaufobjekt zu erhalten. Dennoch konnte sich die Durchführung der Due Diligence sowohl bei internationalen als auch innerdeutschen Transaktionen inzwischen fest etablieren[51].

Auch wenn die Vorstellungen in Bezug auf Inhalt, zeitliche Positionierung und Bedeutung der Due Diligence variieren, ist ein Grundmuster erkennbar. Inhaltlich bezieht sich die Due Diligence auf die Gegenwart und Zukunft des zu prüfenden Unternehmens. Im Gegensatz dazu untersucht die Abschlussprüfung die Ordnungsgemäßheit der in der Vergangenheit stattgefundenen Geschäftstätigkeit. Auch von der Unternehmensbewertung unterscheidet sie sich wesentlich, indem sie sich auf qualitative Beschreibungen und Einschätzungen zum Ziel der Erfassung transaktionsrelevanter Daten bezieht. Bei der Unternehmensbewertung stehen demgegenüber quantitative und monetäre Größen im Vordergrund, mit Hilfe derer künftige Ertrags- beziehungsweise Entnahmeströme sowie Kapitalisierungszinssätze kalkuliert werden[52].

Die Prüfung ist auf die verschiedenen Bereiche eines Unternehmens aufgeteilt. Sie umfasst eine rechtliche Prüfung, Finanzen und Steuern, operatives Geschäft, Umweltschutz und Altlasten, Arbeitsrecht und Pensionen und gegebenen-

---

48 Eine umfassende Aufstellung vieler Anlässe ist bei Koch/Wegmann, 15 - 26, mit jeweiliger kurzer Beschreibung zu finden.

49 Krüger/Kalbfleisch, DStR 1999, 174; wohl auch Teichmann, in: Merkt, Rn. 854; Barthel, DStZ 1999, 73 (73, Fn. 3).

50 Triebel, in: Merger & Acquisitions in Germany, 23.

51 Götze, ZGR 1999, 202 (204); Harrer, DStR 1993, 1673; Wagner, Unternehmensbeteiligungen, FAZ vom 22.4.1997, B22.

52 Barthel, DStZ 1999, 73 (78).

falls noch Untersuchungen zu im Einzelfall besonders relevanten Fragen[53]. Dementsprechend wird im Wesentlichen zwischen fünf Arten beziehungsweise Teilbereichen der Due Diligence unterschieden:

- Die *Commercial Due Diligence* umfasst in erster Linie die Analyse des für das Zielunternehmen relevanten Marktes und den sich hieraus ergebenden Fragen nach dessen Marktposition, seinen direkten Wettbewerbern, nach der zukünftigen Entwicklung des Marktes und der Wettbewerber und den erwarteten Auswirkungen durch die geplante Übernahme/Beteiligung[54].
- Im Rahmen der *Financial Due Diligence* wird die Entwicklung der Gesellschaft in den vergangenen Jahren unter anderem mittels der Jahresabschlüsse der letzten drei Jahre analysiert und die Planung der zukünftigen Jahre auf Plausibilität untersucht[55].
- Die *steuerrechtliche Due Diligence* bezieht sich neben der allgemeinen Klärung der steuerlichen Verhältnisse des Zielunternehmens im wesentlichen auf Risiken, die durch eine nicht steuerkonforme Behandlung von Unternehmenssachverhalten entstanden sind und die zu erheblichen Steuernachzahlungen führen könnten[56].
- Die *rechtliche Due Diligence* umfasst die Prüfung des rechtlichen Vertragswerks des Unternehmens, dessen Rechtmäßigkeit und Bestand. Hauptsächlich handelt es sich um gesellschaftsrechtliche, arbeitsrechtliche, vertragsrechtliche und prozessualrechtliche Aspekte[57]. Im Technologie/ IT Bereich können allerdings auch Patente oder Lizenzen eine besonders wichtige Rolle spielen.
- Eine *Environmental Due Diligence* bietet sich vor allem Dingen bei Unternehmen mit umfangreichen Immobilien an oder wenn dessen Geschäftsfeld umweltrechtlichen Bezüge aufweist[58].

Neben diesen klassischen Schwerpunkten ergibt sich zusätzlich eine Besonderheit bei der Übernahme von Krisenunternehmen: Hier dient die Due Diligence vorrangig zur Analyse der möglichen Verlustquellen im Unternehmen und die Einschätzung ihrer Behebbarkeit beziehungsweise Beherrschbarkeit (Erstellung eines so genannten „Krisenprofils“[59]).

---

53 Wegen, WiB 1994, 291 (291).

54 Koch/Wegmann, 63/64; Krüger/Kalbfleisch, DStR 1999, 174 (175); Barthel, DStZ 1999, 73 (79).

55 Koch/Wegmann, 123/124.; Krüger/Kalbfleisch, DStR 1999, 174 (175).

56 Krüger/Kalbfleisch, DStR 1999, 174 (175/176).

57 Koch/Wegmann, 112ff.; Krüger/Kalbfleisch, DStR 1999, 174 (175/176); Barthel, DStZ 1999, 73 (80).

58 Krüger/Kalbfleisch, DStR 1999, 174 (175/176).

59 Lubos, DStR 1999, 951 (952).

Die Ergebnisse der Due Diligence haben für die Geschäftsführung des Zielunternehmens auch außerhalb der durchzuführenden Transaktion häufig einen erheblichen Erkenntniswert, da es zu einer zusammenfassenden intensiven Gesamtbetrachtung des Unternehmens außerhalb der Due Diligence üblicherweise nicht kommt[60].

3. Ablauf der Due Diligence

Der Ablauf einer Due Diligence gliedert sich in Phasen der Vorbereitung und der eigentlichen Durchführung. Zwar hängen das Verfahren und der Inhalt der Prüfung, die im deutschen Recht nicht geregelt sind, von den jeweiligen Umständen ab; es hat sich jedoch ein gängiges Verfahren herausgebildet. Ausgehend von einem Standardverfahren, welches sich an Due Diligence-Checklisten[61] orientiert, werden Analyseschwerpunkte gebildet, die für den jeweiligen Anlass der Due Diligence maßgeblich sind[62].

Vorbereitende Sondierungsgespräche zur Ermittlung der grundsätzlichen Kauf- und Verkaufsbereitschaft werden nach Aushändigung eines ersten Unternehmensprofils mit einem so genannten Letter of Intent[63] (Absichtserklärung) abgeschlossen. Durch diesen wird von dem potentiellen Erwerber ernsthaftes Kaufinteresse bekundet[64], der Verhandlungsstand dokumentiert und Art und Umfang der Auskunftserteilung vereinbart. Im Falle eines Bietungsverfahrens schließt sich die Ausgabe der Weisungen für das Bietungsverfahren, die Abgabe von vorläufigen unverbindlichen Geboten und die Entscheidung des Verkäufers über die Aufnahme der Interessenten in das abschließende Bietungsverfahren an.

Nach der Vorbereitung des Data Room, in dem sich alle zusammengestellten Dokumente befinden, und der Festlegung der Weisungen für den Zugang zu diesem durch den Verkäufer und dessen Berater, wird die Due Diligence durchgeführt. Zu Beginn der Prüfung findet oft eine Betriebsbegehung statt[65]. Zur Durchführung der eigentlichen Prüfung sind – wie erwähnt – umfangreiche Due Diligence Checklisten erarbeitet worden, mit denen der potentielle Käufer die von ihm zur Prüfung gewünschten Unterlagen des Zielunternehmens aufführt[66]. Die-

60 Treek, in: Fikentscher-FS, 435 (439).

61 Vergleiche das Beispiel einer Due Diligence-Checkliste im Anhang unter J.I.

62 Koch/Wegmann, 29.

63 Näheres zum LOI: Beisel/Klumpp, 1. Kapital Rn. 67ff.; Barthel, DStZ 1999, 73 (80).

64 Schmitz, in: Due Diligence for Corporate Acquisitions, 177.

65 Barthel, DStZ 1999, 73 (79).

66 Wegen, WiB 1994, 291(291); Vorbrugg, in: Merger & Acquisitions in Germany, 117ff; vergleiche das Beispiel einer Checkliste unter A.I.

se dienen dann als Grundlage für individuelle Listen, da Branche oder Marktsegment spezielle Fragen aufwerfen und deshalb Analyseschwerpunkte zu setzen sind[67]. Dennoch ist darauf zu achten, die Listen ausreichend weit zu fassen, so dass auch zunächst unbedachte Problemkreise erfasst werden können. Es bietet sich an, umfangreiche Listen mit dem Hinweis zu übersenden, dass nicht einschlägige Prüfungspunkte zu streichen sind[68].

Hat eine Ausschreibung stattgefunden und wird das Unternehmen im Rahmen eines Bietungsverfahrens mehreren Interessenten angeboten, legt nicht der Käufer, sondern der Verkäufer den Umfang der unternehmensrelevanten Unterlagen fest, um allen Bewerbern den gleichen Einblick zu gewähren. Ein weiterer Vorteil der Zusammenstellung der Unterlagen durch das Zielunternehmen ist – neben der Kontrolle über die ausgehändigten Informationen – die Zeit- und Kostenersparnis[69]. Dem Erwerber bleibt anschließend teilweise nur kurz Zeit, das Unternehmen anhand der bereitgestellten Unterlagen zu analysieren. Dies folgt daraus, dass im Rahmen einer Auktion der potentielle Käufer befürchten muss, dass sich Mitbewerber schneller entscheiden[70].

Die Ergebnisse werden in einem so genannten Due Diligence Report bzw. Due Diligence Memorandum zusammengefasst und den Entscheidungsgremien des erwerbenden Unternehmens vorgelegt[71]. Im Anschluß an die Due Diligence werden vertragliche Details verhandelt und ein letztes bindendes Gebot abgegeben.

4. Verschiedene Funktionen

Im deutschen Recht hat die Durchführung einer Due Diligence für den Erwerber und den Verkäufer im Wesentlichen vier Funktionen:

- Vorrangig dient eine Due Diligence dazu, festzustellen, ob das Kaufobjekt den Vorstellungen des Käufers entspricht[72]. Insoweit handelt es sich um eine Maßnahme der Informationsbeschaffung und Informationsverifizierung[73]. Diese Funktion entscheidet maßgeblich darüber, ob eine Transaktion ein Erfolg wird.

---

67 Wegen, WiB 1994, 291 (292).
68 Harrer, DStR 1993, 1673.
69 Koch/Wegmann, 30.
70 Berens, Schmitting, Strauch, in: Due Diligence in Unternehmensakquisitionen, 89.
71 Harrer, DStrR 1993, 1675; Teichmann, in: Merkt, Rn. 867.
72 Krüger/Kalbfleisch, DStR 1999, 174 (175).
73 Merkt, in: Merkt, Rn. 496.

- Anhand der Bestandsaufnahme wird der Wert der Kaufsache ermittelt und anschließend der provisorische Kaufpreis den gewonnenen Erkenntnissen entsprechend angepasst[74].
- Zusätzlich erhält der Erwerber die Möglichkeit, Zweck, Risiken und Schwachstellen des zu erwerbenden Unternehmens zu erkennen, um die vertragliche Gewährleistung und Garantien anzupassen[75]. Im Extremfall können Umstände aufgedeckt werden, die den Kaufinteressenten zum Abbruch der Verhandlungen veranlassen („Deal Breaker")[76]. Im Falle der Übernahme eines Krisenunternehmens wird das durch die Due Diligence erarbeitete Krisenprofil nicht nur als Grundlage für die Kaufentscheidung, sondern auch für das spätere Sanierungskonzept verwendet[77].
- Letztlich wird im Rahmen der Due Diligence das Kaufobjekt aus Beweisgründen offen gelegt und dokumentiert[78]. Auf diese Weise werden spätere Behauptungen Seitens des Käufers, Gegebenheiten und Risiken nicht gekannt zu haben oder auf diese nicht hingewiesen worden zu sein, vermieden[79]. Aber auch, wenn es zu dem seltenen Fall eines gerichtlichen Prozesses kommen sollte, wird dessen Führung durch eine detaillierte Dokumentation wesentlich erleichtert.

---

74 Merkt, in: Merkt, Rn. 497; Krüger/Kalbfleisch, DStR 1999, 174 (175); Barthel, DStZ 1999, 73 (76).

75 Merkt, in: Merkt, Rn. 498.

76 Krüger/Kalbfleisch, DStR 1999, 174 (175).

77 Lubos, DStR 1999, 951 (952).

78 Krüger/Kalbfleisch, DStR 1999, 174 (175); Merkt, in: Merkt, Rn. 499; Barthel, DStZ 1999, 73 (77).

79 Zur Beweissicherungsfunktion auch Beisel/Klumpp, 2. Kapitel, Rn. 4.

C. Rechtliche Bedeutung einer Due Diligence

Welchen rechtlichen Einfluss die Durchführung einer Due Diligence und damit die umfassende Offenlegung von Unternehmensdaten für die Kenntnis des potentiellen Erwerbers, dessen Haftung, den Haftungsumfang und -maßstab hat, wird in der deutschen Literatur uneinheitlich beurteilt[80]. Von Gerichten gibt es bezüglich der rechtlichen Bedeutung der Due Diligence keine Stellungnahme, da diese selten mit Unternehmenskäufen im Allgemeinen oder mit der Due Diligence im Besonderen beschäftigt sind. Etwaige sich Transaktionen anschließende Streitigkeiten werden fast immer außergerichtlich (durch Schlichtungsmaßnahmen) oder durch Schiedsgerichte beigelegt werden[81].

I. Gewährleistung des Verkäufers beim Unternehmenskauf nach deutschem Recht

Im Hinblick auf die Darstellung der rechtlichen Einflussmöglichkeiten einer Due Diligence sind die verschiedenen Formen des Unternehmenskaufs und deren gesetzliche Gewährleistung im deutschen Recht zu betrachten. Die zum 1. Januar 2002 durch das Gesetz zur Modernisierung des Schuldrechts[82] in Kraft getretenen Änderungen im Hinblick auf die allgemeinen Regelungen zur Verletzung vertraglicher Pflichten und bezüglich der Verjährung wirken sich auch auf die Behandlung von Unternehmenskäufen aus.

1. Anteilskauf („Share Deal")

Bei einem Share Deal beschränkt sich der Kauf auf Gesellschaftsanteile eines Unternehmens. Der Share Deal war nach der Rechtslage vor der Schuldrechtsreform damit ein Rechtskauf, bei dem der Verkäufer grundsätzlich nur für die Rechtsmängel an den gekauften Anteilen gemäß §§ 437, 440 BGB a.F. haftete

80 Wegen, WiB 1994, 291 (291); Beisel/Klumpp, 2. Kapitel, Rn. 12 - 16; Merkt, BB 1995, 1041 (1046)

81 Wegen, WiB 1994, 291(291).

82 Gesetz zur Modernisierung des Schuldrechts vom 26. November 2001, BGB I 2001, 3138 ff.

und die Gewährleistungsansprüche gemäß §§ 459ff. BGB a.F. nicht anzuwenden waren[83]. Die Rechtsprechung wendete die Sachmängelhaftung der §§ 459ff. BGB a.F. allerdings entsprechend an, wenn die gesamte Gesellschafterbeteiligung bis auf einen kleinen Rest im Wege des Beteiligungserwerbs an den Käufer veräußert wurde, da dieser Vorgang wirtschaftlich betrachtet den Erwerb des von der Gesellschaft betriebenen Unternehmens darstellte[84].

Der Gesetzgeber hat mit dem Gesetz zur Modernisierung des Schuldrechts Share Deal und Asset Deal gleichgesetzt. Die Regelungen des Sachkaufs finden nun auf den Rechtskauf gemäß § 453 Abs. 1 BGB entsprechend Anwendung[85]. Allerdings gilt dies nur im Falle eines Unternehmenskaufs, das heißt, wenn der Käufer sämtliche Gesellschaftsanteile erwirbt oder zumindest nur unbedeutende Gesellschaftsanteile nicht erwirbt[86]. Nicht entschieden ist damit die Frage, ab welcher Beteiligungs- bzw. Stimmrechtsquote ein Unternehmenskauf und kein Beteiligungskauf vorliegt. Unter letzterem wird ein Erwerb von geringen Beteiligungsquoten verstanden, bei welchen der Käufer als Konsequenz der Transaktion die Leitungsmacht in der Gesellschaft nicht erlangt[87].

2. Asset Deal

Vor der Schuldrechtsreform unterlag die Mängelgewährleistung beim Asset Deal – wobei die Aktiva und Passiva des Unternehmens im Wege der Einzelrechtsnachfolge übernommen werden[88] – der Sachmängelhaftung der §§ 459ff. BGB a.F. Dabei wurde die Sachmängelhaftung analog angewandt, da es sich bei dem Rechtsgeschäft nicht um den Kauf einer einzelnen Sache, sondern eines Inbegriffs von Sachen und Rechten, tatsächlichen Beziehungen, Vertragspositionen, Marktanteilen, Ressourcen, Geschäftschancen handelt[89]. Der Verkäufer haftete dann, wenn ein Mangel sich auf den Wert oder die Tauglichkeit des Unternehmens als Ganzes auswirkt und dessen wirtschaftliche Grundlage stark beeinträchtigte[90]. Alternativ kam die Haftung für eine zugesicherte Eigenschaft gemäß § 459 Abs. 2 BGB a.F. in Betracht, die dem Unternehmen auf Dauer anhaftet

83 Seibt/Reiche, DStR 2002, 1135/1181 (1136).
84 Ständige Rechtsprechung, z. Bsp. BGH, BB 1991, 496.
85 Seibt/Reichel, DStR 2002, 1135/1183 (1136); Merkt, in: Merkt, Rn. 202.
86 Rödder/Hötzel/Mueller-Thuns, § 1 Rn. 9.
87 Seibt/Reichel, DStR 2002, 1135/1181 (1136ff.); Rödder/Hötzel/Mueller-Thuns, § 9 Rn. 42ff.
88 Loges, DB 1997, 965.
89 Beisel/Klumpp. 16. Kapitel Rn. 14.
90 Beisel/Klumpp, 16. Kapitel Rn. 3 ff.

und für seine Nutzung von erheblicher Bedeutung ist[91]. Problematisch waren hierbei, dass vom Verkäufer gemachten Angaben über Umsatz, Ertrag und andere Kennzahlen des Unternehmens lediglich als mittelbare Indikatoren angesehen wurden[92], so dass die Gewährleistungsregeln keine Anwendung fanden. Rechtsfolgen der Gewährleistung waren gemäß §§ 440, 320ff. BGB a.F. Wandlung, Minderung oder Schadensersatz wegen Nichterfüllung.

Nach der heutigen Rechtslage werden die Vorschriften über den Sachkauf auf den Rechtskauf gemäß § 453 Abs. 1 BGB analog angewandt, das heißt, nunmehr liegt eine ausdrückliche Verweisung vor[93]. Damit ist die Grundlage der Gewährleistung im Fall des Asset Deals § 434 BGB, wobei im Falle eines Mangels einer einzelner Sache und nicht des gesamten Unternehmen keine Haftung des Verkäufers nach § 434 BGB vorliegt[94]. Im Gegensatz zu dem bisherigen Recht ist keine Unterscheidung mehr zwischen einer fehlerhaften Sache und dem Fehlen einer zugesicherten Eigenschaft zu treffen[95].

3. Ergebnis

Als Schlussfolgerung lässt sich somit festhalten, dass das deutsche Recht im Gegensatz zum US-amerikanischen Recht zwar eine gesetzliche Gewährleistung für den Fall des Unternehmenskaufs anbietet. Diese trägt aber – wie bereits unter B.III.1. erwähnt – den besonderen Gegebenheiten des Unternehmenskaufs nicht ausreichend Rechnung und bleibt damit – auch nach der Modernisierung des Schuldrechts – unbefriedigend[96].

II. Einfluss der Due Diligence auf die gesetzliche Gewährleistung

1. Kenntnis des Käufers

Die Durchführung einer Due Diligence kann sich auf die Gewährleistungsansprüche des Käufers negativ auswirken[97]. Gewährleistungsansprüche sind gemäß

91 Picot, in: Picot, 2. Auflage, Rn. 84; BGH, NJW 1991, 1223 (1224).
92 Soergel/Huber, 12. Auflage, § 459 Rn. 279ff.
93 Beisel/Klumpp, 16. Kapitel, Rn. 15.
94 Seibt/Reichel, DStR 2002, 1135/1181 (1140); Rödder/Hötzel/Mueller-Thuns, § 9 Rn. 43.
95 Seibt/Reichel, DStR 2002, 1135/1181 (1183/1139); Rödder/Hötzel/Mueller-Thuns, § 9 Rn. 39.
96 Merkt, BB 1995, 1041 (1046).
97 Triebel, in: Mergers & Acquisitions in Germany, 23; Merkt, WiB 1996, 145 (148).

§ 442 BGB ausgeschlossen, wenn der Käufer den Mangel bei Vertragsschluss kannte. Die Offenlegung von Mängeln und anderen nachteiligen Umständen schließt damit Gewährleistungs- und sonstige Schadensersatzansprüche aus[98]. Unerheblich ist, ob der Käufer den Mangel aufgrund einer eigenen Prüfung, nämlich durch die Durchführung einer Due Diligence, feststellt oder ob der Verkäufer den Käufer auf den Mangel ausdrücklich hinweist[99]. Demnach kann der potentielle Käufer, der aufgrund der Due Diligence umfassende Kenntnis über den Zustand des Unternehmens erlangt, Gewährleistungsansprüche gegen den Verkäufer verlieren. Es ist jedoch nicht daraus zu folgern, dass der Käufer, der das Kaufobjekt einer gründlichen Prüfung unterzieht, quasi „bestraft" wird[100]. Es ist stets als Vorteil anzusehen, Risiken bei Vertragsschluss zu kennen und entsprechende Maßnahmen ergreifen zu können, statt sich später auf die Durchsetzung von Regressansprüchen gegen den Verkäufer verlassen zu müssen[101]. Die Schlussfolgerung daraus ist, dass die Prüfung, wenn sie durchgeführt wird, ausreichend gründlich durchzuführen ist[102].

2. Due Diligence als Verkehrssitte

Führt der Käufer jedoch keine Due Diligence durch, könnte dieses Verhalten wegen der Üblichkeit dieser Prüfung beim Unternehmenskauf als grob fahrlässiges Verhalten angesehen werden. Dies würde dann ebenfalls zu einem Gewährleistungsauschluss gemäß § 442 BGB führen. Nach § 442 Abs. 1 BGB sind die Rechte des Käufers ausgeschlossen, wenn er bei Vertragsschluss den Mangel kennt (Satz 1). Ist dem Käufer ein Mangel infolge grober Fahrlässigkeit unbekannt geblieben, dann kann der Käufer Rechte wegen dieses Mangels nur geltend machen, wenn der Verkäufer den Mangel arglistig verschwiegen oder eine Garantie für die Beschaffenheit der Sache übernommen hat (Satz 2).

Fraglich ist aber, ob die Durchführung einer Due Diligence schon als Verkehrssitte zu bezeichnen ist. Teilweise wird vertreten, dass Unternehmenskäufe ohne Due Diligence in verschiedenen Formen praktisch nicht mehr vorkommen[103]. Demnach wäre die Vornahme einer Due Diligence als üblich einzustufen.

98 Treek, in: Fikentscher-FS, 434 (437); Loges, DB 1997, 965 (968).
99 Merkt, in: Merkt, Rn. 506.
100 So Stengel/Scholderer, NJW 1994, 158 (164).
101 Loges, DB 1997, 965 (969).
102 Merkt, in: Merkt, Rn. 508.
103 Merkt, in: Merkt, Rn. 512.

Die Annahme einer Verkehrssitte ist aber zum heutigen Zeitpunkt zu verneinen[104]. Unter einer Verkehrssitte versteht man die im Verkehr der beteiligten Kreise herrschende tatsächliche Übung; ein Geschäftsgebrauch, der überwiegend befolgt, häufig aber auch nicht befolgt wird, ist keine Verkehrssitte im Sinne des Gesetzes[105]. Unabhängig von der Tatsache, dass die Zahl der Unternehmenskäufe, bei denen eine Due Diligence durchgeführt wird, sich wesentlich vergrößert hat und nun die Nichtdurchführung einer Due Diligence als der Ausnahmefall anzusehen ist, kann nicht auf die Einordnung als Verkehrssitte geschlossen werden: Die Durchführung einer Due Diligence ist auch heute noch für die Vertragsparteien häufig Anlass zu Diskussion. Das Zögern der Verkäufer, Informationen potentiellen Käufern gegenüber offen zu legen, kann oftmals nicht durch Geheimhaltungsvereinbarungen überwunden werden[106]. Zusätzlich wird die Due Diligence in verschiedenem Ausmaß, auf verschiedenen Gebieten und mit unterschiedlichen Schwerpunkten durchgeführt[107], so dass es Käufern schwer fallen dürfte festzustellen, zu welchem Umfang die Due Diligence als Verkehrssitte angesehen werden könnte. Als Konsequenz kann hieran kein Rechtsverlust[108] angeknüpft werden. Es erscheint nicht gerechtfertigt, die gesetzlichen Rechte des Käufers bei Unterlassen einer Prüfung zu beschneiden.

III. Einfluss der Due Diligence auf die vertragliche Haftung

Die Due Diligence steht in engem Zusammenhang mit den im Rahmen des Kaufvertrages abzugebenden Zusicherungen und Gewährleistungen, die gerade bei internationalen Unternehmenskäufen in Ermangelung einheitlicher Gewährleistungsregeln eine bedeutende Rolle spielen[109]. Die Funktion der Due Diligence liegt hier – neben der Offenlegung der tatsächlichen und rechtlichen Verhältnisse des Unternehmens und der Bestimmung seines gegenwärtigen Zustands und damit seines Wertes – darin, dem Käufer Kenntnisse darüber zu vermitteln, wo die gewährleistungsrechtlichen Probleme liegen, wo noch Informationen fehlen und in welchen Punkten eine Gewährleistungsvereinbarung aufgrund umfänglicher Informationen nicht unbedingt notwendig ist oder wo diesbezügliche Informationen fehlen, der Käufer also auf umfangreiche Gewährleistungsansprüche be-

104 Loges, DB 1997, 965 (968); Offengelassen von Merkt, in: Merkt, Rn. 512ff.
105 Armbrüster im Erman BGB, § 157 Rn. 10.
106 Triebel, in: Mergers & Acquisitions in Germany, 23.
107 Vergleiche hierzu B.III.3 und B.III.4.
108 So aber Merkt, in: Merkt, Rn. 520.
109 Wegen, WiB 1994, 291.

stehen muss[110]. Teilweise können Risiken selbst durch eine Due Diligence nicht eingeschätzt werden; der Käufer versucht dann, das Risiko dem Unternehmensverkäufer aufzubürden[111].

Mit diesen gewährleistungsrechtlichen Vereinbarungen als Ergebnis der Due Diligence wird angestrebt, die gesetzlichen Vorschriften zu verdrängen und an deren Stelle ein individuell vereinbartes Gewährleistungsregime treten zu lassen[112]. Aus der Durchführung der Due Diligence ergibt sich der Bereich, der nicht untersucht werden durfte oder konnte und deshalb mit Garantien abgesichert werden soll[113].

Letztlich bietet es sich an, auch hinsichtlich einer eventuellen Rückabwicklung in einem Fall der Gewährleistung eine Regelung zu treffen, um nicht trotz individueller Vereinbarung auf ein gerichtliches Verfahren zur Durchsetzung der Rückabwicklung und die damit verbundenen Schwierigkeiten angewiesen zu sein. Als Konsequenz lässt sich festhalten, dass mittels einer Due Diligence eine vertragliche Garantiehaftung erarbeitet werden kann.

IV. Due Diligence und vorvertragliche Haftung

Im Rahmen der Due Diligence kommt es zwischen Käufer- und Verkäufer oftmals zu einem Vorvertragsverhältnis mit entsprechenden Sorgfalts- und Treuepflichten, die im Fall ihrer Verletzung Schadensersatzansprüche auslösen können, §§ 280, 311 Abs. 2 BGB. Je umfassender der Verkäufer den Bestand des Unternehmens in allen Einzelheiten dokumentiert, desto weiter fällt auch die vorvertragliche Haftung aus, da er für die Richtigkeit der Angaben und Auskünfte einzustehen hat[114].

V. Due Diligence und Offenlegung von Information bzw. Geheimhaltung

Der Verkäufer hat zumindest zu Beginn der Vertragsverhandlungen kein Interesse an einer Offenlegung. Das Interesse an Geheimhaltung der Unternehmens-

---

110 Harrer, DStR 1993, 1673; Beisel/Klumpp, 2. Kapitel, Rn. 4. Siehe hierzu auch Darstellung unter B.III.4.

111 Koch/Wegmann, 182.

112 Beisel/Klumpp, 2. Kapitel Rn. 4/5.

113 Harrer, DStR 1993, 1673.

114 Merkt, WiB 1996, 145 (149f.); ders. in: Merkt, Rn. 533.

interna wird verstärkt bestehen, wenn es sich bei dem potentiellen Käufer um einen Konkurrenten handelt. Der Käufer dagegen möchte sich umfassend über das Unternehmen informieren, um eventuelle Risiken aufzudecken und abzuschätzen[115]. Dieser auftretende Interessenkonflikt soll Gegenstand der nachfolgenden Überlegungen sein. Im Rahmen der Untersuchung sollen – wie bereits erörtert – Informationsansprüche der Interessenten und Veräußerer und diesen entgegenstehende Offenlegungsverbote der Geschäftsführung während der Durchführung einer Due Diligence dargestellt werden.

115 Krüger/Kalbfleisch, DStR 1999, 174 (176).

D. Information und Geheimhaltung im Aktiengesetz

Zunächst wird der Aktionär sich selbst die Frage stellen, ob er verschiedene Vorabinformationen dem Interessenten zur Verfügung stellen darf. Kommt es zu Vertragsverhandlungen, werden seine Informationen nicht mehr ausreichen. Er wird sich an den Vorstand der Gesellschaft wenden, um diesen zur Mitarbeit bei einer Due Diligence zu bewegen. Demnach ist zwischen Informationsrechten des Aktionärs gegenüber dem Vorstand und der rechtlichen Möglichkeit des Vorstands zur Weitergabe von Informationen zu unterscheiden. Weiterhin ist zwischen Auskunftsrechten und Einsichtsrechten zu differenzieren. Maßgeblich für die Beantwortung dieser Fragen sind die sich anschließenden Informationsbegehren von Mit-Aktionären. Auch deren Folgeansprüche sind zu prüfen. Schließlich soll auch die spezifische Situation im Konzern untersucht werden.

I. Auskunftsrechte des am Erwerb interessierten Dritten

Bevor ein Erwerber Aktionär wird, stehen ihm als Dritten keine Rechte auf Auskunft gegen den Vorstand zu[116]. Auch aufgrund der Vertragsanbahnung ergeben sich keine Informationsrechte gegenüber dem Vorstand, da das Vertragsverhältnis nur zwischen Alt- und Neuaktionär geschlossen wird. Ansprüche des potentiellen Erwerbers gegen den am Verkauf interessierten Aktionär bestehen im Rahmen der zivilrechtlichen Vertragsanbahnung[117], sollen aber nicht Thema dieser Arbeit sein.

116 Semler/Volhard/Dietzel, Unternehmensübernahmen, § 9 Rn. 73; Körber, NZG 2002, 263 (264f); Stoffels, ZHR 165 (2001), 362 (369); Ziegler, DStR 2000, 249 (249/252); Peters, 15f; Eggenberger, 81.

117 Zu dieser Fragestellung vergleiche Semler/Volhard/Dietzel, Unternehmensübernahmen, § 9 Rn. 21ff.; Peters, 7ff.; Eggenberger, 81ff.

II. Auskunftsrechte des Aktionärs

1. Gemäß §§ 242, 264ff. HGB und gemäß § 15 WpHG

Gemäß §§ 242, 264ff. HGB hat der Vorstand die Verpflichtung, jährlich im Rahmen des Jahresabschlusses durch die Bilanz, die Gewinn- und Verlustrechnung und den Lagebericht über die Lage der Gesellschaft und ihre Erträge im abgelaufenen Geschäftsjahr unter Beachtung eingehender gesetzlicher Regeln zu informieren. Diese Informationspflichten sind aber zur Durchführung der Due Diligence nicht ausreichend, denn diese Daten reichen nur für die externe Analyse der allgemeinen ökonomischen Lage des Kaufobjekts und der Lage der Branche allgemein aus[118]. Um unter anderem Daten des Rechnungswesens, die Zukunftsplanungen, bestehende Verträge zu Kunden oder Geschäftspartner zu analysieren, bedarf es der Mitwirkung des Vorstands.

Die Richtlinie 82/121/EWG vom 1. Februar 1982 über regelmäßige Informationen, die von Gesellschaften zu veröffentlichen sind, deren Aktien zur amtlichen Notierung an einer Wertpapierbörse zugelassen sind,[119] bürdet börsennotierten Gesellschaften die Pflicht zur regelmäßigen Veröffentlichung von Halbjahresberichten über ihre Tätigkeit und Geschäftsergebnisse auf[120]. Das Gebot der Ad-hoc-Publizität nach § 15 WpHG umfasst die Veröffentlichungspflicht für Emittenten von Wertpapieren von noch nicht öffentlich bekannten Tatsachen, die geeignet sind, den Kurs der Gesellschaft wesentlich zu beeinflussen.

Auch diese Informationen genügen jedoch nicht zur Wertfeststellung einer Beteiligung[121] oder zur Durchführung einer Due Diligence.

2. Auskunftsrecht gemäß § 131 Abs. 1 S. 1 AktG

a. Anspruch gemäß § 131 Abs. 1 S. 1 AktG

Gemäß § 131 Abs. 1 S. 1 AktG ist jedem Aktionär auf Verlangen in der Hauptversammlung vom Vorstand Auskunft über Angelegenheiten der Gesellschaft zu geben, soweit sie zur sachgemäßen Beurteilung des Gegenstands der Tagesordnung erforderlich ist.

118 Barthel, DStZ 1999, 73 (75); Treek, in: Fikentscher-FS, 435; Lutter, in: Schippel-FS, 462; Peters, 35; Eggenberger, 81.

119 Abgedruckt Abl. vom 20.2.1982, Nr. L 048, 23 (26).

120 Bankrechts-Handbuch/Troberg, § 136 Rn. 62.

121 Lutter, in Schippel-FS, 455 (462).

Dieses Fragerecht dient Aktionären, ihren Anspruch auf Information unabhängig von der Höhe ihrer Beteiligung durchzusetzen[122], um (unter anderem) nach Abschätzung der Lage der Gesellschaft und deren Zukunftsaussichten eine fundierte Entscheidung über Kauf- beziehungsweise Verkauf ihrer Aktien treffen zu können[123]. Zur Auskunft verpflichtet ist die Gesellschaft selbst; der Vorstand – wie schon der Gesetzeswortlaut – ist als gesetzlicher Vertreter der Gesellschaft für die Erfüllung des Anspruchs zuständig[124].

Eine Angelegenheit der Gesellschaft ist im Sinne des § 131 Abs. 1 S.1 AktG hierbei alles, was sich auf die Aktiengesellschaft und ihre Tätigkeit bezieht[125]. Ob die verlangte Auskunft zusätzlich auch zur Beurteilung eines Gegenstandes der Tagesordnung erforderlich ist, wird nach allgemeiner Meinung am Maßstab eines objektiv denkenden Durchschnittsaktionärs, der die Gesellschaftsverhältnisse nur aufgrund allgemein bekannter Tatsachen kennt, gemessen[126]. Eine erhebliche Beschränkung ergibt sich allerdings aus diesem Erfordernis nicht, denn zur Beurteilung von Tagesordnungspunkten wie „Vorlage des Jahresabschlusses und des Lageberichts“, „Entlastung von Vorstand und Aufsichtsrat“ etc. kann jeder Umstand von einigem Gewicht eine Bedeutung haben[127]. Das Auskunftsrecht ist zwar nicht auf einfache oder leicht zu beschaffende Auskünfte beschränkt[128], so dass ein Aktionär auch detaillierte Daten, wie er sie für eine umfassende Due Diligence benötigt, erfragen kann. Sie erfolgt aber nur mündlich – ohne ein Recht des Aktionärs, bestimmte Dokumente einsehen zu dürfen oder Urkunden verlesen zu lassen – in der Hauptversammlung[129], so dass ein Aktionär, der sämtliche Daten einer umfassenden Due Diligence zu erhalten versucht, hier an die Grenzen seines Auskunftsanspruchs stoßen wird[130]. Abgesehen von dieser – eher im Praktischen liegenden Einschränkung – könnte ein Aktionär – eine Due

---

122 Schmidt, Gesellschaftsrecht, § 28 IV 3 a).

123 Geßler/Hefermehl/Eckardt, AktG, § 131 Rn. 1.

124 Hüffer, AktG, § 131 Rn. 5; Geßler/Hefermehl/Eckardt, AktG, § 131 Rn. 61; MünchKomm/Kubis, AktG, Bd. 4, § 131 Rn. 18; Groß, AG 1997, 97(103); Wilde, ZGR 1998, 423 (441).

125 Hüffer, AktG, § 131 Rn. 11; Groß, AG 1997, 97 (104).

126 Hüffer, AktG, § 131 Rn. 12; Meilicke/Heidel, DStrR 1992, 113 (115); Reuter, DB 1988, 2615; OLG Bremen, AG 1981, 229 (229); OLG Düsseldorf, AG 1987, 21(23); OLG Frankfurt, AG 1994, 39 (39); BayObLG, AG 1996, 180 (181); Geßler/Hefermehl/Eckardt, AktG, § 131 Rn. 33; KölnerKomm/Zöllner, AktG, § 131 Rn. 23; Wilde, ZGR 1998, 423 (441/442).

127 Semler, in: Münchener HB d. Gesellschaftsrechts, Bd. 4, § 37 Rn. 7.

128 MünchKomm/Kubis, AktG, Bd. 4 § 131 Rn. 85 beschreibt die Vorbereitungen, die der Vorstand treffen muss, um in der Lage zu sein, die verlangten Auskünfte zu beschaffen..

129 MünchKomm/Kubis, AktG, Bd. 4., § 131 Rn. 27; Semler, in: Münchener, HB d. Gesellschaftsrechts, Bd. 4, § 37 Rn. 27; GroßKomm/Barz, AktG, § 131 Anm. 23; Geßler/Hefermehl/Eckardt, AktG, § 131 Rn. 65; KölnerKomm/Zöllner, AktG, § 131 Rn. 81.

130 So auch Semler/Volhard/Dietzel, Unternehmensübernahmen, § 9 Rn. 73; Peters, 28f.

Diligence-Checkliste in der Hand – von ihm benötigten Daten in einem nicht unerheblichen Umfang förmlich abfragen.

b. Verweigerung der Auskunft durch den Vorstand gemäß § 131 Abs. 3 Nr. 1 AktG

Gemäß § 131 Abs. 3 Nr. 1 AktG darf der Vorstand jedoch die Auskunft verweigern, soweit die Erteilung der Auskunft nach vernünftiger kaufmännischer Beurteilung geeignet ist, der Gesellschaft oder einem verbundenen Unternehmen einen nicht unerheblichen Nachteil zuzufügen. Hierbei werden sich aus der Auskunft ergebende mögliche Vor- und Nachteile für die Gesellschaft gegenübergestellt und eine Gesamtbetrachtung vorgenommen[131]. Die Interessen des fragenden Aktionärs selbst sind nicht zu berücksichtigen[132].

§ 131 Abs. 3 Nr. 1 AktG greift nicht erst dann ein, wenn der Gesellschaft durch die Auskunftserteilung mit Sicherheit Nachteile entstehen würden, vielmehr reicht die Eignung der Tatsachen für die Verursachung eines solchen Nachteils aus[133]. Diese bloße Eignung ist unter anderem bei Tatsachen, deren Kenntnis Konkurrenten entscheidende Vorteile bringen könnten, oder deren Offenlegung gegen bestehende Geheimhaltungsverpflichtungen verstoßen würde, anzunehmen[134]. Auch Angaben über stille Reserven, latente Steuern, Verzinsung des tatsächlich eingesetzten Kapitals etc. besitzen diese Eignung[135]. Derart sensible Daten unterliegen dem Auskunftsverweigerungsrecht des Vorstands und müssen nicht herausgegeben werden[136]. Gerade an solchen sensiblen Informationen als wertbildenden Faktoren haben der potentielle Erwerber und der verkaufende Aktionär, der die Durchführung der Due Diligence beansprucht, jedoch Interesse. Daher kann der Aktionär nicht aufgrund seines Auskunftsrechts gemäß § 131 Abs. 1 AktG an die Daten gelangen, die für ihn und seinen potentiellen Käufer von Interesse hinsichtlich seiner Verkaufentscheidung sind[137].

---

131 Wohlleben, 150.

132 Herrschende Meinung: Hüffer, AktG, § 131 Rn. 27; Geßler/Hefermehl/Eckardt, AktG, § 131 Rn. 86; Ebenroth, Auskunftsrecht des Aktionärs, 83; KölnerKomm/Zöllner, AktG, § 131 Rn. 34; Semler, in: Münchener HB d. Gesellschaftsrechts, Bd. 4, § 37 Rn. 33; GroßKomm/Barz, AktG, § 131 Rn. 14.

133 Geßler/Hefermehl/Eckardt, AktG, § 131 Rn. 84.

134 Semler, in: Münchener HB d. Gesellschaftsrechts, Bd. 4, § 37 Rn. 31.

135 Barthel, DStZ 1999, 73 (75); vergleiche auch die Fallgruppen hinsichtlich Verträge und Lizenzen, Forschungstätigkeit und Entwicklungskosten bei KölnerKomm/Zöllner, AktG, § 131 Rn. 52, 53.

136 Hüffer, AktG, § 131 Rn. 28, 29.

137 Mertens, AG 1997, 541 (543); Lutter, ZIP 1997, 613 (616); Treek, in: Fikentscher-FS, 435 (453).

Zu beachten ist, dass die Auskunftsverweigerung wie die Erteilung der Auskunft als Geschäftsführungsmaßnahme grundsätzlich eines einstimmigen Beschlusses des Vorstands bedarf, wenn Satzung oder Geschäftsordnung der Gesellschaft keine andere Regelung treffen, § 77 Abs. 1 AktG.

c. Verweigerung der Auskunft durch den Vorstand gemäß § 131 Abs. 3 Nr. 3 AktG

Gemäß § 131 Abs. 3 Nr. 3 AktG muss der Vorstand keine Angaben über den Unterschied zwischen Bilanzansätzen und höherem Wert der bilanzierten Gegenstände machen, es sei denn, dass die Hauptversammlung den Jahresabschluss feststellt[138]. Hierdurch soll verhindert werden, dass über den Jahresabschluss hinausgehende Rückschlüsse auf die Ertragskraft des Unternehmens gezogen werden können[139]. Im Rahmen einer Abwägung hat der Gesetzgeber das Geheimhaltungsinteresse der Gesellschaft den Vermögensinteressen der Aktionäre gegenübergestellt[140]. Dabei ist zu beachten, dass die Geheimhaltung der stillen Reserven[141] die Aktionäre mittelfristig schützt, da hierdurch verhindert wird, dass sich andere Wettbewerber bzw. Vertragspartner diese Informationen zunutze machen können[142]

Von dem Auskunftsverweigerungsrecht werden auch Fragen erfasst, die mittelbar auf die Erforschung des wirklichen Werts gerichtet sind[143]. Erforderliche Informationen sind damit zumindest zum Teil deckungsgleich mit den Informationen, die im Rahmen der Durchführung einer Due Diligence offen gelegt werden. Zu denken ist insbesondere dabei an die Financial Due Diligence und Tax Due Diligence[144]. Hieran könnte sich ein weiteres Auskunftsverweigerungsrecht des Vorstands gemäß § 131 Abs. 3 Nr. 3 AktG schließen.

---

138 Dies ist gemäß §§ 172 S.1, 173 Abs. 1, 234 Abs. 2, 270 Abs. 2 AktG der Fall.

139 Semler, in: Münchener HB des Gesellschaftsrechts, Bd. 4, AktG, § 37 Rn. 36.

140 Hüffer, AktG, § 131 Rn. 29; auch Ebenroth/Koos, BB 1995, Beil 8, 1 (11ff.).

141 Die stillen Reserven ergeben sich unter anderem aus durch dem Niederstwertprinzip entstandene Schätzungsreserven, Abschreibungen auf den niedrigeren steuerlichen Wert (§§ 254, 279 Abs. 2, 280 Abs. 2 HGB) und verschiedenen Wahlrechte des HGB (§§ 253 Abs. 2 S. 3, 279 Abs. 1 S. 2, 253 Abs. 5 HGB).

142 MünchKomm/Kubis, AktG, Bd. 4, § 131 Rn. 107.

143 MünchKomm/Kubis, AktG, Bd. 4, § 131 Rn. 108.

144 Siehe zu den Inhalten dieser Bereiche oben unter B.III.2.

d. Verweigerung der Auskunft durch den Vorstand gemäß § 131 Abs. 3 Nr. 5 AktG

Gemäß § 131 Abs. 3 S. 1 Nr. 5 AktG kann gleichfalls ein Auskunftsverweigerungsrecht dem Auskunftsanspruch des Aktionärs gemäß § 131 Abs. 1 AktG entgegenstehen, soweit sich der Vorstand durch die Erteilung der Auskunft strafbar machen würde. Es kommt eine Strafbarkeit gemäß §§ 38 Abs. 1 Nr. 2, 39 Abs. 2 Nr. 3 i.V.m. § 14 Abs. 1 Nr. 2 WpHG in Betracht. Dies soll jedoch im Kapitel zur Information und Geheimhaltung im Wertpapierhandelsgesetz in Zusammenhang mit verwandten Fragestellungen behandelt werden[145].

3. Weitere Auskunftsrechte

Weitere Auskunftsrechte stehen dem verkaufenden Aktionär nicht zu[146]. Ob sich weitere Auskunftsrechte für den Grossaktionär ergeben, ist fraglich[147]. Ein direkter Anspruch scheidet aus, denn gemäß § 53a AktG sind alle Aktionäre grundsätzlich gleich zu behandeln[148]. Vielmehr stehen dem Großaktionär oftmals faktische Informationsmöglichkeiten zur Verfügung. Zum Beispiel ist an die Repräsentanz eines Aktionärs durch Aufsichtsratsmitglieder zu denken. Allerdings könnte die Weitergabe der Daten an etwaige Kaufinteressenten ohne Zustimmung der Unternehmensleitung untersagt sein, wenn diese „inoffiziellen" Informationskanäle stets an die Konzernleitungsfunktion gebunden wären[149]. Bezüglich der Problematik der Information und Geheimhaltung im Konzern wird auf den Abschnitt Informationsweitergabe im Konzern verwiesen[150].

4. Ergebnis

Ein am Erwerb interessierter Dritter hat keinerlei Auskunftsrechte gegen den Vorstand, die ihn in die Lage versetzen würden, eine Due Diligence durchzufüh-

145 Siehe hierzu unter E.

146 So auch Wilde, ZGR 1998, 423 (441), Ziegler, DStR 2000, 249 (252); Stoffels, ZHR 165 (2001), 362 (370); Lutter, ZIP 1997, 613 (616).

147 Krömker, NZG 2002, 418 (423ff.), möchte einen ungeschriebenen Anpruch des Großaktionärs annehmen, um eine faktische Vinkulierung der Anteile zu vermeiden, verkennt aber hierbei, dass dies zwar zu einer Ermessensreduzierung des Vorstands auf Null und damit zu einer Verpflichtung gegenüber der Gesellschaft führen kann, aber nicht zu einem direkten Anspruch des Aktionärs, Hemeling, ZHR 2005, 274 (291f.).

148 KölnerKomm/Lutter, AktG, § 53a Rn. 6, 7.

149 So in der Tat Mertens, AG 1997, 541 (543).

150 Siehe unter D.IV.

ren. Ein Aktionär kann keine weiterführenden Auskunftsrechte auf §§ 242, 264 ff. HGB oder § 15 WpHG stützen. Er hat gegenüber dem Vorstand einen Rechtsanspruch aus § 131 Abs. 1 AktG, aber keine umfassende Auskünfte, die die Durchführung einer Due Diligence voraussetzt[151], umfasst. Zusätzlich wird sein aus § 131 Abs. 1 AktG resultierendes Auskunftsrecht aufgrund der Verweigerungsrechte des Vorstandes gemäß § 131 Abs. 3 Nr. 1, 3 und 5 AktG zusätzlich eingeschränkt. Dem Aktionär ist es damit nicht möglich, dem potentiellen Käufer aus eigener Kraft die sensiblen Informationen über das Unternehmen zur Verfügung zu stellen. Gelangt ein Aktionär dennoch an die fraglichen Unternehmensinterna, darf er sie dem potentiellen Käufer gegenüber meist nicht offenlegen[152].

III. Einsichtsrechte des Aktionärs

Ein allgemeines Einsichtsrecht in die Bücher der Gesellschaft eines Aktionärs kennt das Aktienrecht nicht[153]. Für verschiedene Unterlagen, wie Jahresabschluss, Lagebericht, Bericht des Aufsichtsrats und Gewinnverwendungsvorschlag, Nachgründungsvertrag, Teilnehmerverzeichnis, Sonderprüfungsbericht, Unternehmensvertrag, Konzernabschluss und Konzernlagebericht, Verschmelzungsvertrag, Umwandlungsbilanz (§§ 120 Abs. 3, 131 Abs. 1 S. 3, 175 Abs. 2, 52 Abs. 2, 129 Abs. 4, 145 Abs. 4 S. 4, 293 Abs. 3, 295 Abs. 1 S. 2, 337 Abs. 3, 340 d Abs. 4, 5, 362 Abs. 3 S. 4, 366 Abs. 3 S. 3, 386 Abs. 2 S. 3, 289 Abs. 3 S. 4, 393 Abs. 2 AktG) ist hier ausdrücklich und abschließend geregelt.

IV. Schweigepflichten des Vorstands gemäß §§ 93 Abs. 1 S. 3, Abs. 2, 404 I Nr. 1 AktG

Wie dargelegt, ist der Vorstand nicht verpflichtet, die für die Due Diligence relevanten Daten gegenüber den Aktionären preiszugeben. Es ist zu untersuchen, ob

151 So auch die herrschende Meinung, vergleiche Körber, NZG 2002, 263 (265); Peters, 35f; Eggenberger, 84. Anderer Ansicht ist Krömker (140 ff.), der zumindest für einen unternehmerisch beteiligten Großaktionär einen Anspruch gegen die Gesellschaft auf Unterstützung des vom Erwerbsinteressenten verlangten Due Diligence auf das allgemeine verbandsrechtliche Prinzip stützt, nachdem jedes Mitglied die Informationen erhalten soll, dies es zur effektiven Ausübung seiner Mitgliedschaftsrechte benötigt.

152 Siehe hierzu auch die ausführliche Darstellung unter C.IV.

153 Wohlleben, 9; BGH, ZIP 1993, 751 (760); Lutter, ZIP 1997, 613 (616); Hüffer, AktG, § 131 Rn. 22; Kort, ZGR 1987, 46 (49).

der Vorstand aber berechtigt ist, dem Aktionär diese Informationen zu erteilen oder sogar die Einsicht in die Unterlagen des Unternehmens zu gewähren, wenn er die Durchführung einer Transaktion ermöglichen oder sogar erleichtern möchte.

1. Tatbestand des § 93 Abs. 1 S. 3 AktG

Alle Vorstandsmitglieder unterliegen gesetzlichen Schweigepflichten. Neben der allgemeinen Sorgfaltspflicht des § 93 Abs. 1 S. 1 AktG haben sie gemäß § 93 Abs. 1 S. 3 AktG über vertrauliche Angaben und Geheimnisse der Gesellschaft, namentlich Betriebs- oder Geschäftsgeheimnisse, die ihnen durch ihre Tätigkeit bekanntgeworden sind, Stillschweigen zu bewahren. Stillschweigen bedeutet das Unterlassen jeder Offenbarung an Dritte, sei es durch ausdrückliche Erklärung, Weitergabe von Dokumenten oder Gestattung der Einsichtnahme[154]. Die Schweigepflicht ist abschließend, das heißt, sie kann weder durch Satzung, Erlass einer Geschäftsordnung oder durch Einzelbeschluss der Hauptversammlung eingeschränkt werden[155].

a. Geheimnisse der Gesellschaft

Ein Geheimnis gemäß §§ 93, 404 AktG setzt nach überwiegender Ansicht in Literatur und Rechtsprechung drei konstitutive Begriffselemente voraus[156]:

Als erstes muss die Information zum Offenbarungszeitpunkt noch relativ unbekannt sein. Dies ist der Fall, wenn sie nicht offenkundig, sondern nur im Besitz einer begrenzten, überschaubaren Anzahl von Personen ist[157]. Als zweites muss die Gesellschaft ein objektives Interesse an der Geheimhaltung der Information haben[158]. Dies ist der Fall, wenn durch die Offenbarung der Tatsache dem Unternehmen ein materieller oder immaterieller Schaden drohen könnte[159]. Als dritte Voraussetzung muss die Gesellschaft den Willen haben, die Information

154 Schroeder, DB 1997, 2161 (2161).

155 Geßler/Hefermehl/Hefermehl, AktG, § 93 Rn. 23.

156 Vgl. statt aller KölnerKomm/Geilen, AktG, § 404 Rn. 22ff.

157 Roschmann/Frey, AG 1996, 449 (450); KölnerKomm/Geilen, AktG, § 404 Rn. 23; Großkomm/Otto, AktG, § 404 Rn. 14.

158 Geßler/Hefermehl/Fuhrmann, AktG, § 404 Rn. 6.

159 Großkomm/Otto, AktG, § 404 Rn. 15; KölnerKomm/Geilen, AktG, § 404 Rn. 25, 35, 40; Lutter, Information und Vertraulichkeit, 133; v. Stebut, 43f.; Scholz/Tiedemann, GmbHG, § 85 Rn. 12; Baumbach/Hueck/Haas, GmbHG, § 85 Rn. 9.

geheim zu halten, das heißt, andere von der Kenntnis des Geheimnisses auszuschließen[160].

Das erste Merkmal der relativen Unbekanntheit ist im Fall der Due Diligence im Vorfeld eines Unternehmenskaufs in der Regel erfüllt. Der potentielle Erwerber möchte gerade nicht allgemein bekannte Informationen, sondern nicht öffentlich zugängliche Daten wie Auskünfte über Herstellungsverfahren, Kundendateien, Steuerbescheide, Einkaufskonditionen, Kooperationsverträge haben, die wegen wachsamer Konkurrenz oder Ansehen des Unternehmens nicht veröffentlicht werden[161]. Aus der Tatsache, dass die Informationen noch nicht veröffentlicht wurden, lässt sich das objektive Geheimhaltungsinteresse und damit das zweite Begriffselement folgern[162].

Umstritten ist in Literatur und Rechtsprechung das dritte Begriffselement der Definition des Geheimnisses: Im Streit steht die Frage, ob überhaupt ein Geheimhaltungswille des Vorstands erforderlich ist[163]. Unabhängig davon, dass dem Merkmal des objektiven, im Interesse des Unternehmens liegenden Bedürfnis der Geheimhaltung die entscheidende Bedeutung zur Einstufung einer Tatsache als Geheimnis zukommt, wird der geäußerte oder mutmaßliche Wunsch des Vorstands nach Geheimhaltung zumindest eine Indizwirkung haben, da dieser häufig die Interessen des Unternehmens und die Gefahren eines Schaden durch Offenbarung der betreffenden Tatsachen am besten beurteilen kann[164].

Eine nähere Auseinandersetzung mit diesem Streitgegenstand erübrigt sich jedoch, da auch der Geheimhaltungswille im Fall der Due Diligence in der Regel vorliegen wird. Die Absicht, Informationen potentiellen Käufern gegenüber zu offenbaren, lässt nicht auf einen fehlenden Geheimhaltungswillen schließen[165]. Dies könnte nur aufgrund eines Totalverzichts gegenüber der Allgemeinheit angenommen werden[166]. Im Rahmen der Due Diligence sollen gerade nur einem eingegrenzten Personenkreis die Informationen offen gelegt werden; die weitere Verbreitung soll verhindert werden.

---

160 Großkomm/Otto, AktG, § 404 Rn. 17.

161 Treek, in: Fikentscher-FS, 434 (442).

162 Roschmann/Frey, AG 1996, 449 (450).

163 Für das Erfordernis eines Geheimhaltungswillen ist die herrschende Meinung, vergleiche Treek, in: Fikentscher-FS, 435 (441); Roschmann/Frey, AG 1996, 449 (450), BGH, DB 1975, 1308 (1309); Großkomm/Otto, AktG, § 404 Anm. 17. Dagegen ist KölnerKomm/Mertens, AktG, § 116 Rn. 43; Ziemons in: Nirk/Ziemons/Binneweis, HB AG, 8.855.

164 Wiesner, in: Münchener HB d. Gesellschaftsrechts, Bd. 4, § 25 Rn. 39.

165 Roschmann/Frey, AG 1996, 449 (450); Treek, in: Fikentscher-FS, 434 (442).

166 KölnerKomm/Geilen, AktG, § 404 Rn. 24.

b. Vertrauliche Angaben

Vertrauliche Angaben können Informationen sein, die ein Vorstandsmitglied in dieser Eigenschaft erlangt[167]. Maßgebend für den Begriff der Vertraulichkeit ist eine objektiv am Interesse der Aktiengesellschaft und ihres Unternehmens hinsichtlich der Nichterörterung der Informationen ausgerichtete Beurteilung, nach der die Weitergabe der Information nachteilig sein kann, auch wenn sie kein Geheimnis ist[168].

Der Tatbestand der vertraulichen Angaben überschneidet sich mit dem Geheimnisbegriff. Vertrauliche Angaben können zugleich Geheimnisse sein, müssen es aber nicht[169]. Der wesentliche Unterschied zwischen vertraulicher Angabe und Geheimnis liegt darin, dass die Geheimhaltung der vertraulichen Angabe nicht strafrechtlich durch § 404 Abs. 1 Nr. 1 AktG geschützt ist. Die explizite Hervorhebung der Betriebs- und Geschäftsgeheimnisse hat nur beispielhaften Charakter[170].

Informationen, die im Rahmen einer Due Diligence offen gelegt werden sollen, stellen in der Regel zumindest zum Teil ein Gesellschaftsgeheimnis und/ oder vertrauliche Angaben dar und fallen damit unter die Verschwiegenheitspflicht des § 93 Abs. 1 S. 3 AktG[171].

2. Strafrechtliche Sanktion gemäß § 404 Abs. 1 Nr. 1 AktG

Gemäß § 404 Abs. 1 Nr. 1 AktG macht sich ein Mitglied des Vorstands strafbar, sofern es ein Geheimnis der Gesellschaft, namentlich ein Betriebs- oder Geschäftsgeheimnis, das ihm in seiner Eigenschaft als Vorstandsmitglied bekanntgeworden ist, gemäß § 93 Abs. 1 S. 3 AktG unbefugt offenbart. Die Tat wird auf Antrag der Gesellschaft mit Freiheitsstrafe bis zu einem Jahr oder mit Geldstrafe bestraft, in den Fällen des § 404 Abs. 2 AktG mit Freiheitsstrafe bis zu zwei Jahren.

Ein Offenbaren im Sinne des § 404 AktG liegt vor, wenn der Täter ein Geheimnis einem Außenstehenden mitteilt, das heißt einem Unbefugten in einer Weise bekannt macht, welches diesem die Ausnutzung der geheim zu haltenden

167 Hüffer, AktG, § 93 Rn. 7.

168 Hüffer, AktG, § 93 Rn. 7; Geßler/Hefermehl/Hefermehl, AktG, § 93 Rn. 16f.; Großkomm/Hopt, AktG, § 93 Rn. 196.

169 Großkomm/Otto, AktG, § 404 Rn. 13f.

170 Hüffer, AktG, § 93 Rn. 7; Semler/Volhard/Marsch-Barner, Unternehmensübernahmen § 7 Rn. 6.

171 Peters, 47.

Tatsache in irgendeiner Weise ermöglicht, und auf diese Weise der Kreis der Mitwisser vergrößert wird[172]. Soweit die Due Diligence Daten umfasst, die als Geheimnisse zu qualifizieren sind, werden in deren Rahmen von dem Vorstand der Zielgesellschaft gegenüber dem potentiellen Käufer diese im Sinne des § 404 AktG offenbart.

Die Offenbarung im Rahmen einer Due Diligence erfolgt jedoch nicht unbefugt, wenn sie durch eine wirksame Einwilligung der Zielgesellschaft gerechtfertigt ist[173]. Davon zu unterscheiden ist der Fall, indem der Geheimhaltungswille bezüglich der Daten aufgegeben werden soll, denn dadurch wird der Tatbestand ausgeschlossen[174]. Dies wird jedoch selten der Fall sein, da von der Weitergabe von Informationen an einen potentiellen Erwerber nicht auf eine globale Aufgabe des Geheimhaltungswillens gegenüber jedermann geschlossen werden kann[175]. Die Zielgesellschaft ist Geheimnisträger der Betriebs- und Geschäftsgeheimnisse[176] und nur sie ist befugt, über ihre Geheimnisse zu disponieren. Für die Einwilligung ist grundsätzlich der Vorstand als geschäftsführendes Leitungsorgan gemäß § 76, 77 AktG[177] zuständig.

3. Schadensersatzpflicht des Vorstands gemäß § 93 Abs. 1 S. 3, Abs. 2 AktG

Ein Verstoß gegen die Pflicht zu Verschwiegenheit begründet eine Schadensersatzpflicht nach § 93 Abs. 1 S. 3, Abs. 2 AktG. Der Aufsichtsrat ist verpflichtet, derartige Ansprüche gegen den Vorstand zu verfolgen[178]. § 93 Abs. 2 AktG dient dem Schadensausgleich, der Schadensprävention und der Erhaltung des Gesellschaftskapitals[179].

Verstößt der Vorstand gegen die Geheimhaltungspflicht des § 93 Abs. 1 S. 3 AktG unter Verletzung der Interessen der Gesellschaft, entsteht daraus ein Schaden der Gesellschaft und liegt zusätzlich entweder ein schuldhaftes Handeln des Vorstandsmitglieds vor oder kann das Vorstandsmitglied den entsprechenden

172 Roschmann/Frey, AG 1996, 449 (450); Geßler/Hefermehl/Fuhrmann, AktG, § 404 Rn. 9; Scholz/Tiedemann, GmbHG, § 85 Rn. 14; KölnerKomm/Geilen, AktG, § 404 Rn. 52; Großkomm/Otto, AktG, § 404 Rn. 25.

173 KölnerKomm/Geilen, AktG, § 404 Rn. 2; Großkomm/Otto, AktG, § 404 Rn. 39; Geßler/Hefermehl/Fuhrmann, AktG, § 404 Rn. 10; Roschmann/Frey, AG 1996, 449 (450), Krömker, 15.

174 Großkomm/Otto, AktG, § 404 Rn. 30.

175 Krömker, 13.

176 Von Stebut, 92.

177 Eine genauere Darstellung dieses Fragenkomplexes ist unter D.V.7 zu finden.

178 BGH, NJW 1997, 1926 (1926); Treek, in: Fikentscher-FS; 435 (443).

179 Hüffer, AktG, § 93 Rn. 1ff.

Entlastungsbeweis nicht führen, macht es sich schadenersatzpflichtig. Maßgeblich ist hier im Gegensatz zu § 404 AktG das objektive Interesse der Gesellschaft an der Geheimhaltung beziehungsweise der Offenbarung[180]. Die wesentliche Schwierigkeit liegt darin festzustellen, wann das Vorstandsmitglied eine Pflichtverletzung begeht. Hierbei ist die Pflichtverletzung mit der Folge eines Schadensersatzanspruchs gemäß § 93 Abs. 2 AktG von bloßen Fehlschlägen, beziehungsweise Irrtümern, die sich noch im Rahmen des unverzichtbaren weiten unternehmerischen Ermessensspielraums befinden und deshalb keine Haftung begründen[181], abzugrenzen. Eine Haftung des Vorstandsmitgliedes tritt nach der Rechtsprechung des Bundesgerichtshofs erst bei schlechthin unvertretbarem Handeln des Vorstands, also bei einer deutlichen Überschreitung der aus dem Unternehmenswohl ableitbaren Grenzen oder einer unverantwortlichen Risikoübernahme ein[182]. Hinsichtlich der Verschwiegenheitspflichten des Vorstandsmitgliedes gemäß § 93 Abs. 1 S. 3 AktG ist abzugrenzen, ob das Handeln des Vorstandsmitgliedes sich noch im Rahmen des Ermessensspielraums befand und eine Haftung damit ausscheidet.

Ein Vorstand soll noch im Rahmen des unternehmerischen Handlungsspielraums unter Zurücktreten der Verschwiegenheitspflicht agieren können, wenn die Weitergabe der Informationen gerade im Interesse der Aktiengesellschaft liegt[183]. Unter welchen Voraussetzungen dies der Fall sein könnte, soll im Abschnitt Einschränkung der Schweigepflicht im Unternehmensinteresse erörtert werden[184].

Die Schadensersatzsprüche bestehen unabhängig von einer Strafbarkeit der Vorstandsmitglieder, das heißt unabhängig davon, ob aufgrund eines wirksamen Vorstandsbeschlusses die Strafbarkeit der Vorstandsmitglieder gemäß § 404 AktG ausgeschlossen ist. So kann sich der Gesamtvorstand aufgrund seines Beschlusses, eine Due Diligence zu gestatten, gemäß §§ 93 Abs. 1 S. 3, Abs. 2 AktG trotzdem schadenersatzpflichtig machen.

Nur wenn die schadensstiftende Handlung auf einem gesetzmäßigen Hauptversammlungsbeschluss beruht, ist auch die Schadensersatzpflicht des Vorstandsmitglieds beziehungsweise des Gesamtvorstands gegenüber der Gesellschaft gemäß § 93 Abs. 4 S. 1 AktG ausgeschlossen. Ein solcher Beschluss ist gesetzmäßig, wenn er weder nichtig (§ 241 AktG) noch anfechtbar (§§ 243ff.

180 Roschmann/Frey, AG 1996, 449 (452).

181 Hüffer, AktG, § 93 Rn. 4b; BGHZ 135, 244 (253); GroßKomm/Hopt, AktG, § 93 Rn. 81.

182 BGHZ 135, 244 (253/254); ebenso Henze, NJW 1998, 3309 (3311); Kindler, ZHR 162 (1998), 101 (103ff.), Horn, ZIP 1997, 1129 (1134); kritisch Götz, NJW 1997, 3275 (3276).

183 Hüffer, AktG, § 93 Rn. 8; Geßler/Hefermehl/Hefermehl, AktG, § 93 Rn. 19.

184 Siehe unter D.V.

AktG) ist. Ein solcher Beschluss der Hauptversammlung wird in der Praxis aber kaum herbeizuführen sein.

4. Ergebnis

Die Informationen, die im Rahmen einer Due Diligence ausgehändigt werden, sind zumindest partiell Geheimnisse, zumindest aber vertrauliche Angaben. Daher fallen sie unter die gemäß § 93 Abs. 1 S. 3 AktG von jedem Vorstandsmitglied zu beachtende Geheimhaltungspflicht. Verstöße gegen diese werden gemäß § 404 Abs. 1 Nr. 1 AktG strafrechtlich und gemäß § 93 Abs. 2 AktG mit einer Schadensersatzpflicht sanktioniert. Eine Strafbarkeit der Vorstandsmitglieder gemäß § 404 AktG im Falle der Verletzung der Geheimhaltungspflicht hinsichtlich Geheimnissen entfällt, wenn ein Beschluss über die Gestattung der Due Diligence durch den Gesamtvorstand gefasst wird. Eine Schadenersatzpflicht gemäß § 93 Abs. 1 S. 3, Abs. 2 AktG wegen Verletzung der Geheimhaltungspflicht der Vorstandsmitglieder kommt in Betracht, wenn sich die Entscheidung des Vorstands so sehr außerhalb des Ermessensspielraums befindet, so dass sie als schlechthin unvertretbares Handeln angesehen werden muss.

V. Einschränkung der Schweigepflicht im Unternehmensinteresse

1. Auslegung der Schweigepflicht

Die Schweigepflicht des Vorstands gilt nicht absolut[185]. Unter drei verschiedenen Gesichtspunkten kann sie eingeschränkt werden:

Erstens besteht die Schweigepflicht nicht, wenn der Vorstand gesetzlich zur Auskunft verpflichtet ist. Beispielhaft zu erwähnen sind etwa § 90 AktG gegenüber dem Aufsichtsrat, §§ 131, 176 Abs. 1, 337 Abs. 4 gegenüber den Aktionären, etc.

Zweitens kann die Beachtung der Schweigepflicht dem Vorstandsmitglied unzumutbar sein[186]. Dies kann dann angenommen werden, wenn sich ein Vorstandsmitglied gegen seine Abberufung oder Schadensersatzansprüche zu Wehr setzen will.

185 Angersbach, 84.

186 Vergleiche hierzu Großkomm/Hopt, AktG, § 93 Rn. 215; Hefermehl/Geßler/Hefermehl, AktG, § 93 Rn. 22; Hüffer, AktG, § 93 Rn. 8.

Drittens endet die Schweigepflicht dort, wo es im Interesse des Unternehmens liegt, Informationen offen zu legen[187]. Dies folgt daraus, dass zur Pflicht des Vorstands die ordnungsgemäße Wahrnehmung der Organfunktionen gehört und dass es Teil der Treuepflicht zur Gesellschaft ist, die Interessen des Unternehmens und der Aktionäre zu wahren[188]. Da die Verschwiegenheitspflicht nur im Interesse der Gesellschaft besteht, kann sie durch das Gesellschaftsinteresse auch eingeschränkt werden[189]. Entsprechend führt diese Verpflichtung zu einer allgemeinen Relativierung der Verschwiegenheitspflicht[190]. In Ausnahmefällen kann durch das überragende Interesse der Gesellschaft sogar eine Offenbarungspflicht des Vorstands entstehen[191]. Der Vorstand ist daher befugt, im Interesse des Unternehmens zu entscheiden, ob und welche Informationen an Dritte weitergegeben werden können[192]. Es ist seine Aufgabe, eine Abwägung zwischen Geheimnisschutz und unternehmerischen Interessen vorzunehmen[193]. Der Vorstand hat auch diesbezüglich den Spielraum unternehmerischen Handelns und unternehmerischen Ermessens[194]. § 93 Abs. 1 S. 3 AktG, wonach Vorstandsmitglieder über vertrauliche Angaben und Geheimnisse der Gesellschaft, namentlich Betriebs- oder Geschäftsgeheimnisse, die ihnen durch ihre Tätigkeit im Vorstand bekanntgeworden sind, Stillschweigen bewahren zu haben, begründet keine Vermutungsregel für die Ausübung des unternehmerischen Ermessens; statt dessen gilt allein der in § 93 Abs. 1 S. 1 AktG geregelte Sorgfaltsmaßstab[195]. Dies gilt grundsätzlich auch in dem sehr kritischen Fall der anstehenden Due Diligence; das Gesellschaftsinteresse ist hier Maßstab für die Erteilung von Informationen[196].

Ein Beschluss des Vorstands bindet zwar nicht die rechtliche Beurteilung des Beschlusses durch die Gerichte und befreit damit nicht die einzelnen Vorstands-

---

187 KölnerKomm/Mertens, AktG, § 93 Rn. 82.

188 Mertens, AG 1997, 541 (542).

189 Wilde, ZGR 1998, 423 (460); Linker/Zinger, NZG 2002, 497 (499).

190 Nunmehr allgemein herrschende Meinung: Lutter, ZIP 1997, 613 (617); Schroeder, DB 1997, 2161 (2162); Mertens, AG 1997, 541 (542); Roschmann/Frey, AG 1996, 449 (452).

191 Roschmann/Frey, AG 1996, 449 (452); Großkomm/Hopt, AktG, § 93 Rn. 209, und KölnerKomm/Mertens, AktG, § 93 Rn. 83, für den Fall der Offenbarung von Unternehmensinterna bei Anfechtungs- oder Nichtigkeitsklagen.

192 KölnerKomm/Mertens, AktG, § 93 Rn. 83.

193 Herrschende Meinung, zum Beispiel Lutter, ZIP 1997, 613 (617); Geßler/Hefermehl-Hefermehl, AktG, § 93 Rn. 21; KölnerKomm/Mertens, AktG, § 93 Rn. 82; Großkomm/Hopt, AktG, § 93 Rn. 209.

194 Schroeder, DB 1997, 2161 (2162); BGH, DB 1997, 1068, zweiter Leitsatz; Thümmel, DB 1997, 1117 (1118f.); KölnerKomm/Mertens, AktG, § 76 Rn. 10ff.; Geßler/ Hefermehl/Hefermehl, AktG, § 76 Rn. 14; Horn, ZIP 1997, 1129 (1133f.).

195 Schroeder, DB 1997, 2161 (2162); Wilde, ZGR 1998, 423 (461).

196 Hüffer, AktG, § 93 Rn. 8.

mitglieder von ihrer zivilrechtlichen Verantwortung[197]. Er hat aber Indizwirkung dafür, dass das unternehmerische Interesse die Offenlegung rechtfertigt, da durch den Beschluss deutlich wird, wie der Vorstand das Interesse der Gesellschaft versteht, welches er in den Grenzen des pflichtgemäßen Ermessens bestimmt[198].

2. Bestimmung des Unternehmensinteresses

Im Rahmen der Auslegung der Schweigepflicht hat der Vorstand die Unternehmens- bzw. Gesellschaftsinteressen zu berücksichtigen. Träger dieser Interessen sind die Aktionäre, die Arbeitnehmer und die Öffentlichkeit: Diese oft konträren Interessen hat der Vorstand gegeneinander abzuwägen und eine Entscheidung zu treffen[199]. Die Abwägung findet ihre Schranke in der Pflicht des Vorstandes, den Bestand des Unternehmens und die langfristige Rentabilität zu sichern; als Konsequenz stehen kurzfristige Interessen einzelner Aktionäre, Gewinne zu erzielen, hinter langfristigen Investitionen in das Unternehmen zurück[200].

3. Entscheidungskriterien für die Gestattung der Due Diligence

Für die Entscheidung über die Gestattung der Due Diligence können verschiedene Aspekte im Rahmen des Abwägungsprozesses eine Rolle spielen:

a. Argumente für die Weitergabe von Daten in der Due Diligence

Wenn die Vertragsparteien auf einen Informationsaustausch zur Bestimmung von Risiken und Ertragswert des Unternehmens verzichten, wird der Kaufpreis variabel gestaltet[201]. Dies beinhaltet, dass der Kaufpreis nach Abschluss der Transaktion dem Wert des Unternehmens angepasst wird, den der Käufer durch eine nachträgliche Überprüfung ermittelt. Diese sich an die durchgeführte Transaktion anschließende Überprüfung der von dem Verkäufer gemachten Angaben liegt in den Händen des Erwerbers und ist für den Verkäufer schwer zu überprüfen. Für diesen entwickelt sich diese Situation daher oft als rechtlich und wirt-

197 Roschmann/Frey, AG 1996, 449 (452); KölnerKomm/Mertens, AktG, § 93 Rn. 77.
198 BGHZ 64, 325 (329); KölnerKomm/Mertens, AktG, § 93 Rn. 77.
199 Hüffer, AktG, § 76 Rn. 12ff; Eggenberger, 104f.
200 Hüffer, AktG, § 76 Rn. 13ff.; Peters, 82f.; Angersbach, 87.
201 Lutter, ZIP 1997, 613 (614).

schaftlich schlechte Alternative[202]. Unter diesem Aspekt liegt die Durchführung einer Due Diligence im Interesse des Verkäufers.

Besonders im Falle von Privatisierungen kommen ein variabler Kaufpreis oder Gewährleistungen meist nicht in Betracht, denn der Zufluss für den öffentlichen Haushalt soll im Hinblick auf die Haushaltslage aufgrund politischer Vorgaben bestimmt sein[203]. Gerade hier besteht aber für den Erwerber ein erhöhtes Interesse an Darlegung der rechtlichen und wirtschaftlichen Beziehungen. Zusätzlich dient die Due Diligence hier der ordnungsgemäßen Dokumentation der Verwendung des Staatsvermögens[204].

Eine ähnliche Situation ist beim Verkauf von Familienunternehmen gegeben: Auch hier besteht ein erhöhtes Interesse an Beziehungen zwischen Vorstand, Aktionären und verbundenen Unternehmen[205].

Die Veräußerung einer Beteiligung, die mangels Durchführung einer Due Diligence ins Stocken geraten oder sogar scheitern kann, wenn der potentielle Erwerber – wie heute in der Unternehmenspraxis verbreitet – auf der Durchführung der Due Diligence und damit verbundenen umfassenden Offenlegung von Informationen besteht[206], kann für die Zielgesellschaft erhebliche Vorteile mit sich bringen. Oftmals geht die Initiative zur Durchführung der Due Diligence von dem Vorstand des Unternehmens selbst aus, wenn der verkaufsinteressierte Aktionär nicht bereit ist, eine angestrebte Umstrukturierung oder Expansion mitzutragen[207]. Vorteile aus einem Beteiligungskauf ergeben sich zum Beispiel, wenn der zukünftige Aktionär Kapital zuführen möchte[208]. Möchte der potentielle Käufer unternehmerisch tätig sein, spielen Synergieeffekte zwischen dem Zielunternehmen und dem Unternehmen des Erwerbers[209], Verbesserung der Einkaufskonditionen, Maßnahmen der Rationalisierung, der Zugang zu günstigeren Finanzierungsmöglichkeiten und das gemeinsame Auftreten am Markt eine Rolle[210]. Im Extremfall kann das Überleben der Aktiengesellschaft von einer Beteiligung abhängig sein[211].

---

202 Mertens, AG 1997, 514 (542f.).

203 Lutter, ZIP 1997, 613 (614).

204 Koch/Wegmann, 25.

205 Mertens, AG 1997, 541 (545).

206 Großkomm/Hopt, AktG, § 93 Rn. 213.

207 Mertens, AG 1997, 541 (545).

208 Schroeder, DB 1997, 2161 (2162); Mertens, AG 1997, 541 (545); Meincke, WM 1998, 749 (750); Krömker, 37f; Müller, NJW 2000, 3452 (3453); Körber, NZG 2002, 263 (269).

209 Meincke, WM 1998, 749 (749); Schander/Posten, ZIP 1997, 1534, Krömker, 36f.

210 Schroeder, DB 1997, 2161 (2162); Mertens, AG 1997, 54, (541); Müller NJW 2000, 3452 (3453); Körber, NZG 2002, 263 (269); Krömker, 36f.

211 Lutter, ZIP 1997, 613 (617).

Kommt es zu einer Veräußerung der Beteiligung, hat das Zielunternehmen ein Interesse daran, dass dies zu angemessenen Konditionen geschieht. Die Nichtdurchführung einer Due Diligence erweist sich oftmals aufgrund des erhöhten Risikos als preisreduzierender Faktor. Eine Veräußerung zu einem niedrigen Preis kann demgegenüber den Börsenwert des Unternehmens und den Kurs der Aktie in Gefahr bringen[212]. Erst durch die Prüfung ist der Verkäufer in der Lage, durch eine positive Gesamtdarstellung seines Unternehmens einen höheren Unternehmenswert in die Verhandlungen einzubringen[213].

Zu beachten ist auch der Erkenntniswert, den die Ergebnisse der Due Diligence auch unternehmensintern für die Leitung des Zielunternehmens haben[214]. Eine derart umfassende Bestandsaufnahme wird nämlich üblicherweise außerhalb einer Due Diligence nicht durchgeführt[215].

In Sanierungsfällen dient die Due Diligence dazu, aus den durch diese gewonnenen Erkenntnissen über das Unternehmen eine Basis für das Konzept von Verbesserungsmaßnahmen zu schaffen; speziell in diesen Fällen ist die Konkretisierung von Schwächen des Unternehmen und der Gründe für die Entstehung der Sanierungslage erforderlich für eine Reorganisation des Unternehmens und die Wiedergewinnung der verlorenen Ertragskraft[216].

Auch sind die unter C.III./C.I.V. herausgearbeiteten Vorteile wie Erarbeitung eines Gewährleistungskatalogs, Begrenzung der Haftung, Verringerung der Aufklärungspflichten, genaue Aufzeichnung der Transaktion zur Verbesserung einer eventuellen Prozessführung etc. zu nennen.

b. Argumente gegen die Weitergabe von Daten während der Due Diligence

Durch die Weitergabe der Unternehmensinterna entsteht zunächst die abstrakte Gefahr, dass die Informationen in den Besitz von Unternehmen geraten, die diese zum Nachteil der Zielgesellschaft verwenden. Dies folgt aus der Tatsache, dass sich die Zahl der Kenntnisträger und damit die Wahrscheinlichkeit der weiteren Verbreitung erhöhen[217].

Die konkrete Gefahr ist von der jeweiligen Transaktion und dem Vertragspartner abhängig. Im Extremfall besteht die Möglichkeit, dass ein Konkurrent sein Kaufinteresse nur vorspiegelt, um an die Unternehmensinterna des Zielun-

---

212 Mertens, AG 1997, 541 (545); Körber, NZG 2002, 263 (269); Krömker, 38f.
213 Koch/Wegmann, 12.
214 Koch/Wegmann, 13.
215 Treek, in: Fikentscher-FS, 435 (439).
216 Koch/Wegmann, 13.
217 Mertens, AG 1997, 541 (544).

ternehmens zu gelangen[218]. Aber auch bei (anderen echten potentiellen) Kaufinteressenten besteht die Gefahr, dass sie die durch die Due Diligence erlangten Informationen im Fall des Scheiterns der Vertragsverhandlungen verwerten. Die Größe der Gefahr richtet sich vor allem nach der Person des Empfängers der Informationen, Ort und Zeit der Weitergabe und deren Rahmenbedingungen. So ist die Weitergabe an Konkurrenten besonders gefährlich. Die Aushändigung von Unterlagen ist gleichfalls gefährlicher als die bloße Einsichtnahme. Grundsätzlich ist die Weitergabe von umfassenden Daten kritischer als die Weitergabe von partiellen Informationen. Aber auch letztere (z.B. Produkt- und Fertigungsknow-how) in den Händen von Konkurrenten können schwere Nachteile mit sich bringen.

Die Gefahr erhöht sich noch dadurch, dass ein eintretender Nachteil nur schwer reparabel ist. Eine gerichtliche Durchsetzung von Schadensersatzansprüchen ist auch im Fall von Vertragsstrafeklauseln und Beweislastvereinbarungen schwierig[219]. Sie haben eine abschreckende Wirkung.

Ein weiteres Gefahrenpotential ergibt sich aus der Durchführung einer Environmental Due Diligence. Hier droht die Entdeckung bisher nicht erkannter umweltrelevanter Schäden an Immobilien, welche den Verlust von Bestands- und Vertrauensschutz nach sich ziehen kann[220]. Sicherungs- und Beseitigungsverfahren bzw. eine Sanierungsverantwortlichkeit können die Folge sein[221]. Hierzu ist jedoch anzumerken, dass es keine spezifische Gefahr ist, gerade aufgrund einer Due Diligence solche Umweltschädigungen, deren Behebung hohe Kosten nach sich zieht, zu entdecken. Diese können jederzeit auch durch Zufall oder verschiedene andere Prüfungen zu Tage treten.

Besonderes Misstrauen können auch die Ziele einer Transaktion verursachen. Dies ist zum Beispiel der Fall, wenn das Zielunternehmen in einem neuen Unternehmen völlig aufgeht oder der Betrieb durch die neuen Anteilseigner stillgelegt werden soll[222].

In Anbetracht dieser Aspekte wird deutlich, dass auch gegen die Durchführung einer Due Diligence überzeugende Argumente bestehen können. Welche Aspekte letztlich ausschlaggebend sind, und welche Gewichtung auf beiden Seiten zu treffen ist, wird im Anschluss beleuchtet.

---

218 Krömker, 41f.

219 Krüger/Kalbfleisch, DStR 1999, 174 (176).

220 Krüger/Kalbfleisch, DStR 1999, 174 (176).

221 Treek, in: Fikentscher-FS, 435 (439).

222 Barthel, DStZ 1999, 73 (76, Fn. 19).

4. Abwägung im Fall der Due Diligence

Wie dargelegt, ist der Vorstand dann zur Weitergabe der Daten befugt, wenn das Interesse der Gesellschaft die Preisgabe der Geheimnisse erfordert[223], so dass die Schweigepflicht des Vorstands hinter die Interessen des Unternehmens an der Preisgabe zurücktritt. Hierüber besteht Einigkeit.

Wann die Abwägung ergibt, dass das Unternehmensinteresse an der Durchführung der Due Diligence überwiegt, wird in der Literatur kontrovers diskutiert. Es lassen sich zwei Grundpositionen ausmachen:

a. Ansicht von Lutter und Ziemons

Lutter und *Ziemons* wollen die Weitergabe von umfassenden Daten wegen der damit verbundenen unternehmerischen Chancen und Risiken eine Due Diligence nur gestatten, wenn es sich um „ein ungewöhnliches und überragendes, anders nicht erreichbares, eigenes unternehmerisches Interesse der Gesellschaft handelt[224], gewissermaßen um eine einmalige und unwiederbringliche unternehmerische Chance“. Eine solche Situation liege vor, wenn die Kooperation der Existenzsicherung des Unternehmens diene. Zu einem anderen Ergebnis könne man nur gelangen, wenn es sich um die Herausgabe von sektoralen und selektiven Informationen handele (z.B. bei Kooperationen mit dritten Unternehmen)[225]. Die Konsequenz dieser Ansicht ist, dass eine Due Diligence, die im Rahmen eines unternehmerisch motivierten Unternehmenskaufs durchgeführt wird, unabhängig von Vorteilen für die Zielgesellschaft unzulässig wäre. Alternativ bliebe nur eine Bewertung durch neutrale und zur Verschwiegenheit verpflichtete Dritte.

b. Andere Ansichten in der Literatur

Im Gegensatz dazu wird von der ganz überwiegenden Zahl der Verfasser die Weitergabe der Unternehmensdaten für zulässig gehalten, wenn ein allgemeines objektives Unternehmensinteresse daran besteht[226]. Die genaue Ausgestaltung der Due Diligence und Konditionen divergieren innerhalb dieser Position.

---

223 Siehe unter D.V.1.

224 Ziemons in: Nirk/Ziemons/Binnewies, HB AG, 8.880, die allerdings ihre Meinung unter dem Aspekt der Treupflicht der Gesellschaft zu ihrem Aktionär einschränkt: Der Ausstieg aus der Gesellschaft dürfe nicht unmöglich gemacht werden.

225 Lutter, ZIP 1997, 613 (617).

226 Schroeder, DB 1997, 2161 (2163); Roschmann/Frey, AG 1996, 449 (452); Mertens, AG 1997, 541 (546); Schander/Posten, ZIP 1997, 1534 (1535); Meincke, WM 1998, 749 (750f.); Hüffer,

Die Ansicht von *Lutter* und *Ziemons*, nur in Extremfällen eine Due Diligence für zulässig zu halten, wird abgelehnt, da sie die aktienrechtliche Geheimhaltungspflicht im Gegensatz zu den Interessen der Gesellschaft und der Aktionäre überbewerte[227]. Sie werde dem zwischen Unternehmensleitung und Geheimhaltung bestehenden Spannungsfeld nicht gerecht und biete keine praxisnahe Lösung; denn sie führe zu dem kontroversen Ergebnis, dass für das Unternehmen vorteilhafte Transaktionen, die der Vorstand im Rahmen einer pflichtgemäß getroffenen Leitungsentscheidung zulässigerweise durchführen möchte, aufgrund der Nichtdurchführung der von Käuferseite verlangten Due Diligence scheitern[228]. Entgegen der heutigen Praxis würden Vorstände, die die Durchführung einer Due Diligence gestatten, in die Illegalität getrieben.

Auch die Differenzierung nach dem Umfang der weiterzugebenden Informationen könne nicht überzeugen: Der Umfang der herauszugebenden Informationen könne im Rahmen der Abwägung die Sorgfaltspflicht des Vorstands verdichten, aber nicht auf wenige, seltene Fallgruppen reduzieren[229]. Es sei kein Grund ersichtlich, warum gerade der Aspekt der sektoralen im Gegensatz zur umfassenden Informationsübermittlung gegenüber der Vielzahl von anderen Gesichtspunkten ausschlaggebend sein solle. Oftmals stehe die Offenlegung weniger, aber sensibler Daten im Streit, wogegen die Übergabe des Großteils der Informationen, die bei einer Due Diligence übergeben werden, als allgemeine Daten unproblematisch sei. Dies sei zum Beispiel relevant bei wettbewerbsrelevanten Daten, also Daten, die einen greifbaren Bezug zum Konkurrenzverhältnis haben und die ein Konkurrent unmittelbar im Wettbewerb gegen die Gesellschaft verwenden könnte[230]: Informationen über den Kundenstamm, Preisgestaltungen oder schwebende Vertragsverhandlungen können im Rahmen einer sektoralen Informations-übermittlung übergeben werden, und doch löst deren Kenntnis des Konkurrent höchste Risiken aus. Daher erscheine es fraglich, die Weitergabe von sektoralen Informationen über Unternehmensteile als weniger gefährlich im Ge-

---

AktG, § 93 Rn. 8; Kiethe, NZG 1999, 976 (979); Ziegler, DStR 2000, 249 (252); Müller, NJW 2000, 3452 (3452) ; Stoffels, ZHR 2001, 362 (367); Körber, NZG 2002, 263 (269); Linker/Zinger, NZG 2002, 497 (500); Krömker, 22ff.; Angersbach, 85; differenzierend Treek, in: Fikentscher-FS, 435 (444ff.); Semler/Volhard/Dietzel, Unternehmensübernahmen, § 9 Rn. 75; Werner, ZIP 2000, 989 (991); Hemeling, ZHR 2005, 274 (279); MünchKomm/Spindler, AktG, Bd. 2, § 93 Rn. 120.

227 Mertens, AG 1997, 541 (542); Müller, NJW 2000, 3452 (3453f.); Körber, NZG 2002, 263 (269).

228 So auch Meincke, WM 1998, 749 (751); im Umkehrschluss auch Treek, in: Fikentscher-FS, 434 (448); Kiethe, NZG 1999, 976 (979); Oppenländer, GmbHR 2000, 535 (536).

229 Schroeder, DB 1997, 2161 (2162).

230 Vergleiche D.V.3.b.

gensatz zu umfassenden Auskünften einzustufen[231]. Enthalten die sektoralen Informationen wettbewerbsrelevante Daten, entstünden durch deren Weitergabe unabhängig von den übrigen ausgehändigten Informationen große Gefahren.

Es ist der überwiegenden Meinung in der Literatur zuzustimmen. Eine Konfliktlösung kann nur durch eine umfassende Abwägung der sich gegenüberstehenden Interessen gefunden werden. Eine grundsätzliche Unzulässigkeit der Durchführung einer Due Diligence hätte zur Konsequenz, dass Transaktionen teilweise zum Scheitern verurteilt sind, obwohl sie im Interesse von Gesellschaft und Aktionären liegen. Um die Geheimhaltungspflichten des Vorstands im Gegensatz dazu nicht überzubewerten, bietet sich eine generelle Entscheidung grundsätzlich nicht an, da die zu berücksichtigenden Faktoren bei den verschiedenen Transaktionen unterschiedliche Bedeutung erreichen und daher in gleicher Vielzahl abgestufte Lösungen möglich sein müssen. Es kommt auf den Einzelfall an[232]. Unabhängig von der individuellen Würdigung der jeweiligen Transaktion gibt es nach der überwiegenden Ansicht bestimmte Voraussetzungen, die in jedem Fall für die Zulässigkeit der Due Diligence erforderlich sind. Auf diese wird unter D.V.6. eingegangen.

5. Ermessensausübung des Vorstands

Schon nach früherer Rechtslage hatte der Vorstand hinsichtlich der Wahrnehmung seiner Pflichten einen Spielraum unternehmerischer Handlung und unternehmerischen Ermessens („business judgement rule")[233]. Danach war es die maßgebliche Pflicht des Vorstands, das Unternehmensinteresse zu verfolgen, welches in der Erhaltung und Vergrößerung des Bestands des Unternehmens und damit der dauerhaften Rentabilität liegt[234]. Seit dem ARAG-Urteil des BGH ist anerkannt, dass die richterliche Kontrolle unternehmerischer Entscheidungen damit auf die Überprüfung von Wirtschaftlichkeit und Zweckmäßigkeit in den Grenzen einer Ermessenskontrolle begrenzt ist[235]. Nunmehr hat der Gesetzgeber mit dem Gesetz zur Unternehmensintegrität und zur Modernisierung des An-

231 Mertens, AG 1997, 541 (542); Ziegler, DStR 2000, 249 (252).

232 Barthel, DStZ 1999, 73 (76); Mertens, AG 1997, 541 (546f.); Stoffels, ZHR 165 (2001), 362 (372), Kiethe, NZG 1999, 976 (976).

233 Geßler/Hefermehl/Hefermehl, AktG, § 93 Rn. 10; KölnerKomm/Mertens, AktG, § 76 Rn. 10ff.; Wiesner, in: Münchener HB d. Gesellschaftsrechts, Bd. 4, § 19 Rn. 18; Thümmel, DB 1997, 1117 (1118).

234 Hüffer, AktG, § 76 Rn. 13; OLG Hamm, AG 1995, 512 (514); KölnerKomm/Mertens, § 76 Rn. 17, 22; Junge, in: Caemmerer-FS, 547 (554f.).

235 Ziemons in: Nirk/Ziemons/Binnewies, HB AG, 8.670.

fechtungsrechts (UMAG) diese sogenannte Business Judgement Rule in § 93 AktG gesetzlich geregelt: nach § 93 Abs. 1 S. 2 AktG liegt nunmehr keine Pflichtverletzung vor, wenn das Vorstandsmitglied bei einer unternehmerischen Entscheidung vernünftigerweise annehmen durfte, auf der Grundlage angemessener Information zum Wohle der Gesellschaft zu handeln.

Die gleichen Grundsätze gelten auch hinsichtlich der Geheimhaltungspflicht gemäß § 93 Abs. 1 S. 3 AktG[236]. Das Ermessen übt der Vorstand aus, indem er die Vorteilhaftigkeit der Transaktion mit den für das Unternehmen entstehenden Risiken durch die Informationsweitergabe abwägt, das heißt, es handelt sich nicht um eine reine Risikoabwägung[237]. Die §§ 76, 93 AktG stellen vielmehr auf den Vorrang des Gesellschaftsinteresses und damit die Vorteilhaftigkeit ab[238]. Die durch die Informationsweitergabe entstehenden Gefahren haben dabei einen maßgeblichen Einfluss auf die Beurteilung der Transaktion aus dem Blickwinkel des Zielunternehmens. Der Vorstand muss, um dem Sorgfaltsmaßstab des § 93 Abs. 1 S. 3 AktG zu genügen, alle wesentlichen Erkenntnisquellen nutzen und alle relevanten Umstände abwägen[239]. Das heißt, dass er Handlungsalternativen berücksichtigen und den eventuellen Schaden abschätzen muss, um eine geeignete Entscheidungsgrundlage zu finden.

Dem Ermessen sind auch Grenzen gesetzt: Eine Ermessensreduzierung auf Null mit der Pflicht zur Ablehnung der Due Diligence kann in Einzelfällen angenommen werden, wenn beispielsweise zu erwarten ist, dass der Aktienerwerb durch die Kartellbehörde untersagt werden wird und damit die Due Diligence von vornherein als sinnlos erscheint, oder der Verkauf des Anteils dem Unternehmen offensichtlich schaden wird, da das Ziel der Transaktion nur der Zerschlagung des Unternehmens oder der Verdrängung vom Markt dient[240].

Auch Fälle, in denen die Abwägung dazu führt, dass der Vorstand eine Due Diligence durchführen muss, sind denkbar: Dies ist der Fall, wenn es um das Fortbestehen der Gesellschaft geht[241]. Weiterhin wird eine Ermessensreduzierung auf Null und damit zu einer Verpflichtung des Vorstands, eine Due Diligence zuzulassen, für die Fälle diskutiert, in denen der Vorstand die Verkaufsinteressen von Paketaktionären oder einer größeren Gruppe von Aktionären mitberücksich-

---

236 BGH, ZIP 1997, 883 (2. Leitsatz); Schroeder, DB 1997, 2161 (2162).

237 So könnte Schroeder, DB 1997, 2161 (2163) nach Barthel, DStZ 1999, 73 (76) fälschlicherweise interpretiert werden.

238 Barthel, DStZ 1999, 73 (76).

239 Großkomm/Hopt, AktG, § 93 Rn. 86; ähnlich auch Fleischer, Vorstandsrecht, § 10 Rn. 23.

240 Schroeder, DB 1997, 2161 (2163); Hemeling, ZHR 2005, 274 (279); mit weiteren Beispielen Fleischer, Vorstandsrecht, § 10 Rn. 24.

241 Linker/Zinger, NZG 2002, 497 (500); Hemeling, ZHR 2005, 274 (280).

tigen muss; deren Vermögensinteressen sind ein wesentlicher Bestandteil des Unternehmensinteresse[242].

Kommt der Vorstand am Ende der Abwägung zu dem Ergebnis, dass das unternehmerische Interesse an der Durchführung der Due Diligence überwiegt, hat er entsprechende Vorkehrungen zur Risikominimierung zu treffen[243]. Je risikoreicher die Weitergabe der Informationen ist, desto höhere Anforderungen sind an die Sicherheitsvorkehrungen zu stellen. Es bietet sich an, die Abwägung[244] und die Maßnahmen zu Risikoreduzierung im Rahmen eines standardisierten Verfahrens vorzunehmen, um die verschiedenen Gesichtspunkte und Interessen umfassend und angemessen zu berücksichtigen. Auf diese Weise kann der Vorstand hinsichtlich der Gefahren der Due Diligence einen größtmöglichen Schutz der Interessen der Aktiengesellschaft erreichen und zusätzlich sich selbst gegen schadenersatzrechtliche oder strafrechtliche Folgen absichern.

Realisiert sich das Risiko und tritt ein Schaden auf Grund der Durchführung einer Due Diligence ein, obwohl der Vorstand pflichtgemäß sein Ermessen ausgeübt hat, trifft ihn keine Verantwortung[245]. Das Unternehmensrisiko liegt letztlich bei der Gesellschaft und nicht bei dem Vorstand[246]. Die Abwägung ist durch den unternehmerischen Ermessensspielraum gedeckt[247]. Zu beachten ist dabei die Beweislastregel des § 93 Abs. 2 S. 2 AktG: Danach muss der Vorstand darlegen und beweisen, dass bei der Abwägung die Sorgfalt eines ordentlichen und gewissenhaften Geschäftsleiters angewandt wurde. Dies richtet sich danach, ob sich eine gewissenhafte, ordentliche, redliche und ihrer Aufgabe gewachsene Person an der Stelle des Vorstandsmitgliedes in gleicher Weise verhalten hätte[248].

6. Maßnahmen zur Risikobegrenzung/ Voraussetzungen für die Zulässigkeit einer Due Diligence

Um die strengen Grenzen der Gestattung einer Due Diligence einzuhalten, muss der Vorstand – wie dargelegt – die Gefahren auf ein Mindestmaß minimieren. Hierzu gibt es verschiedene Möglichkeiten, die im Folgenden dargestellt werden.

---

242 Hemeling, ZHR 2005, 274 (291).
243 So auch Linker/Zinger, NZG 2002, 497 (501); Müller, NJW 2000, 3452 (3455).
244 Meincke, WM 1998, 749 (751).
245 Wiesner, in: Münchener HB d. Gesellschaftsrechts, Bd. 4, § 19 Rn. 20.
246 Wiesner, in: Münchener HB d. Gesellschaftsrechts, Bd. 4, § 19 Rn. 20; Geßler/Hefermehl/Hefermehl, AktG, § 93 Rn. 2; Hommelhoff, Konzernleitungspflicht, 171ff.
247 Schroeder, DB 1997, 2161 (2163).
248 GroßKomm/Hopt, AktG, § 93 Rn. 86; OLG Hamm, ZIP 1995, 1263 (1268); KölnerKomm/Mertens, AktG, § 93 Rn. 98.

Zusätzlich muss sich der Vorstand an bestimmte, generelle Voraussetzungen unabhängig von dem Einzelfall orientieren, ohne die die Zulässigkeit der Due Diligence zu verneinen ist.

Eine wesentliche Voraussetzung ist die Unumgänglichkeit der Due Diligence für das Zustandekommen des Geschäfts[249]. Besteht der Verkäufer nicht auf der Durchführung einer Due Diligence und kann die Transaktion daher – ohne Zugeständnisse hinsichtlich des Kaufpreises und der Vertragsgestaltung in Kauf nehmen zu müssen – auch ohne eine Due Diligence durchgeführt werden, handelt der Vorstand pflichtwidrig, wenn er sie dennoch gestattet. So ist eine Due Diligence auch dann nicht erforderlich, wenn die Vorteile der Durchführung einer Due Diligence für den Erwerber als zu gering einzustufen sind, da es sich um eine Beteiligungsveräußerung ohne unternehmerische Relevanz handelt. In diesen Fällen kann nämlich das Unternehmensinteresse an der Durchführung der Transaktion das Interesse an der Geheimhaltung kaum überwiegen. Die Nachteile, die mit der Nichtdurchführung verbunden sind, die im Bereich der dann zu verhandelnden Gewährleistung/Garantien in Betracht kommen, sind aber nicht zu übersehen.

Die Gestattung zur Due Diligence ist durch einen Beschluss des Vorstands zu entscheiden[250]. Hierdurch schließt der Vorstand – wie dargestellt – auch die Strafbarkeit gemäß § 404 Abs. 1 Nr. 1 AktG aus[251]. Der Beschluss ist auch ein wichtiges rechtliches Indiz für das Überwiegen des Unternehmensinteresses an der Informationsweitergabe über deren Geheimhaltung. Zusätzlich sollte der Abwägungsvorgang und die dabei berücksichtigten Gesichtspunkte schriftlich festgehalten werden[252]. Mit diesen Unterlagen kann im Streitfalle die sorgfältige Aufklärung und Beurteilung aller für die Entscheidungsfindung relevanter Aspekte durch den Vorstand überprüft werden.

Nach der herrschenden Meinung in der Literatur wird es als erforderlich betrachtet, dass die Personen, denen die Informationen offenbart werden, einer Schweigepflicht unterliegen[253]. Nur bei einer Risikobegrenzung durch eine Schweigepflicht wird im Allgemeinen ein objektives Interesse an der Offenba-

249 Hüffer, AktG, § 93 Rn. 8; Mertens AG 1997, 541 (546); Kiethe, NZG 1999, 976 (979); Ziegler, DStR 2000, 249 (252).

250 Siehe hierzu unter D.V.6.

251 Krömker, 15f.

252 Meincke, WM 1998, 749 (751); Schroeder, DB 1997, 2161 (2163).

253 Roschmann/Frey, AG 1996, 449 (452); Hüffer, AktG, § 93 Rn. 8; Koch/Wegmann, 56; Semler/Volhard/Dietzel, Unternehmensübernahmen, § 9 Rn. 65; Linker/Zinger. NZG 2002, 497 (501); Ziemons in: Nirk/Ziemons/Binnewies, HB AG, 8.876.

rung von Betriebs- und Geschäftsgeheimnissen als gerechtfertigt eingestuft[254]. Eine solche Schweigepflicht kann mittels einer vertraglichen Geheimhaltungsvereinbarung realisiert werden.

Vor Durchführung der Due Diligence sollte der potentielle Käufer einen so genannten „Letter of Intent" unterzeichnet haben[255]. Dieser beinhaltet eine Absichtserklärung bezüglich eines bestimmten rechtsgeschäftlichen Ergebnisses, nämlich des Unternehmens- oder Beteiligungskaufs[256]. Mit der Unterzeichnung des „Letters of Intent" wird dokumentiert, dass die Verhandlungen ein fortgeschrittenes Stadium erreicht haben und dass die Absicht der Durchführung der Transaktion ausreichend ernsthaft und konkret ist[257].

Mit dem Letter of Intent sollte der Abschluss einer Geheimhaltungsvereinbarung mit dem potentiellen Erwerber als unerlässliche rechtliche Rahmenbedingung einhergehen[258]. Hauptsächliche Bestandteile der Geheimhaltungsvereinbarung sind ein Vertraulichkeitsgebot und ein Verwertungsverbot[259]. Weiterhin sollte in der Geheimhaltungsvereinbarung der Zweck der Informationsweitergabe, der Kreis der Mitarbeiter und Berater des potentiellen Erwerbers umgrenzt, eine Rückgabepflicht der erhaltenen Unterlagen im Falle des Scheiterns der Erwerbsverhandlungen und eine Vertragsstrafe und/oder Beweislastumkehrung vereinbart werden[260]. Es ist jedoch zu beachten, dass die Darlegung und Beweisführung über eine Verletzung der Geheimhaltungsvereinbarung und dem hierdurch entstandenen Schaden schwierig ist[261]. Deshalb sollten die Unternehmensinterna der Zielgesellschaft auch durch tatsächliche Sicherheitsvorkehrungen geschützt werden.

Eine Möglichkeit der Einschränkung der Informationsweitergabe besteht darin, die Due Diligence auf wenige Personen zu konzentrieren, die über Umfang und Hintergründe der Due Diligence informiert sind. Diese Personen sollten

254 Hüffer, AktG, § 93 Rn. 8; KölnerKomm/Mertens, AktG, § 93 Rn. 82; Geßler/Hefermehl/Hefermehl, AktG, § 93 Rn. 21.

255 Krömker, 44ff.; Müller, NJW 2000, 3452, (3455); Stoffels, ZHR 165 (2001), 362 (377); Peters, 101; Ziemons in: Nirk/Ziemons/Binnewies, HB AG, 8.876.

256 Beisel/Klumpp, 1. Kapitel, Rn. 67ff..

257 Mertens, AG 1997, 541 (546); Meincke, WM 1998, 749 (751); Schroeder, DB 1997, 2161 (2163); Linker/Zinger, NZG 2002, 497 (501).

258 Mertens, AG 1997, 541 (544); Schroeder, DB 1997, 2161 (2163); Harrer, DStR 1993, 1673 (1674); Barthel, DStZ 1999, 73 (75); Krömker, 48 ff; siehe auch das Beispiel einer Geheimhaltungsabrede unter J.II.

259 Treek, in: Fikentscher-FS, 434 (445).

260 Schroeder, DB 1997, 2161 (2163).

261 Semler/Volhard/Schlitt, Unternehmensübernahmen, Bd. 1, § 6 Rn. 20.

gleichzeitig die Informationsweitergabe kontrollieren. Es ist genau festzulegen, wie viele Dokumente welchen Personen gegenüber offen gelegt werden[262].

Die Art und Weise der Bereitstellung der Unterlagen kann gleichfalls Risiken minimieren. Zu erwähnen ist in diesem Zusammenhang die Bereitstellung der Unterlagen in einem Datenraum. In diesem befinden sich nur bestimmte Dokumente, deren Offenlegung zuvor vereinbart wurde, wodurch eine unkontrollierte Einsichtnahme in Unterlagen verhindert wird[263]. Eine Minimierung des Risikos kann auch in dem Verbot einer Aufzeichnungsmöglichkeit liegen.

Weiterhin besteht die Möglichkeit, dass das Zielunternehmen die gewünschten Unterlagen zeitlich gestaffelt freigibt: Außergewöhnlich sensible Daten wie Kundenlisten etc. können so erst in einer fortgeschrittenen Phase der Transaktion vor Unterzeichnung des Kaufvertrages herausgegeben werden[264].

Sieht der Vorstand dennoch eine unmittelbare und konkrete Gefahr der Ausnutzung der Informationen zum Nachteil der Gesellschaft, wird er im Rahmen der vorzunehmenden Abwägung zu dem Ergebnis kommen, dass die Informationen nicht weitergeben werden dürfen[265]. In diesem Fall kommt die Einschaltung neutraler Wirtschaftsprüfer oder Rechtsanwälte in Betracht[266], die weder zum Käufer noch zum Verkäufer in einem Mandatsverhältnis stehen, und die Funktion einer Informationsschleuse haben. Sie erstellen einen Bericht, in welchem die Prüfungsergebnisse auswertet werden[267]. An die Käufer werden nur die Ergebnisse der Prüfung neben einigen Kerndaten in einem Kurzbericht herausgegeben. Der offensichtliche Nachteil dieses Verfahrens ist allerdings, dass der Interessent nicht – wie eigentlich mit der Due Diligence angestrebt – eine umfassende Darstellung in Form einer Bestandsaufnahme, sondern nur ein Ergebnis erhält. Die mit einer Due Diligence angestrebten Ziele[268] können daher nur eingeschränkt erreicht werden. Die Folge ist, dass diese Vorgehensweise in der Praxis selten angewandt wird. Klarzustellen ist, dass eine Lösung nur für die jeweilige Transaktion zu erarbeiten ist, das heißt, der Vorstand ist hinsichtlich seiner Entscheidungsmöglichkeiten nicht darauf beschränkt, neutrale Sachverständige einzuschalten, sondern kann stets nach anderen Lösungsmöglichkeiten suchen, die die Risiken der Datenoffenlegung auf ein akzeptables Maß beschränken.

---

262 Krüger/Kalbfleisch, DStR 1999, 174 (176).

263 Schroeder, DB 1997, 2161 (2163); so wohl auch Loges, DB 1997, 965.

264 Mertens, AG 1997, 541 (544); Stoffels, ZHR 165 (2001), 362 (381), Körber, NZG 2002, 263 (270); Linker/Zinger, NZG 2002, 497 (500); Krömker, 51; in diese Richtung auch Hemeling, ZHR 2005, 274 (280).

265 Mertens, AG 1997, 541 (547).

266 Lutter, ZIP 1997, 613 (618); Semler/Volhard/Dietzel, Unternehmensübernahmen, § 9 Rn. 66.

267 Schroeder, DB 1997, 2161 (2163).

268 Siehe oben unter B.III.2 und B.III.4.

Schließlich sind von sämtlichen Vorgängen zu Beweiszwecken Aufzeichnungen zu machen[269].

7. Entscheidungszuständigkeit

a. Vorstand als zuständiges Organ der Zielgesellschaft

Als gemäß §§ 76, 77 AktG geschäftsführungsbefugtes Leitungsorgan der Aktiengesellschaft kommt entweder der Gesamtvorstand oder das mit der jeweiligen Angelegenheit im Ressort befasste Vorstandsmitglied als zuständiges Organ der Zielgesellschaft für die Erteilung der rechtfertigenden Einwilligung[270] in Betracht. Darüber hinaus könnten aber auch der Aufsichtsrat bzw. die Hauptversammlung zuständig sein.

(i) Zuständigkeit des Aufsichtsrats?

Der Aufsichtsrat, dem gemäß § 111 AktG nur die Überwachung des Vorstands obliegt, ist nicht zu einer solchen Entscheidung berufen[271]. Er kann lediglich über die Offenbarung von Geheimnissen aus seinem Zuständigkeitsbereich entscheiden[272]. Um die Offenbarung von Geheimnissen aus diesem Zuständigkeitsbereich wird es bei der Due Diligence in der Regel nicht gehen[273].

(ii) Zuständigkeit der Hauptversammlung?

Die Hauptversammlung ist ebenfalls nicht zuständig[274]. Sie ist zwar das oberste Willensorgan der Gesellschaft[275]. In dem Aufgabenkatalog gemäß § 119 AktG ist

---

269 Meincke, WM 1998, 749 (750); Barthel, DStZ 1999, 73 (77).

270 GroßKomm/Klug, AktG, § 404 Rn. 39; Lutter, Information und Vertraulichkeit, 136; von Stebut, 98; KölnerKomm/Geilen, AktG, § 404 Rn. 76; Treek, in: Fikentscher-FS, 435 (443); Roschmann/Frey, AG 1997, 449 (451) hält entweder den Gesamtvorstand oder das einzelne Vorstandsmitglied des Ressorts für zuständig.

271 KölnerKomm/Geilen, AktG, § 404 Rn. 31; Krömker, 33f.; Körber, NZG 2002, 263 (268); Linker/Zinger, NZG 2002, 497 (497); anderer Ansicht sind: Bihr, BB 1998, 1198 (1200) und Ziemons, AG 1999, 492 (494) und Ziemons in: Nirk/Ziemons/Binnewies, HB AG, 8.876.

272 Von Stebut, 98; Treek in: Fikentscher-FS, 434 (442).

273 Treek, in Fikentscher-FS, 434 (443).

274 Von Stebut, 95; KölnerKomm/Geilen, AktG, § 404 Rn. 31; Körber, NZG 2002, 263 (268); Krömker, 33; Roschmann/Frey, AG 1996, 449 (451f.); Linker/Zinger, NZG 2002, 497 (497); Hemeling, ZHR 2005, 274 (282).

275 KölnerKomm/Geilen, AktG, § 404 Rn. 31.

aber eine Zuständigkeit zur Offenbarung von Geschäftsgeheimnissen nicht enthalten. Auch wird im Falle des Share Deals[276], welcher eine Veränderung der Aktionärsstruktur zur Folge hat, kaum in die Mitgliedsrechte der Aktionäre derart eingegriffen werden, dass ein „Holzmüller-Fall“[277] vorliegen könnte, bei welchem die Entscheidung über die Durchführung der Due Diligence keine Leitungsmaßnahme mehr ist[278]. Darüber hinaus hätte die für eine Abstimmung erforderliche Offenlegung gegenüber der Hauptversammlung zur Folge, dass die betreffenden Informationen keine Geheimnisse mehr wären[279].

Die Aufhebung der Verschwiegenheitspflicht im Hinblick auf eine Due Diligence obliegt damit dem Vorstand.[280]

b. Zuständigkeit des Gesamtvorstands

Weiterhin ist zu prüfen, ob die Entscheidung über die Informationsweitergabe im Rahmen der Due Diligence in die Zuständigkeit des Gesamtvorstands[281] oder in die mit der jeweiligen Angelegenheit ressortmäßig befassten Vorstandsmitglieder fällt.

Grundsätzlich sind die Vorstandsmitglieder eines mehrgliedrigen Vorstands gemäß § 77 Abs. 1 S. 1 AktG nur gemeinschaftlich zur Geschäftsführung befugt, das heißt jegliche Maßnahmen bedürfen eines einstimmigen Beschlusses. Gemäß § 77 Abs. 1 S. 2 AktG kann die Zuständigkeit innerhalb des Vorstands hinsichtlich der Einwilligung zur Offenlegung von Unternehmensdaten durch Satzung oder Geschäftsordnung festgelegt werden. Um schnelle Entscheidungen zu ermöglichen, werden regelmäßig die Aufgaben des Gesamtvorstands auf die einzelnen Vorstandsmitglieder übertragen[282]. Ob die Entscheidungsbefugnis über die Offenbarung von Geheimnissen im Rahmen einer Due Diligence dem für den Sachbereich zuständigen Vorstandsmitglied übertragen werden kann oder ob die Offenbarung von Geheimnissen nicht zu den Mindestzuständigkeiten des Gesamtvorstands gehört, ist im Gesetz nicht ausdrücklich geregelt.

---

276 Näheres zu Asset Deal und Share Deal siehe unter C.I.1 und C.I.2.

277 BGHZ 83, 122 (131), siehe dazu Fussnote 10.

278 BGHZ 83, 122 (131); Krömker, 18; Eggenberger, 86ff.

279 Roschmann/Frey, AG 1997, 449 (451); KölnerKomm/Geilen, AktG, § 404 Rn. 31; Linker/Zinger, NZG 2002, 497 (498); Eggenberger, 88.

280 Semler/Volhard/Marsch-Barner, Unternehmensübernahmen, § 7 Rn. 14; Peters, 95f; Eggenberger, 85; Treek, in: Fikentscher-FS, 434 (442).

281 Meincke, WM 1998, 749 (751); offengelassen von Roschmann/Frey, AG 1996, 449 (451); Treek, in: Fikentscher-FS, 435 (443).

282 Großkomm/Meyer-Landrut, AktG, § 77 Anm. 3.

Aus § 93 Abs. 2 S. 1 AktG, der die Verschwiegenheitspflicht regelt, kann ein Argument nicht gewonnen werden. Die Einhaltung der Verschwiegenheitspflicht obliegt jedem Vorstandsmitglied selbst und bezieht sich auch nur auf die Entscheidung über die Offenbarung eines Geheimnisses im Rahmen seines eigenen Geschäftsbereichs. Daher entscheidet sich die Frage der Zuständigkeit danach, aus welchem Sachgebiet die bekannt zu gebenden Daten stammen[283]. Dies wird zudem noch dadurch eingeschränkt, dass auch hier die Frage der Zuständigkeit des einzelnen Vorstandsmitglieds oder doch des Gesamtvorstands über die Einhaltung der Verschwiegenheit gemäß § 93 Abs. 2 S. 1 AktG nach der Bedeutung des Falles entschieden wird[284]. Da die Durchführung der Due Diligence schon wegen der teilweise aus der Offenlegung von wettbewerbsrelevanten Daten gegenüber Konkurrenten resultierenden Gefahren für ein Unternehmen im Regelfall von entscheidender Bedeutung sein wird, scheidet eine Zuständigkeit des einzelnen Vorstandsmitglieds aus.

Es kann daher nur auf die allgemeine Regelung in § 77 Abs. 1 S. 1 AktG zurückgegriffen werden, wonach der Gesamtvorstand neben den im Gesetz ausdrücklich genannten Aufgaben auch für Entscheidungen zuständig ist, die für die Gesellschaft von ganz besonderer Bedeutung sind[285].

Abgesehen von dem Aspekt der Bedeutung der Entscheidung ergibt sich die Notwendigkeit eines Vorstandsbeschlusses und damit eine Entscheidung des Gesamtvorstands zudem oftmals aus dem sachgebietsübergreifenden Charakter der Due Diligence: Im Wesentlichen gibt es zwei Arten der Vorstandsorganisation[286]. Die Organisation nach funktionalen Gesichtspunkten erklärt einzelne Vorstandsmitglieder für Produktion, Einkauf, Absatz, Finanzen etc. für zuständig. Die Spartenorganisation gliedert das Unternehmen in einzelne Unternehmensbereiche z. B. nach Produktgruppen, in welchen das jeweilige Vorstandsmitglied für sämtliche Funktionen zuständig ist. Nach beiden Organisationsformen müssen alle Vorstandsmitglieder bezüglich der jeweils aus ihrem Bereich stammenden Informationen über deren Offenbarung im Rahmen der Due Diligence entscheiden. Die Due Diligence umfasst bis auf Ausnahmesituationen alle Bereiche eines Unternehmens, denn ein wesentliches Merkmal ist das Erarbeiten

---

283 KölnerKomm/Mertens, AktG, § 93 Rn. 82; KölnerKomm/Geilen, AktG, § 404 Rn. 32; Treek, in: Fikentscher-FS, 435 (443); Roschmann/Frey, AG 1996, 449(452); Linker/Zinger, NZG 2002, 497 (498); Müller, NJW 2000, 3452 (3455); Stoffels, ZHR 165 (2001), 362 (376 Fn. 62).

284 Roschmann/Frey, AG 1996, 449 (452); Geßler/Hefermehl/Hefermehl, AktG, § 93 Rn. 21; KölnerKomm/Mertens, AktG, § 93 Rn. 82; Linker/Zinger, NZG 2002, 497 (498).

285 Allgemeine Ansicht, vergleiche KölnerKomm/Mertens, AktG, § 77 Rn. 13; GroßKomm/Meyer-Landrut, AktG, § 77 Anm. 2, von Stebut, 110; Linker/Zinger, NZG 2002, 497 (498); Ziemons in: Nirk/Ziemons/Binnewies, HB AG, 8.872; Fleischer, Vorstandsrecht, § 10 Rn. 20.

286 Wiesner, in: Münchener HB d. Gesellschaftsrechts, Bd. 4, § 22 Rn. 12f.

eines Gesamtbildes von dem Unternehmen. Deshalb müssen alle Vorstandsmitglieder in der Regel zustimmen. Ein einzelnes Vorstandsmitglied hat somit nicht die Kompetenz, über die Offenbarung von Geheimnissen, die aus Bereichen anderer Vorstandsmitglieder stammen, zu entscheiden. Nur die Gesamtverantwortung aller Vorstandsmitglieder für die Leitung der Gesellschaft und die damit einhergehende Überwachungs- und Kontrollpflicht aller Vorstandsmitglieder bleibt von der Wirkung der Geschäftsverteilung unberührt[287]. Ein Beschluss des Gesamtvorstands ist unumgänglich[288].

Unabhängig von dem Erfordernis eines Vorstandsbeschlusses ist es aber auch und gerade in Zweifelsfällen ratsam, eine Beschlussfassung des Gesamtvorstands herbeizuführen, da ein entsprechender Beschluss Indiz für das Bestehen des Unternehmensinteresses an der Transaktion und der damit verbundenen Due Diligence ist [289].

c. Erforderliche Mehrheitsverhältnisse

Eine Mehrheitsentscheidung über die Gestattung der Durchführung einer Due Diligence ist dann möglich, wenn Satzung oder Geschäftsordnung dies vorsehen[290]. Nach anderer Ansicht ist selbst dann, wenn Satzung oder Geschäftsordnung eine Mehrheitsentscheidung voraussetzen, ein einstimmiger Beschluss erforderlich, da nur dieser Indizwirkung für die Richtigkeit der Ermessensentscheidung über die Freigabe von Informationen habe[291]. Diese Ansicht kann jedoch nicht überzeugen: Es ist kein Grund ersichtlich, warum eine Ermessensentscheidung, die einstimmig getroffen wird, richtiger sein sollte als eine im Rahmen einer Mehrheitsentscheidung gefasste[292].

---

287 Wiesner, in: Münchener HB d. Gesellschaftsrechts, Bd. 4, § 22 Rn. 14f; Geßler/Hefermehl/Hefermehl, AktG, § 77 Rn. 20, 22; KölnerKomm/Mertens, AktG, § 77 Rn. 13ff.

288 So auch Körber, NZG 2002, 263 (268); Ziemons, AG 1999, 492 (500), Müller, NJW 2000, 3452 (3453f); Peters, 106; Angersbach, 92.

289 Schroeder, DB 1997, 2161 (2162); BGHZ 64, 325 (329); Geßler/Hefermehl/Hefermehl, AktG, § 93 Rn. 15, 21; Hüffer, AktG, § 93 Rn. 8.

290 Semler/Volhard/Dietzel, Unternehmensübernahmen, § 9, Rn. 76; Linker/Zinger, NZG 2002, 497 (498); Müller, NJW 2002, 3452 (3455); Stoffels, ZHR 165 (2001), 362 (376 Fn. 62); Körber, NZG 2002, 263 (268); Peters, 105f.; Angersbach, 93.

291 Meincke, WM 1998, 749 (751 Fn. 25); Hemeling, ZHR 2005, 274 (282); Fleischer, Vorstandsrecht, § 10 Rn. 20.

292 Linker/Zinger, NZG 2002, 497 (498); mit der gleichen Begründung ist auch die Ansicht von Eggenberger (89f.) abzulehnen, der eine Beschlußmehrheit von Dreiviertel fordert.

8. Ergebnis

Der Vorstand darf eine Due Diligence gestatten, wenn die im Unternehmensinteresse mit dem Aktienerwerb verbundenen Vorteile die Risiken der Offenlegung der Informationen überwiegen. Hierbei sind strenge Grenzen gesetzt, deren Anforderungen aber nicht überspannt werden dürfen. Eine grundsätzliche Unzulässigkeit einer Due Diligence oder die Begrenzung der Due Diligence auf Extremfälle hätte zur Folge, dass Transaktionen teilweise zum Scheitern verurteilt wären. Dies wäre eine Übergewichtung von Geheimhaltungsinteressen im Verhältnis zu den Interessen der Gesellschaft und der Aktionäre an der Durchführung der jeweiligen Transaktion. Den Einklang mit den gesetzlichen Verschwiegenheitspflichten des § 93 Abs. 1 S. 3 AktG hat der Vorstand durch Abwägung der sich durch die Transaktion ergebender Vorteile mit den möglichen Gefahren, die sich bei der konkret anstehenden Due Diligence ergeben können, herzustellen. Wesentliche Entscheidungskriterien sind die Erforderlichkeit der Due Diligence für die Durchführung der Transaktion, die wirtschaftlichen Interessen des Unternehmens an der Transaktion und der Abschluss von Vertraulichkeitsvereinbarungen auf der einen Seite sowie die Person des Interessenten, die Sensibilität der offen zu legenden Informationen und die mangelnde Möglichkeit, Schäden zu revidieren, auf der anderen Seite.

Um die an eine Due Diligence zu stellenden Anforderungen zu erfüllen, ist ein Plan zur schrittweisen Offenlegung von Informationen zu entwerfen, der die Voraussetzungen für die Freigabe von Informationen festlegt und die Maßnahmen zur optimalen Risikoreduzierung aufzeigt.

Der Vorstand ist zuständig für die Entscheidung über die Freigabe von Informationen im Rahmen der Due Diligence. Aufgrund der Tatsache, dass eine Due Diligence alle Ressorts berührt, und aufgrund der Wichtigkeit der Entscheidung obliegt die Beschlussfassung dem Gesamtvorstand. Falls Satzung oder Geschäftsordnung es vorsehen, ist eine Mehrheitsentscheidung möglich.

VI. Informationsweitergabe im Konzern

Zu untersuchen ist, wie sich die Informationsweitergabe und Durchführung der Due Diligence im Konzern darstellt. Im Mittelpunkt steht die Frage, ob eine beherrschende Gesellschaft im Unterordnungskonzern, die zugleich Großaktionärin des beherrschten Unternehmens ist, welches das Zielunternehmen der Transaktion ist, die Due Diligence und die damit verbundene Offenlegung von Unternehmensinterna bei der Tochtergesellschaft durchsetzen kann, um ihre Beteiligung zu veräußern. Zu unterscheiden ist bei der Untersuchung zwischen dem

Vertragskonzern, der durch eine gesetzliche anerkannte Leitungsmacht, § 308 AktG, des herrschenden Unternehmens gekennzeichnet ist, und dem faktischen Konzern. Dieser Begriff umfasst Unternehmenszusammenschlüsse, deren einheitliche Leitung sich gerade nicht auf einen Beherrschungsvertrag oder eine Eingliederung stützt, §§ 311 – 318 AktG. Weiterhin ist zwischen den Ansprüchen des beherrschenden Unternehmens und davon unabhängig bestehenden Befugnissen der beherrschten Gesellschaft, Informationen „nach oben" zu offenbaren, zu differenzieren.

1. Due Diligence im Vertragskonzern

a. Auskunftsanspruch gemäß § 308 Abs. 1 S. 1 AktG

Der Beherrschungsvertrag ist ein Vertrag, durch den eine Aktiengesellschaft oder eine Kommanditgesellschaft auf Aktien die Leitung ihrer Gesellschaft einem anderen Unternehmen unterstellt, § 291 Abs. 2 S. 2, 1. Hs. AktG. Besteht ein Beherrschungsvertrag, so ist das herrschende Unternehmen gemäß § 308 Abs. 1 S. 1 AktG berechtigt, dem Vorstand der beherrschten Gesellschaft hinsichtlich der Leitung der Gesellschaft Weisungen zu erteilen.

Alle Maßnahmen, die der Vorstand einer Aktiengesellschaft gemäß § 76 AktG treffen kann, können auch von dem Vorstand des herrschenden Unternehmens gegenüber der abhängigen Gesellschaft durch Weisungen getroffen werden[293]. Stets müssen die Weisungen jedoch an den Vorstand der abhängigen Gesellschaft gehen, direkte Eingriffe oder Weisungen an Personal sind nicht möglich[294]. Ein herrschendes Unternehmen in einem Beherrschungsvertrag kann damit dem Vorstand der abhängigen Aktiengesellschaft auch die Weisung erteilen, an ihn oder an Dritte bestimmte Informationen herauszugeben[295]. Ohne ausreichende Informationen über das beherrschte Unternehmen kann das beherrschende Unternehmen keine Leitungsaufgaben übernehmen. Ein Auskunftsrecht des beherrschenden Unternehmens gegenüber der abhängigen Gesellschaft resultiert also aus § 308 Abs. 1 S. 1 AktG.

---

293 Balser/Bokelmann/Piorreck, Aktiengesellschaft, Rn. 649; Geßler/Hefermehl/Geßler, AktG, § 308 Rn. 39; Dierdorf, Herrschaft und Abhängigkeit, 109; Sina, AG 1991, 1 (1).

294 Hüffer, AktG, § 308 Rn. 7; MünchKomm/Altmeppen, AktG, Bd. 5, § 308 Rn. 32.

295 Geßler/Hefermehl/Eckardt, AktG, § 131 Rn. 147; KölnerKomm/Zöllner, AktG, § 131 Rn. 66; Decher, ZHR 158 (1994), 473 (480/481); Lutter, ZIP 1997, 613 (616); ders., Information u. Vertraulichkeit, 118/119; Großkomm/Hopt, AktG, § 93 Rn. 214; Emmerich/Habersack/Emmerich, Aktien- und GmbH-Konzernrecht, § 308 Rn. 39; Fleischer, ZGR 2009, 505 (529); Hemeling, ZHR 2005, 274 (287); Veil, ZHR 172 (2008), 239 (268); Singhof, ZGR 2001, 146 (158).

Gegenstand der Weisungen kann demnach auch die Offenbarung bestimmter Geschäfts- und Betriebsgeheimnisse sein[296]. Es ist jedoch umstritten, ob eine solche Auskunft zum Zwecke der Veräußerung unter das Weisungsrecht des § 308 Abs. 1 AktG zu subsumieren ist[297].

(i) Streitgegenstand in der Literatur

Nach Ansicht von *Lutter* kann die Informationsherausgabe für eine Due Diligence nicht auf § 308 Abs. 1 S. 1 AktG gestützt werden, da die Vorschrift des § 308 Abs. 1 AktG dem Ziel einheitlicher Leitung der durch Vertrag verbundenen Unternehmen diene[298]. Im Hinblick auf eine Veräußerung der Beteiligung handele es nicht um eine unternehmerische Leitungsfrage, nämlich die strategische und taktische Führung der als Konzern verbundenen Unternehmen, sondern um Eigentums- und Vermögensinteressen des Aktionärs, die von § 308 Abs. 1 AktG nicht mehr erfasst werden[299].

Treek widerspricht dieser Ansicht und weist darauf hin, dass die konzernrechtliche Sonderbeziehung und die daraus resultierenden Rechte und Pflichten bis zur Beendigung der Konzernverhältnisses durch Verkauf der Beteiligung fortbestehe[300]. Dies folge schon daraus, dass bis zu diesem Zeitpunkt das herrschende Unternehmen seine Sorgfaltspflichten gemäß § 309 Abs. 1 AktG durch fehlerhafte Auswahl der Käufers verletzen könne.

(ii) Eigene Stellungnahme

Treek übersieht bei dieser Argumentation, dass es sich bei den von ihm angeführten Beispielsfällen[301] um Minderheitenschutz und Treuepflichten des Aktionärs handelt und nicht um für das beherrschende Unternehmen aus dem Beherrschungsvertrag resultierende Pflichten und Rechte[302]. Sie können somit nicht zur Begründung herangezogen werden. Es ist von dem Begriff der Leitung, der aus § 76 Abs. 1 AktG übernommen wurde und auf den das Weisungsrecht beschränkt ist, auszugehen[303]. Darunter fallen alle zur Führungsfunktion des Vor-

---

296 Treek, in: Fikentscher-FS, 434 (448); Lutter, ZIP 1997, 613 (616); Krömker, 129.

297 Bejahend Decher, ZHR 158 (1994), 473 (489).

298 So auch Hüffer, AktG, § 308 Rn. 12/16 mit Verweis auf § 76 AktG; KölnerKomm/ Biedenkopf/Koppensteiner, AktG, § 308 Rn. 5; Geßler/Hefermehl/Geßler, AktG, § 308 Rn. 37.

299 Lutter, in: Schippel-FS, 455 (464); Peters, 34.

300 Treek, in: Fikentscher-FS, 434 (449), sich ihm anschliessend Krömker, 129f.

301 Siehe Wiedemann, Gesellschaftsrecht I, 451; Lutter, ZHR 153 (1989), 446 (461).

302 Zu diesem Themenbereich siehe Ziemons/Jaeger, AG 1996, 358 (360f.).

303 MünchKomm/Altmeppen, AktG, Bd. 5, § 308 Rn. 83.

stands und weitergehend zum Gesamtbereich der Geschäftsführung einschließlich der organschaftlichen Vertretung, § 78 AktG, gehörenden Handlungen[304], das heißt, alle geschäftlichen und betrieblichen Maßnahmen nach außen und innerhalb des Unternehmens, die der Führung des Konzerns dienen[305]. Die Auskunftserteilung im Rahmen eines Beteiligungsübergangs dient nicht dem Zwecke der Leitung des beherrschten Unternehmens, denn es ist zwischen Beginn/Beendigung des Beherrschungsvertrages und Kauf/Veräußerung der Beteiligung zu unterscheiden ist. Die Beendigung eines Beherrschungsvertrages ist in §§ 296 – 298 AktG geregelt. Als wesentliche Beendigungsgründe kommen Aufhebungsvertrag, ordentliche oder außerordentliche Kündigung in Betracht. Die Veräußerung der Beteiligung an der Zielgesellschaft lässt dagegen den zwischen den Unternehmen bestehenden Unternehmensvertrag unberührt. Die Weisung eines herrschenden Unternehmens, Auskünfte für eine Due Diligence an das herrschende Unternehmen oder an den potentiellen Käufer direkt herauszugeben, um eine Beteiligungsveräußerung zu ermöglichen, ist demnach weder eine Maßnahme der Geschäftsführung noch der Gesellschaftsleitung im Sinne des § 76 Abs. 1 AktG, die zur Leitung des beherrschten Unternehmens dient.

Der Vorstand der Zielgesellschaft kann das Auskunftsverlangen und damit auch die Durchführung einer Due Diligence durch das herrschenden Unternehmen dennoch nicht ablehnen: Unter Konzernleitung ist nämlich nicht nur die Leitung des beherrschten Unternehmens zu verstehen, sondern auch die Leitung des gesamten Konzerns. Dies wird durch § 308 Abs. 1 S. 2 AktG deutlich: Der Gesetzgeber gestattet der Konzernspitze unter bestimmten Voraussetzungen, Weisungen zum Nachteil des beherrschten Unternehmens zu treffen. Hierin liegen typischerweise Maßnahmen, die die Führung des gesamten Konzern bezwecken und nicht nur dem beherrschten Unternehmen dienen. Als weitere Überlegung lässt sich festhalten, dass es zur Konzernleitung gehört, Beteiligungen zu kaufen und wieder zu verkaufen, je nach Konzerninteresse. Der Einwand *Lutters*, diese Maßnahmen dienen lediglich den Vermögens- und Eigentumsinteressen des Aktionärs, spricht nicht gegen die Wertung, dass auch hierin Maßnahmen der Konzernleitung zu sehen sind. Die Leitung eines Konzerns umfasst nämlich gerade auch die Wahrung von Vermögensinteressen der Aktionäre. Daher ist die Aufforderung des beherrschenden Unternehmens an die beherrschte Gesellschaft, die Durchführung einer Due Diligence zu gestatten und die dafür benötigten Unternehmensinterna offen zu legen, eine Weisung im Sinne des

304 Hüffer, § 308 Rn. 12/16f; KölnerKomm/Biedenkopf/Koppensteiner, AktG, § 308 Rn. 5; Emmerich/Habersack/Emmerich, Aktien- und GmbH-Konzernrecht, § 308 Rn. 38.

305 Geßler/Hefermehl/Geßler, AktG, § 308 Rn. 39.

§ 308 Abs. 1 S. 1 AktG[306]. Der Vorstand des beherrschten Unternehmens hat die Weisung gemäß § 308 Abs. 2 AktG Folge zu befolgen. Gemäß § 308 Abs. 1 S. 2 AktG ist die Durchsetzung der Due Diligence gegen den Willen des beherrschten Unternehmens zulässig, auch wenn sie für dieses nachteilig sein sollte, da die Transaktion, die durch die Due Diligence ermöglicht wird, der Vermögens- und Ertragslage und damit den Interessen des herrschenden Unternehmens zugute kommt[307].

Als Ergebnis lässt sich festhalten, dass im Falle eines Vertragskonzern die beherrschende Gesellschaft und Aktionärin dem beherrschten Unternehmen aufgeben kann, eine Due Diligence zu gestatten, um ihre Anteile zu verkaufen.

b. Verschwiegenheitspflicht gemäß § 93 Abs. 1 S. 3 AktG

Fraglich könnte nur sein, ob der Vorstand des beherrschten Unternehmens auch gegenüber der Konzernspitze der Verschwiegenheitspflicht des § 93 Abs. 1 S. 3 AktG unterliegt. Grundsätzlich bleibt der Vorstand trotz Bestehens eines Beherrschungsvertrages verpflichtet, sein Unternehmen gemäß § 76 AktG eigenverantwortlich zu leiten[308]. § 93 AktG ist daher auch im Konzern anwendbar. Allerdings bestehen die Sonderregeln der §§ 309, 310 AktG[309]. So wird § 93 AktG verdrängt, wenn § 310 Abs. 3 AktG aufgrund einer Weisung im Sinne des § 308 Abs. 2 AktG eingreift, und der Vorstand des beherrschten Unternehmens aufgrund einer verbindlichen Weisung handelt[310].

Liegt also eine verbindliche Weisung im Sinne des § 308 AktG vor, muss der Vorstand eines beherrschten Unternehmens die Wahrung der Verschwiegenheitspflicht gemäß § 93 Abs. 2 S. 1 AktG nicht beachten. Will er unabhängig vom Vorliegen einer entsprechenden Weisung der Konzernspitze Informationen offenlegen, greift § 93 Abs. 1 S. 3 AktG ein und er hat – wie dargelegt – eine umfassende Interessenabwägung vorzunehmen und Maßnahmen zur Risikoreduzierung zu treffen[311].

---

306 So Fleischer, ZGR 2009, 505 (530), einschränkend Hemeling, ZHR 2005, 274 (287); wohl auch Singhof, ZGR 2001, 146 (162).

307 Zu den weiteren Voraussetzungen der Weisungsbefugnis siehe Hüffer, AktG, § 308 Rn. 15ff.

308 Sina, AG 1991, 1 (8/9).

309 Hüffer, AktG, § 93 Rn. 2.

310 Hüffer, AktG, § 310 Rn. 1ff.; Geßler/Hefermehl/Geßler, AktG, § 310 Rn. 12ff.; Fleischer, ZGR 2009, 505 (532).

311 Ziemons in: Nirk/Ziemons/Binnewies, HB AG, 8.869.

2. Due Diligence im faktischer Konzern

Die Lage im faktischen Konzern stellt sich anders dar. Ein faktischer Konzern ist anzunehmen, wenn hinsichtlich der Zielgesellschaft ein tatsächliches Abhängigkeitsverhältnis im Sinne des § 17 AktG im Verhältnis zu einer weiteren Aktiengesellschaft, aber kein Unternehmensvertrag zwischen den Unternehmen besteht.

Die grundsätzliche Zulässigkeit der faktischen Konzerne ist mit Blick auf die gesetzliche Regelung des § 311 AktG im Wesentlichen anerkannt[312]. In den meisten Fällen eines faktischen Konzerns handelt es sich um eine Abhängigkeit kraft Mehrheitsbeteiligung gemäß § 17 Abs. 2 AktG. Es kommt hierbei auf eine Möglichkeit der Einflussnahme an und nicht auf die tatsächliche Ausübung derselben. §§ 311 bis 318 AktG sind einschlägig[313].

Zu untersuchen ist, ob das Zielunternehmen im faktischen Konzern dem herrschenden Unternehmen als herrschendem Aktionär Geheimnisse offenbaren muss bzw. ob es die Möglichkeit hat, Unternehmensinterna zu offenbaren.

a. Weisungsrechte des herrschenden Unternehmens

Nach allgemeiner Ansicht hat im faktischen Konzern das herrschende Unternehmen grundsätzlich kein Recht, Weisungen zu erteilen[314]. Dies folgt daraus, dass anstelle des § 308 AktG, der einen Beherrschungsvertrag voraussetzt, die §§ 311 bis 318 AktG anwendbar sind. Ein Weisungsrecht besteht nach der gesetzlichen Lage nur im Falle des bereits erwähnten Bestehens eines Beherrschungsvertrages, § 308 AktG, oder bei einer Eingliederung, § 323 AktG[315]. Besteht kein Beherrschungsvertrag, so darf ein herrschendes Unternehmen gemäß

312 Hüffer, AktG, § 311 Rn. 6; Krieger, in: Münchener HB d. Gesellschaftsrechts, Bd. 4, § 69 Rn. 19; Geßler/Hefermehl/Kropff, AktG, § 311 Rn. 10ff.; KölnerKomm/ Koppensteiner, AktG, Vorb. § 311 Rn. 6ff.; Hommelhoff, Konzernleitungspflicht, 110ff; Semler, Leitung und Überwachung, Rn. 285. Hierbei soll nicht entschieden werden, ob es sich um eine rechtliche Billigung und Anerkennung (so Geßler/Hefermehl/Kropff, AktG, § 311 Rn. 27f) oder eine bloße Hinnahme von Tatsachen handelt (KölnerKomm/Koppensteiner, AktG, Vorb. § 311 Rn. 7ff. ist dagegen der Meinung, dass aus dem beherrschenden Einfluss keine einheitliche Leitung verdichtet werden darf).

313 Zur Begriffsbestimmung des faktischen Konzerns siehe Hüffer, AktG, § 18 Rn. 3.

314 Geßler/Hefermehl/Kropff, AktG, § 311 Rn. 29ff.; Beuthin, DB 1969, 1781 (1783); Kellmann, BB 1969, 1509 (1518); OLG Karlsruhe, WM 1987, 533 (534); KölnerKomm/Koppensteiner, § 311 Rn. 90; Krieger, in: Münchener HB d. Gesellschaftsrechts, Bd. 4, § 69 Rn. 24; Treek, in: Fikentscher-FS, 435 (450); Emmerich/Habersack/Habersack, Aktien- und GmbH-Konzernrecht, § 311 Rn. 10; MünchKomm/Altmeppen; AktG, Bd. 5, § 311, 401. Anderer Ansicht ist Luchterhandt, ZHR 133 (1970), 1 (11/12).

315 Geßler/Hefermehl/Kropff, AktG, § 311 Rn. 29.

§ 311 Abs. 1 AktG seinen Einfluss nicht dazu benutzen, eine abhängige Aktiengesellschaft oder Kommanditgesellschaft auf Aktien zu veranlassen, ein für sie nachteiliges Rechtsgeschäft vorzunehmen oder Maßnahmen zu ihrem Nachteil zu treffen oder zu veranlassen, es sei denn, dass die Nachteile ausgeglichen werden.

Aus § 311 Abs. 1 AktG folgt nach der herrschenden Meinung in der Literatur im faktischen Konzern keine Konzernleitungsmacht oder gar -pflicht im Sinne eines normativen Prinzips[316], aufgrund dessen eine rechtliche Pflicht für das beherrschte Unternehmen bestände, Aufforderungen zur Herausgabe von Informationen, Folge zu leisten. Das herrschende Unternehmen ist vielmehr darauf angewiesen, seine aufgrund der tatsächlichen Machtstellung bestehenden faktischen Durchsetzungsmöglichkeiten wahrzunehmen[317].

Die Gegenansicht, nach welcher aus der rechtlichen Billigung des faktischen Konzerns folgen soll, dass eine solche Leitungsmacht des beherrschten Unternehmens durch die Mehrheitsaktionärin auch zu Lasten des Schutzes von dessen Gläubigern und Minderheitsaktionären besteht, falls der Gegensatz zwischen Konzernleitung und Außenseiterschutz nicht anders lösbar ist[318], ist dagegen abzulehnen. Aufgrund der Regelung des § 311 AktG sind nachteilige Einzelmaßnahmen zulässig. Hieraus lässt sich aber keine grundsätzliche Möglichkeit der Benachteiligung aus Konzernleitungsinteressen und damit auch kein allgemeines Leitungskonzept ableiten[319]. § 311 AktG stellt sich als Ausnahmeregelung dar, die unter strengen Voraussetzungen, wie der Möglichkeit des Ausgleichs des Nachteils und dem Vorliegen des Zusammenhangs zwischen Herrschaft und Leitung, Anwendung findet. Der Vorstand des beherrschten Unternehmens hat jedes von der Konzernleitung vorgelegte Rechtsgeschäft oder jede solche Maßnahme auf Nachteile für die eigene Gesellschaft nach §§ 76, 93 AktG zu überprüfen, da er nach herrschender Ansicht verpflichtet bleibt, die Aktiengesellschaft gemäß § 76 AktG eigenverantwortlich zu leiten[320].

Nur wenn die Voraussetzungen des § 311 AktG vorliegen, also die etwaigen Nachteile ausgleichsfähig sind und das herrschende Unternehmen zum Aus-

---

316 Hüffer, AktG, § 311 Rn. 8; KölnerKomm/Koppensteiner, AktG, § 311 Rn. 6ff., 16; Geßler/Hefermehl-Kropff, AktG, § 311 Rn. 27; Emmerich/Habersack/Habersack, Aktien- und GmbH-Konzernrecht, § 311 Rn. 10/11.

317 Geßler/Hefermehl/Kropff, AktG, § 311 Rn. 30.

318 Hommelhoff, Konzernleitungspflicht, 109ff.; Luchterhandt, ZHR 133 (1970), 1 (12/13).

319 Hüffer, AktG, § 311 Rn. 8; Geßler/Hefermehl/Kropff, AktG, § 311 Rn. 21; Emmerich/ Habersack/Habersack, Aktien- und GmbH-Konzernrecht, § 311 Rn. 9.

320 Hüffer, AktG, § 311 Rn. 48; Krieger, in: Münchener HB d. Gesellschaftsrechts, Bd. 4, § 69 Rn. 24; KölnerKomm/Biedenkopf/Koppensteiner, AktG, § 311 Rn. 56; Geßler/ Hefermehl/ Kropff, AktG, § 311 Rn. 59ff.; Fleischer, ZGR 2009, 505 (533).

gleich bereit und in der Lage ist, treten §§ 76, 93 AktG hinter § 311 AktG zurück[321]. Stellt der Vorstand Nachteile fest, kann er das Geschäft ablehnen, da weder ein Weisungsrecht noch eine Folgepflicht besteht[322]. Es besteht also auch keine Pflicht des Vorstands des beherrschten Unternehmens, Auskünfte zu erteilen[323]. So erweist sich die Informationsverweigerung für das Unternehmen auch als eine Möglichkeit, sich der Konzernführung durch das herrschende Unternehmen zu entziehen[324]. Aus § 311 AktG folgt für das herrschende Unternehmen kein Anspruch, von der abhängigen Gesellschaft die gewünschten Informationen zu verlangen.

Als Ergebnis ist festzuhalten, dass das herrschende Unternehmen den Vorstand des beherrschten Unternehmens im faktischen Konzern nicht anweisen kann, die für die Durchführung einer Due Diligence notwendigen Informationen bereitzustellen[325].

b. Informationsbefugnisse des beherrschten Unternehmens

Auch wenn aus § 311 AktG kein Informationsanspruch für das herrschende Unternehmen resultiert, könnte die gesetzliche Regelung dem Vorstand des beherrschten Unternehmens die Befugnis einräumen, entsprechende Informationen herauszugeben. Neben der Verpflichtung, gemäß § 294 Abs. 3 HGB alle Aufklärungen und Nachweise zu geben, welche zur Aufstellung des Konzernabschlusses und Konzernlageberichtes erforderlich sind, folgt aus der Zulässigkeit des faktischen Konzerns die Freizügigkeit des Informationsflusses von der Tochtergesellschaft zur Muttergesellschaft[326].

(i) Tatbestand des § 311 Abs. 1 AktG

Der Vorstand des beherrschten Unternehmens kann gemäß § 311 Abs. 1 AktG auf die Interessen des herrschenden Aktionärs eingehen und die nachgefragten

321 Hüffer, AktG, § 311 Rn. 48; KölnerKomm/Koppensteiner, AktG; § 311 Rn. 93, 106; Geßler/Hefermehl/Kropff, AktG, § 311 Rn. 59ff.

322 Geßler/Hefermehl/Kropff, AktG, § 311 Rn. 56; Hüffer, AktG, § 311 Rn. 48; andere Ansicht: Luchterhandt, ZHR 133 (1970) 1 (11/12).

323 Lutter, Information und Vertraulichkeit, 51; Kort, ZGR 1987, 46 (56, 58); Decher, ZHR 158 (1994), 473 (481); MünchKomm/Altmeppen, AktG, Bd. 5, § 311 Rn. 422; anderer Ansicht, ist Semler, Leitung und Überwachung, Rn. 306.

324 Lutter, Information und Vertraulichkeit, 51.

325 So auch Ziemons in: Nirk/Ziemons/Binnewies, HB AG, 8.867; MünchKomm/ Altmeppen, AktG, Bd. 5, § 311 Rn. 422.

326 Krieger, in: Münchener HB d. Gesellschaftsrechts, Bd. 4, § 69 Rn. 23; Semler, Leitung und Überwachung, Rn. 302.

Informationen weitergeben, wenn die Weitergabe für sein Unternehmen nicht nachteilig ist, oder die Informationsweitergabe zwar nachteilig ist, der Nachteil aber quantifiziert werden kann und vom herrschenden Aktionär ausgeglichen wird[327]. Hierdurch wird jede dauerhaft schädigende Einflussnahme des herrschenden Unternehmens auf abhängige Gesellschaften im faktischen Konzern ausgeschlossen. Zusätzlich muss ein Funktionsbezug zwischen Herrschaft und Leitung gegeben sein[328].

Gemäß der ersten Alternative, wonach die Weitergabe von Informationen nicht nachteilig ist, hat die beherrschte Aktiengesellschaft die Möglichkeit, den Auskunftswünschen des beherrschenden Unternehmens nachzukommen und damit auch die Due Diligence zu gestatten, sofern der Verkauf im objektiven Interesse der Gesellschaft liegt und dementsprechend kein Nachteil droht. Zusätzlich kann der Vorstand des beherrschten Unternehmens aufgrund seiner Pflicht aus §§ 76, 93 AktG, die Interessen der Aktiengesellschaft zu berücksichtigen, sogar verpflichtet sein, die Transaktion zu ermöglichen[329]. Im objektiven Interesse der Gesellschaft liegt ein Verkauf, wenn ein Unternehmen, das mittelfristig nicht überlebensfähig ist, oder bereits am Rande des Konkurses steht, von einem anderen Unternehmen gekauft werden soll, das die Zukunft des Unternehmens zu sichern beabsichtigt[330]. Eine Pflicht zu Verweigerung besteht dann, wenn die Transaktion nicht im Interesse der Gesellschaft liegt[331].

Im Falle der zweiten Alternative, wonach die Informationsweitergabe zwar nachteilig ist, aber quantifiziert werden kann und vom herrschenden Aktionär ausgeglichen wird, stellt sich die Frage der Quantifizierbarkeit von Nachteilen. Ein Nachteil wird anzunehmen sein, wenn es sich um gemäß § 93 Abs. 1 S. 3 AktG geschützte Informationen handelt[332].

Eine Nachteilszufügung ist zulässig, wenn der durch die Informationserteilung entstehende Nachteil von der herrschenden Gesellschaft ausgeglichen werden kann und voraussichtlich auch wird. Grundsätzlich liegt der Nachteil in der negativen Auswirkung des Geschäfts oder der Maßnahme auf die Vermögens- oder Ertragslage der Gesellschaft[333]. Diese Vermögens- bzw. Ertragsminderung im

---

327 MünchKomm/Altmeppen, AktG, Bd. 5, § 311 428; Singhof, ZGR 2001, 146 (159).

328 Allgemeine Ansicht, Decher, ZHR 158 (1994), 473 (483); Hoffmann-Becking, 155, 167; KölnerKomm/Zöllner, AktG 1985, § 131 Rn. 69; Seifert, AG 1967, 1; Großkomm/Barz, AktG, 1975, §131 Anm. 27; Lutter, ZIP 1997, 613 (617).

329 Treek, in: Fikentscher-FS, 435 (450).

330 Treek, in: Fikentscher-FS, 435 (451).

331 Roschmann/Frey, AG 1996, 449 (452); Treek, in: Fikentscher-FS, 435 (450f.).

332 Lutter, Information und Vertraulichkeit, 50.

333 Krieger, in: Münchener HB d. Gesellschaftsrechts, § 69 Rn. 68ff.

Fall der Weitergabe von sensiblen Informationen festzustellen, dürfte sich als sehr schwierig erweisen[334].

Bei beiden Alternativen ist zusätzlich Voraussetzung, dass der Vorstand des abhängigen Unternehmens im faktischen Konzern das herrschende Unternehmen zum Zwecke der einheitlichen Konzernleitung umfassend informiert[335]. Die Informationsmöglichkeit der Aktiengesellschaft gegenüber dem herrschenden Unternehmen ist teleologisch an die Konzernleitungsfunktion gebunden[336]. Dies führt zu einer Pflicht des beherrschten Unternehmens, die Information nicht herauszugeben, wenn kein Funktionsbezug zu Herrschaft und Leitung erkennbar ist[337].

Im Ergebnis bildet § 311 AktG also eine Ausnahme zu § 131 AktG und ermöglicht damit eine Informationsweitergabe an das herrschende Unternehmen zwar nicht aufgrund seiner Aktionärsstellung, aber um dem herrschenden Unternehmen eine einheitliche Leitung zu ermöglichen[338]. Faktisch bedeutet dies, dass die einmal vom herrschenden Unternehmen erlangten Informationen ohne Zustimmung des Vorstands der abhängigen Gesellschaft zum Zwecke der Konzernleitung verwendet werden dürfen. Dieses Resultat entspricht dem zum notwendigen Funktionsbezug bei § 308 AktG Gesagten.

(ii) Maßnahmen der Konzernleitung

Zu beantworten ist anschließend die Frage, ob der Verkauf einer Beteiligung und die im Vorfeld durchzuführende Due Diligence als Konzernleitungsmaßnahme des herrschenden Unternehmens einzuordnen ist[339].

Nach *Lutter* soll im Falle des faktischen Konzerns – wie auch schon beim Vertragskonzern – der notwendige Funktionsbezug zwischen Information und Leitung nicht gegeben sein[340]. Auch *Treek* verweist auf seine Argumentation hinsichtlich der Lage im Vertragskonzern und stuft den Verkauf einer Beteiligung wiederum als Konzernleitungsmaßnahme ein mit der Begründung, auch hier beständen Rechte und Pflichten des herrschenden Unternehmens bis zur Beendi-

---

334 Lutter, ZIP 1997, 613 (618), Krömker, 131.

335 Lutter, ZIP 1997, 613 (617).

336 Mertens, AG 1997, 541 (543); Lutter, ZiP 1997, 613 (618); im Umkehrschluss auch Roschmann/Frey, AG 1996, 449 (454); Treek, in: Fikentscher-FS, 435 (449/450); Krieger, in: Münchener HB d. Gesellschaftsrechts, Bd. 4, § 69 Rn. 23; anderer Ansicht ist Kort, ZGR 1987, 40 (59/60).

337 Lutter, ZIP 1997, 613 (618).

338 Hüffer, AktG, § 131 Rn. 38; KölnerKomm/Zöllner, AktG, § 131 Rn. 69; Decher, ZHR 158 (1994), 473 (483); Großkomm/Hopt, AktG, § 93 Rn. 214.

339 Bejaht wurde dies für den Vertragskonzern, siehe hierzu unter D.VI.1.a.

340 Lutter, ZIP 1997, 613 (618).

gung des Konzernverhältnisses fort[341]. *Mertens* dagegen trennt ohne Begründung zwischen Zwecken der Konzernleitung und Verkaufszwecken[342]. Auch *Decher* stellt die scheinbar selbstverständliche Behauptung auf, dass Informationen, die zum Zwecke der Veräußerung durch die veräußerungswillige Muttergesellschaft gegeben werden, nicht zum Zwecke der Ausübung einheitlicher Konzernleitung erteilt werden[343].

In Hinblick auf das Ergebnis, aber nicht hinsichtlich seiner Begründung ist wie im Vertragskonzern auch im faktischen Konzern der Ansicht *Treeks* zu folgen. Auch im faktischen Konzern bezieht sich, wie *Lutter* es richtigerweise darlegt, die Veräußerung einer Beteiligung vorrangig auf die Vermögens- und Ertragsinteressen des Mutterunternehmens. Dies spricht – wie dargelegt – aber nicht gegen eine Einstufung der Veräußerung als Maßnahme der Konzernleitung. Insoweit kann die Argumentation hinsichtlich des Vertragskonzerns für den Bereich des faktischen Unternehmens übertragen werden.

Aber auch wenn man den Begriff der Konzernleitung im faktischen Konzern enger auslegen und nur auf die Leitung des beherrschten Unternehmens beziehen wollte, stellt sich der Verkauf als Leitungsmaßnahme dar. Schon begrifflich ist die Beendigung eines Konzernverhältnisses wie auch die Begründung und die Fortführung als auf das beherrschte Unternehmen bezogene Maßnahme einzustufen. Das Ergebnis ist, dass in der überwiegenden Anzahl der Fälle der erforderliche Funktionsbezug vorliegt und eine Weitergabe der Informationen und eine Gestattung einer Due Diligence aufgrund des § 311 AktG in Betracht kommt.

c. Verschwiegenheitspflichten des Vorstandes des beherrschten Unternehmens gemäß § 93 Abs. 1 S. 3 AktG

Zu prüfen ist, ob aufgrund des § 93 Abs. 1 S. 3 AktG der Vorstand der beherrschten Gesellschaft zur Verschwiegenheit gegenüber der herrschenden Gesellschaft verpflichtet ist. Es ist umstritten, ob § 93 Abs. 1 S. 3 AktG im Rahmen eines faktischen Konzerns nicht aufgrund der Anwendbarkeit der §§ 311ff. AktG durch § 318 Abs. 1 S. 1 AktG verdrängt wird oder, ob im Falle der Anwendbarkeit, die Haftung gemäß § 93 AktG durch § 318 AktG nicht zumindest modifiziert wird.

Nach § 318 Abs. 1 S. 1 AktG haften die Mitglieder des Vorstands der Gesellschaft neben den nach § 317 AktG Ersatzpflichtigen als Gesamtschuldner, wenn sie es unter Verletzung ihrer Pflichten unterlassen haben, das nachteilige Rechts-

341 Treek, in: Fikentscher-FS, 435 (449/450).
342 Mertens, AG 1997, 541 (543).
343 Decher, ZHR 158 (1994), 473 (488/489).

geschäft oder die nachteilige Maßnahme in dem Bericht über die Beziehungen der Gesellschaft zu verbundenen Unternehmen auszuführen oder anzugeben, dass die Gesellschaft durch das Rechtsgeschäft oder die Maßnahme benachteiligt wurde und der Nachteil nicht ausgeglichen worden war.

Hieraus schlussfolgert *Luchterhand*, dass § 318 AktG eine Sondervorschrift zur allgemeinen Haftungsnorm des § 93 AktG darstellt. Der Vorstand des abhängigen Unternehmens hafte im Falle der auf § 311 AktG beruhenden Einflussnahme nicht auf Erfüllung der Sorgfaltspflicht nach § 93 AktG, sondern nur auf Erfüllung der Berichtspflichten nach § 312 AktG[344]. Die ganz herrschende Meinung tritt dieser Ansicht jedoch entgegen und erklärt die §§ 76 Abs. 1, 93 AktG für grundsätzlich anwendbar[345]. Die Norm des § 318 AktG sei keine speziellere als die des § 93 AktG, da sie die Haftung des Vorstands im beherrschten Unternehmen nicht umfassend regele. Von einer solchen umfassenden Regelung könne nicht gesprochen werden, da eine reine Berichts- und Prüfungspflicht nur im Falle einer normativen und nicht lediglich faktischen Konzernleitungsmacht denkbar wäre, die es – wie oben festgestellt – nicht gibt[346]. In der Tat modifiziert wird die Anwendung des § 93 Abs. 1 S. 3 AktG durch § 318 AktG nur dahingehend, dass der Vorstand sich im Falle eines Nachteils grundsätzlich ohne sofortigen Ausgleich auf das Rechtsgeschäft oder die Maßnahme einlassen darf[347].

Demnach ist auch bei Vorliegen eines faktischen Konzerns im Rahmen der Auslegung der Verschwiegenheitspflicht gemäß § 93 Abs. 1 S. 3 AktG eine Abwägung zwischen den mit dem Aktienerwerb durch ein fremdes Unternehmen verbundenen Vorteile und den Risiken der Offenlegung vorzunehmen. Nach *Lutter* darf der Vorstand bei Vorliegen eines faktischen Konzerns nur die Bewertung durch neutrale Dritte gestatten, da dieses Vorgehen keine Nachteile in sich berge, und es als Restbestand von § 311 AktG auch außerhalb eines strikten Funktionsbezugs gesehen werden könne[348]. Dieser Standpunkt ist aus den bereits dargelegten Gründen[349] abzulehnen. Vielmehr steht auch dem Vorstand des beherrschten Unternehmens im faktischen Konzern der gesamte Handlungsspielraum zur Verfügung, den er im Rahmen seiner pflichtgemäßen Ermessensausübung im Rahmen der Auslegung der Verschwiegenheitspflicht des § 93 Abs. 1 S. 3 AktG gebrauchen darf.

---

344 Luchterhandt, ZHR 133 (1970), 1(12).

345 Hüffer, AktG, § 318 Rn. 9; KölnerKomm/Koppensteiner, AktG, § 318 Rn. 10; Geßler/Hefermehl/Kropff, § 318 Rn. 4; Strohn, 154, 167, 181ff.; Krieger, in: Münchner HB d. Gesellschaftsrechts, Bd. 4, AktG, § 69 Rn. 112; Krömker, 130.

346 Hüffer, § 318 Rn. 9.

347 Geßler/Hefermehl/Kropff, AktG, § 311 Rn. 58f.

348 Lutter, ZIP 1997, 613 (618).

349 Hierzu wird auf die Argumentation unter D.IV.3. verwiesen.

Liegt eine Transaktion, in deren Rahmen die Due Diligence durchgeführt werden soll, offensichtlich im Interesse des Unternehmens, ist der Vorstand aufgrund seiner allgemeinen Pflicht, im Interesse des Unternehmens zu handeln, gehalten, die Transaktion zu ermöglichen und somit auch Geheimnisse an das herrschende Unternehmen oder einen Kaufinteressent zu offenbaren, sofern es sich um eine Due Diligence mit den bereits aufgezeigten möglichen Vorkehrungen zur Risikominimierung handelt[350]. Überwiegt keine Seite, besteht weder ein Verbot noch ein Gebot zur Weitergabe der vertraulichen Informationen. Die Beurteilungen sind grundsätzlich dem Verfahren selbst zu entnehmen und beispielsweise danach zu entscheiden, ob der Erwerber sie als Wettbewerber oder als reiner Finanzinvestor erhält und wie kritisch die betreffenden Daten sind[351].

3. Ergebnis

Im Vertragskonzern kann die Konzernmutter die Gestattung der Due Diligence und die damit verbundene Offenlegung von Informationen aufgrund des Weisungsrechts gemäß § 308 Abs. 1 S. 1 AktG durchsetzen. Die Konzernleitung umfasst auch die Wahrung von Vermögensinteressen, die durch den Erwerb und die Veräußerung von Beteiligungen wahrgenommen werden. Das Vorliegen einer Weisung gemäß § 308 AktG schließt die Schweigepflicht des § 93 Abs. 1 S. 3 AktG aus.

Im faktischen Konzern hat das herrschende Unternehmen als Verkaufsinteressent mangels vergleichbarer Weisungsrechte keinen Anspruch, an die notwendigen Informationen zur Durchführung einer Due Diligence zu gelangen. Allerdings hat das beherrschte Unternehmen gemäß § 311 AktG die Befugnis, dem Aktionär und Mutterunternehmen eine Due Diligence zu gestatten. Das beherrschte Unternehmen entscheidet unter Berücksichtigung der sich aus § 311 AktG ergebenden Besonderheiten über die Informationsweitergabe zu Verkaufszwecken unter Abwägung aller relevanten Umstände gemäß § 93 Abs. 1 S. 3 AktG.

Die unterschiedliche Behandlung der beiden Konzernarten ergibt sich daraus, dass im Vertragskonzern aufgrund der rechtlich gesicherten Konzernleitung die Durchführung der Due Diligence im Gegensatz zu der Situation im faktischen Konzern auch gegen den Willen des beherrschten Unternehmens durchgeführt werden kann. Gemäß §§ 311ff. AktG kann dagegen im faktischen Konzern aufgrund der abgeschwächten Verantwortlichkeit des herrschenden Unternehmens

350 Treek, in: Fikentscher-FS, 435 (450).
351 Treek, in: Fikentscher-FS, 435 (452).

eine Due Diligence nur auf Befürworten des beherrschten Unternehmen hin durchgeführt werden.

VII. Auskunftsrecht der übrigen Aktionäre

Fraglich ist, ob der Vorstand eines Unternehmens Informationen, die er einem verkaufsinteressierten Aktionär im Rahmen der Due Diligence im Hinblick auf dessen Beteiligungsverkauf nach einer entsprechenden Abwägung in zulässiger Weise mitgeteilt hat, anschließend auch den übrigen Aktionären mitteilen muss.

1. Anspruch aus § 131 Abs. 4 S. 1 AktG

a. Tatbestand des § 131 Abs. 4 S. 1 AktG

Ist einem Aktionär wegen seiner Eigenschaft als Aktionär eine Auskunft außerhalb der Hauptversammlung gegeben worden, so ist sie gemäß § 131 Abs. 4 S. 1 AktG jedem anderen Aktionär auf dessen Verlangen in der Hauptversammlung zu geben, auch wenn sie zur sachgemäßen Beurteilung des Gegenstands der Tagesordnung nicht erforderlich ist.

Zweck dieser Regelung ist es, ein Informationsmonopol von Aktionären zu verhindern, die sich außerhalb der Hauptversammlung um Auskünfte bemühen und Antworten erhalten[352]. Dadurch soll die gleichmäßige Behandlung aller Aktionäre gewährleistet werden[353].

Voraussetzung für die erweiterte Auskunftspflicht des § 131 Abs. 4 S. 1 AktG ist es, dass einem Aktionär wegen seiner Eigenschaft als Aktionär Auskünfte durch eine der Aktiengesellschaft zurechenbare Geschäftsführungsmaßnahme außerhalb der Hauptversammlung erteilt wurden; der die Gleichbehandlung fordernde Aktionär muss anschließend in der Hauptversammlung die Erteilung dieser Auskunft verlangen[354]. Die begehrte Auskunft braucht nicht zur sachgemäßen Beurteilung des Gegenstandes der Tagesordnung erforderlich zu sein.

352 Hüffer, AktG, § 131 Rn. 36.

353 Hüffer, AktG, § 131 Rn. 36.

354 Allgemeine Ansicht, vergleiche KölnerKomm/Zöllner, AktG, § 131 Rn. 61ff.; Großkomm/Barz, AktG § 131 Anm. 27f.; Geßler/Hefermehl/Eckhardt, AktG, § 131 Rn. 142ff.

(i) Auskunftsrecht außerhalb der Hauptversammlung

Außerhalb der Hauptversammlung können Aktionäre dagegen nach überwiegender und überzeugender Ansicht in der Literatur Auskünfte gemäß § 131 Abs. 4 S. 1 AktG nicht fordern[355]. Nach *Eckardt* steht § 118 Abs. 1 AktG, wonach Aktionäre ihre Rechte in den Angelegenheiten der Gesellschaft in der Hauptversammlung ausüben, soweit das Gesetz nichts anderes bestimmt, dieser Annahme nicht entgegen, da die von § 118 Abs. 1 AktG abweichende Bestimmung nicht ausdrücklich getroffen sein müsse[356] und ein Verstoß gegen § 53a AktG vorliege, wenn anderen Aktionären die einem Aktionär außerhalb der Hauptversammlung erteilten Auskünfte vorenthalten würden[357]. *Lutter/Zöllner* halten die Frage zumindest für „zweifelhaft“[358]. Ein solches Auskunftsrecht kann aber nur aufgrund des Gleichbehandlungsgrundsatzes des § 53a AktG bestehen[359], nicht aber wegen des eindeutigen Wortlautes aus § 131 Abs. 4 S. 1 AktG, der das Auskunftsrecht in der Hauptversammlung begründet, gefolgert werden. Zusätzlich widerspricht § 118 Abs. 1 AktG dieser Auslegung des § 131 Abs. 4 S. 1 AktG; dieser legt fest, dass Aktionäre grundsätzlich ihre Rechte in den Angelegenheiten der Gesellschaft in der Hauptversammlung ausüben, soweit das Gesetz nicht anderes bestimmt. Eine solche andere Bestimmung ist aber nicht getroffen worden[360]. Daher ist die Auskunft erst in der Hauptversammlung zu erteilen, wodurch die gleichmäßige Behandlung nur teilweise erreicht wird[361].

(ii) Anwendbarkeit im Fall der Durchführung einer Due Diligence

Grundsätzlich ist § 131 Abs. 4 S. 1 AktG damit für den Fall, dass ein verkaufsinteressierter Aktionär zwecks Durchführung einer Due Diligence Informationen erhält und ein anderer Aktionär gleichfalls die Erteilung dieser Informationen verlangt, anwendbar: Erhält ein Aktionär im Wege der Due Diligence Informationen über das Unternehmen, dienen ihm diese gerade zur Ausübung seiner Rechte und zur Geltendmachung der Möglichkeit, seine Anteile zu vergrößern

355 Hüffer, AktG, § 131 Rn. 42; Duden, in: Caemmerer-FS, 499 (503); Hoffmann-Becking, in: Rowedder-FS, 155 (159); Wilde, ZGR 1998, 423 (462); Sethe, ZBB 2006, 243 (251).

356 Geßler/Hefermehl/Eckardt, AktG, § 118 Rn. 10.

357 Geßler/Hefermehl/Eckardt, AktG, § 131 Rn. 161ff.; in jüngerer Zeit auch Joussen, DB 1994, 2485 (2486).

358 KölnerKomm/Lutter/Zöllner, AktG, § 53a Rn. 74.

359 Hüffer, AktG, § 131 Rn. 42.

360 Duden, in: Caemmerer-FS, 499 (503).

361 Hüffer, AktG, § 131 Rn. 36; KölnerKomm/Zöllner, AktG, § 131 Rn. 60; Henn, AG 1985, 240 (248); Wilde, ZGR 1998, 423 (462).

oder zu verkaufen[362]. Dies gilt grundsätzlich unabhängig von der Größe der Beteiligung, also auch für einen Großaktionär[363]. Die Informationen werden ihm also wegen seiner Eigenschaft als Aktionär außerhalb der Hauptversammlung erteilt. Die Gestattung der Due Diligence und damit auch die anschließende Informationsweitergabe liegen im Zuständigkeitsbereich des Vorstands und werden ihm, unabhängig von deren Durchführung durch sonstige Angestellte, als Handeln zugerechnet[364]. Es liegt also eine Geschäftsführungsmaßnahme des Vorstands vor, die der Gesellschaft zugerechnet wird.

(iii) Frage eines Aktionärs nach der Durchführung einer Due Diligence

Aktionäre haben in der Hauptversammlung nicht die Möglichkeit zu erfragen, welchem Aktionär zu welchem Thema Auskünfte erteilt wurden[365]. Ein Verlangen, schlicht sämtliche außerhalb der Hauptversammlung erteilte Auskünfte, zu wiederholen, reicht nämlich nicht aus[366]. Eine solche „Stufenbefragung", in der ein Aktionär erst nach den Themen der erteilten Auskünfte oder Aktionären fragt, die Auskünfte erhielten, und anschließend die Wiederholung der Auskünfte selbst begehrt, und auf diese Weise zu „Zufallsfunden" gelangen könnte, wird nach überwiegender Ansicht in Literatur und Rechtsprechung als unzulässig betrachtet[367].

Nach einer Mindermeinung[368] soll ein Aktionär fragen können, ob einem anderen Aktionär in dieser Eigenschaft eine Auskunft erteilt worden ist, um Aktionären zu ermöglichen, sich auf § 131 Abs. 4 S. 1 AktG berufen zu können. Diese Ansicht ist abzulehnen, da nach der strengen Rechtsprechung der Aktionär die Darlegungs- und Beweislast für das Vorliegen der tatbestandlichen Voraussetzungen des § 131 Abs. 4 S. 1 AktG trägt[369] und die Auskunftserteilung an einen anderen Aktionär eine dieser Voraussetzungen ist[370]. Die Frage, ob eine Aus-

362 Vergleiche zu der Bedeutung der Auskunftsrechts Geßler/Hefermehl/Eckardt, AktG, § 131 Rn. 1.

363 Großkomm/Barz, AktG, § 131 Rn. 27.

364 Zu der Frage des Vorstands als zuständiges Organ für die Gestattung einer Due Diligence siehe unter D.V.7.a.

365 LG Frankfurt/Main, AG 1968, 24 (24); LG Düsseldorf, AG 1992, 461 (462).

366 Großkomm/Barz, AktG, § 131 Rn. 28.

367 Hüffer, AktG, § 131 Rn. 41; Hoffmann-Becking, in: Rowedder-FS, 155 (160); Geßler/Hefermehl/Eckardt, AktG, § 131 Rn. 153; Decher, ZHR 158 (1994), 473 (474), Peters, 32; Leuering/Simon, NJW-Special, 507 (508).

368 Semler, in: Münchener HB d. Gesellschaftsrechts, Bd. 4, § 37 Rn. 20;; Ebenroth, Auskunftsrecht, 103; Meilike/Heidel, DStR 1992, 113 (114).

369 LG Frankfurt, AG 1968, 24 (24); BGHZ 86, 1 (6f.); LG Düsseldorf, AG 1992, 461 (462).

370 Hoffmann-Becking, in: Rowedder-FS, 155 (160).

kunft an einen anderen Aktionär erteilt wurde, bestimmt sich dagegen nach § 131 Abs. 1 S.1 AktG, und muss daher nur beantwortet werden, wenn sie zur sachgemäßen Beurteilung des Gegenstands der Tagesordnung erforderlich ist. An dieser Voraussetzung wird die Beantwortung der Frage regelmäßig scheitern[371]. Somit kann ein Aktionär nicht allgemein nach der Durchführung einer Due Diligence und den in diesem Zusammenhang zur Verfügung gestellten Informationen fragen.

Der Aktionär muss vielmehr im Rahmen seines Verlangens entweder die Person des Aktionärs, der die Auskunft erhalten hat, oder den Auskunftsgegenstand angeben[372]. Mittels der üblicherweise verwendeten Due Diligence-Checklisten hat er jedoch die Möglichkeit, den Auskunftsgegenstand abzufragen, und auf diese Weise eine umfangreiche Informationserteilung in der Hauptversammlung auslösen[373]. Hieraus folgert *Treek*, dass es dem Vorstand nicht erlaubt ist, entsprechende vertrauliche Informationen einem Aktionär im Rahmen einer Due Diligence zur Verfügung zu stellen, da dies eine Auskunftspflicht gemäß § 131 Abs. 4 S. 1 AktG begründen könnte, und durch eine Mitteilung der betreffenden Informationen in der Hauptversammlung eine unüberschaubare Veröffentlichung verursacht würde[374].

b. Auskunftsverweigerungsrecht des Vorstands gemäß § 93 Abs. 1 S. 3 AktG

Eine andere Ansicht in der Literatur verneint die Möglichkeit eines Aktionärs, umfangreiche Informationen im Rahmen der Hauptversammlung abzufragen[375]. Sie verweist darauf, dass die dem verkaufsinteressierten Aktionär mitgeteilten Informationen nur aufgrund einer Abwägung im Rahmen des § 93 Abs. 1 S. 3 AktG mit dem Ergebnis, dass die Interessen an einer Informationsweitergabe überwiegen, weitergegeben werden dürfen. Die gleiche Abwägung sei auch bei der Weitergabe an weitere Aktionäre gemäß § 131 Abs. 4 S. 1 AktG vorzunehmen. Dies folge daraus, dass die Abwägung nur hinsichtlich eines individuellen Auskunftsverlangens eines Aktionärs und dessen ins Auge gefasster Transaktion unter Berücksichtigung der Umstände im jeweiligen Fall getroffen werde.

371 Hoffmann-Becking, in: Rowedder-FS, 155 (161); Geßler/Hefermehl/ Eckardt, AktG, § 131 Rn. 153; KölnerKomm/Zöllner, AktG, § 131 Rn. 74.

372 Großkomm/Barz, AktG, § 131 Anm. 28; LG Frankfurt, AktG, 1968, 24 (24); Treek, in: Fikentscher-FS, 435 (446).

373 Treek, in: Fikentscher-FS, 435 (446).

374 Treek, in: Fikentscher-FS, 435 (446f.).

375 Schroeder, DB 1997, 2161 (2165); Mertens, AG 1997, 541 (547); Angersbach, 97.

Dieser Meinung ist der Vorzug zugeben. Sie berücksichtigt stärker, dass § 131 Abs. 4 S. 1 AktG als Ausfluss des allgemeinen Grundsatzes der Gleichbehandlung aller Aktionäre zu sehen ist[376]. Dieser rechtfertigt keine voraussetzungslose öffentliche Wiederholung vertraulicher Auskünfte. Vielmehr enthält der Gleichbehandlungsgrundsatz eine Differenzierung nach sacherheblichen Gesichtspunkten[377].

Im Falle eines Auskunftsverlangens gemäß § 131 Abs. 4 AktG ist daher erneut eine Auskunftsverweigerungspflicht gemäß § 93 Abs. 1 S. 3 AktG zu prüfen, die in der Regel zum Nachteil der weiteren Aktionäre führen wird. Bezüglich der Weitergabe derselben Informationen in der Hauptversammlung werden meist keine vergleichbaren Vorteile wie im Falle der Informationserteilung gegenüber dem am Verkauf interessierten Aktionär bestehen; dafür werden die Gefahren überwiegen, die mit einer Verbreitung in der Öffentlichkeit einhergehen[378].

2. Gleichbehandlungsgebot des § 53a AktG

Eine Auskunftspflicht des Vorstands gegenüber den übrigen Aktionären folgt auch nicht aus dem Gleichbehandlungsgebot des § 53a AktG. Nach dieser Regelung sind Aktionäre unter gleichen Voraussetzungen gleich zu behandeln. § 53a AktG enthält daher sowohl das Gebot, Aktionäre unter gleichen Bedingungen gleich zu behandeln, und als auch das Verbot, Aktionäre ohne genügende sachliche Rechtfertigung und in diesem Sinne willkürlich unterschiedlich zu behandeln[379]. Das Gleichbehandlungsgebot richtet sich an die Aktiengesellschaft und nicht an die einzelnen Aktionäre, die untereinander das Gebot nicht berücksichtigen müssen[380]. Ein Verstoß gegen § 53a AktG liegt danach vor, wenn Aktionäre ungleich behandelt werden und die in der ungleichen Behandlung liegende Differenzierung nicht durch die tatsächlichen oder rechtlichen Verhältnisse gerechtfertigt ist[381].

---

376 Zu diesem Grundsatz vergleiche Hüffer, AktG, § 131 Rn. 42; Decher, ZHR 158 (1994), 473 (474); Hoffmann-Becking, in: Rowedder-FS, 155; Hemeling, ZHR 2005, 274 (288/289).

377 KölnerKomm/Zöllner, AktG, § 131 Rn. 60; Mertens, AG 1997, 541 (547).

378 Schroeder, DB 1997, 2161 (2165).

379 Allgemeine Ansicht, siehe zum Beispiel Hüffer, AktG, § 53a Rn. 4 und MünchKomm/Bungeroth, AktG, Bd. 1, § 53a Rn. 4.

380 Wiesner, in: Münchener HB d. Gesellschaftsrechts, Bd. 4, § 17 Rn. 11; Henn, AG 1985 (240 (241).

381 Wiesner, in: Münchener HB d. Gesellschaftsrechts, Bd. 4, § 17 Rn. 11; Hueck, Gleichmäßige Behandlung, 183; Hüffer, AktG, § 53 a Rn. 8ff.; Krömker, 124.

Lutter folgert hieraus, dass ein Vorstand, der – in dem von ihm einzig als zulässig angesehen Fall – eine Untersuchung durch neutrale sachverständige Dritte gestattet, die Ergebnisse dieser Bewertung allen Aktionären bekannt geben müsse, um die Gleichbehandlung sicherzustellen. Dies müsse sogar durch sofortige Maßnahmen erreicht werden; der Vorstand dürfe nicht wie bei § 131 Abs. 4 S. 1 AktG die nächste Hauptsammlung abwarten[382]. Dieser Ansatz kann aber nicht überzeugen. Ein Aktionär kann nur gemäß § 53a AktG verlangen, dass sein Auskunftsbegehren nach den gleichen Maßstäben beurteilt wird, wenn er seine Beteiligung verkaufen und im Rahmen dessen eine Due Diligence durchführen möchte[383]. Nach der zu bevorzugenden Ansicht muss der Vorstand zwischen dem Aktienveräußerer und Betreiber der Due Diligence und den übrigen Aktionären differenzieren[384]. Zwischen dem Aktionär auf der Hauptversammlung und dem verkaufsinteressierten Aktionär besteht ein sachlicher Unterschied. Die überwiegenden Unternehmensinteressen, welche die Weitergabe an den Ersten erlauben, dürften im Fall der Information in der Hauptversammlung gerade nicht vorliegen[385].

3. Verweigerungsrecht gemäß § 131 Abs. 3 S. 1 Nr. 5 AktG

Der Vorstand könnte auch sein Auskunftsverweigerungsrecht gemäß § 131 Abs. 3 S. 1 Nr. 5 AktG geltend machen. Danach darf ein Vorstand die Auskunft verweigern, soweit sich der Vorstand durch die Erteilung der Auskunft strafbar machen würde. § 131 Abs. 4 S. 2 AktG entzieht nach seinem eindeutigen Wortlauf dem Vorstand nur die Verweigerungsrechte gemäß § 131 Abs. 3 Nr. 1 – 4 AktG. Dies wird jedoch nicht an dieser Stelle, sondern im Kapitel zum Wertpapierhandelsgesetz im Zusammenhang mit anderen, sich dort ergebenden Fragestellungen behandelt[386].

4. Auskunftsrecht der übrigen Aktionäre im Konzern

Zu erörtern ist die Weitergabe der vertraulichen Informationen an weitere Aktionäre in verbundenen Unternehmen, falls einem Aktionär die verlangten Informa-

---

382 Lutter, ZIP 1997, 613 (618).

383 Mertens, AG 1997, 541 (547); Angersbach, 98.

384 Mertens, AG 1997, 541 (547); Schroeder, DB 1997, 2161 (2166); Linker/Zinger, NZG 2002, 497 (502).

385 Schroeder, DB 1997, 2161 (2166).

386 Siehe E.

tionen offen gelegt wurden. Hierbei kommt es wesentlich auf die Gestaltung der Rechtsbeziehung zwischen den Unternehmen an. Wenn der Grund für die Erteilung von Auskünften nicht in der Eigenschaft des Aktionärs liegt, sondern in einer davon zu unterscheidenden rechtlichen Beziehung zur Aktiengesellschaft, sind die tatbestandlichen Voraussetzungen des § 131 Abs. 4 S. 1 AktG nicht gegeben[387]. Dies soll im Folgenden unter Differenzierung zwischen dem Vertragskonzern und dem faktischen Konzern untersucht werden.

a. Im Vertragskonzern

Im Vertragskonzern ist § 131 Abs. 4 S. 1 AktG nach allgemeiner Ansicht nicht anwendbar[388]. Auskünfte, die der Vorstand des beherrschten Unternehmens an die Konzernmutter weitergibt, werden als leitungsbezogen eingestuft. Das heißt, es fehlt an der Voraussetzung der Aktionärseigenschaft[389]. Werden die Information vom herrschenden Unternehmen zum Zweck der Durchführung einer Due Diligence und daher zum Zweck der Veräußerung verlangt, ergibt sich keine andere Bewertung, da die Informationen auch in diesem Fall der Konzernleitung dienen[390]. Das Bestehen eines Beherrschungsvertrages schafft eine rechtliche Sonderbeziehung, die die Freistellung von § 131 Abs. 4 S. 1 AktG rechtfertigt[391].

b. Im faktischen Konzern

Im faktischen Konzern ist der Auskunftsanspruch gemäß § 131 Abs. 4 S. 1 AktG gleichfalls ausgeschlossen, wenn ein Unternehmensvertrag (§§ 291 Abs. 1 S. 1, 2. Fall, 292 AktG) besteht und die Auskunft in Bezug auf diesen Vertrag verlangt wird[392].

Umstritten ist dagegen, ob das Beherrschungsverhältnis gemäß § 311ff. AktG an sich eine rechtliche Beziehung darstellt, die die reine Aktionärseigenschaft in den Hintergrund treten lässt, so dass auch hier § 131 Abs. 4 S. 1 AktG keine Anwendung findet. Nach der herrschenden Meinung in der Literatur und der

---

387 Hoffmann-Becking, in: Rowedder-FS; 155 (166).

388 Hüffer, AktG, § 131 Rn. 38; Geßler/Hefermehl/Eckardt, AktG, § 131 Rn. 147; Decher, ZHR 158 (1994) 473 (493); Hoffmann-Becking, in: Rowedder-FS, 155 (167); Duden, in: Caemmerer-FS, 499 (504); Emmerich/Habersack/Emmerich, Aktien- und GmbH-Konzernrecht, § 308 Rn. 39.

389 Hüffer, AktG, § 131 Rn. 38; Emmerich/Habersack/Emmerich, Aktien- und GmbH-Konzernrecht, § 308 Rn. 39; Fleischer, ZRG 2009, 505 (537).

390 Siehe auch Decher, ZHR 158 (1994), 473 (488f).

391 Hoffmann-Becking, in: Rowedder-FS, 155 (167).

392 Hüffer, AktG, § 131 Rn. 38.

Auffassung des *Landgerichts Düsseldorf* besteht keine Auskunftspflicht des Vorstands, die gleichen Informationen in der Hauptversammlung an die anderen Aktionäre weiterzugeben[393].

Eine andere Ansicht[394] dagegen betont, dass hinsichtlich des Auskunftsrechts das herrschende Unternehmen innerhalb eines faktischen Konzerns keinen besonderen Rechtsstatus neben dem Status als Aktionär habe. § 311 AktG sehe nur einen Ausgleich der dem Unternehmen entstandenen Nachteile, nicht aber auch der den Aktionären durch Vorenthaltung der Auskünfte entstandenen Schäden vor[395].

Diese Ansicht kann nicht überzeugen. Das Gesetz regelt den faktischen Konzern und muss somit auch den Funktionsbedingungen einheitlicher Leitung Rechnung tragen[396]. Gemäß §§ 311ff. AktG hat jedes herrschende Unternehmen besondere Rechte und Pflichten, während solche den außenstehenden Aktionären nicht zustehen[397]. Eine einheitliche Leitung wäre ansonsten praktisch nicht durchführbar. Bewertet man die Stellung des herrschenden Unternehmens in Bezug auf seine leitende Funktion im Zielunternehmen, liegt ein sachlicher Unterschied zwischen dem herrschenden Unternehmen, dem die Informationen in seiner Funktion als konzernleitendes Unternehmen erteilt werden, und anderen Aktionären vor, der eine Ungleichbehandlung rechtfertigt[398]. Dies gilt unabhängig davon, wie man sich im Streit darüber, ob der Gesetzgeber den faktischen Konzern durch die Regelung der §§ 311ff. AktG anerkennt oder nur billigt, entscheidet[399]. Daher ist dieser überwiegenden Meinung zu folgen.

Im Falle der Durchführung einer Due Diligence liegt auch eine leitungsbezogene Informationserteilung vor. Nach *Decher*[400] rechtfertigt zusätzlich auch hier die Sonderbeziehung eine Ungleichbehandlung der Aktionäre, da der Kaufpreis für ein die Kontrolle vermittelndes Aktienpaket regelmäßig über dem Aktienkurs

---

393 LG Düsseldorf, AG 1992, 461; Hüffer, AktG, § 131 Rn. 38; Großkomm/Barz, AktG, § 131 Rn. 27; KölnerKomm/Zöllner, AktG, § 131 Anm. 69; Ebenroth, Auskunftsrecht des Aktionärs, 101; Kropff, DB 1967, 2204 (2205); Duden, Caemmerer-FS, 499 (505); Krieger, in: Münchener HB d. Gesellschaftsrechts, Bd. 4, § 69 Rn. 23; Emmerich/Habersack/Habersack, Aktien- und GmbH-Konzernrecht, § 312 Rn. 5; Fleischer, ZRG 2009, 505 (538).

394 Geßler/Hefermehl/Eckardt, AktG, § 131 Rn. 148; KölnerKomm/Koppensteiner, AktG, § 312 Rn. 5; Kort, ZGR 1987, 46 (60); Strohn, 189ff.

395 Geßler/Hefermehl/Eckardt, AktG, § 131 Rn. 148.

396 Hüffer, AktG, § 131 Rn. 38; Hoffmann-Becking, in: Rowedder-FS, 155 (167).

397 Decher, ZHR 158 (1994), 473 (484).

398 Roschmann/Frey, AG 1996, 449 (454); Mertens, AG 1997, 541 (543); Treek, in: Fikentscher-FS, 435 (450); Lutter, in: Schippel-FS, 455 (468); Decher, ZHR 158 (1994), 473 (484); Geßler/Hefermehl/Bungeroth, AktG, § 53a Rn. 17.

399 Decher, ZHR 158 (1994), 473 (483 f.).

400 Decher, ZHR 158 (1994), 473 (489).

oder sonst für einzelne Aktien zu erzielenden Preis liege: Eine Teilhabe an dem Paketzuschlag („premium“) stehe den anderen Aktionären auch nicht zu[401].

c. Bloße Abhängigkeit oder bloße Mehrheitsbeteiligung

Umstritten ist, ob Auskünfte an Aktionäre, die einen Mehrheitsbesitz im Sinne von § 16 AktG halten, aber ohne beherrschenden Einfluss sind oder für die die Vermutung des § 17 Abs. 2 AktG widerlegt ist, also Großaktionäre, ohne Vorliegen eines faktischen Konzernverhältnisses, von § 131 Abs. 4 S. 1 AktG erfasst werden. Überwiegend wird angenommen, dass § 131 Abs. 4 S. 1 AktG eingreift[402]. Eine andere, früher vertretene Ansicht, die Auskünfte an Großaktionäre vollständig wegen derer andersartigen Stellungen und Bedürfnisse von § 131 Abs. 4 S. 1 AktG ausnehmen möchte[403], ist mit dem Gesetz nicht vereinbar[404]. Die gesetzliche Regelung ist zwingend. Der Grossaktionär verzichtet im Falle der bloßen Abhängigkeit auf die einheitliche Leitung; daher gibt es keinen Grund, ihn anders zu behandeln als andere Aktionäre[405].

5. Ergebnis

Die Gestattung der Due Diligence zugunsten eines Aktionärs begründet gemäß § 131 Abs. 4 S. 1 AktG keine Pflicht des Vorstands, gegenüber den nicht am Verkauf interessierten Aktionären die gleichen Informationen über das Unternehmen offen zu legen. Aktionäre haben kein Recht, Auskünfte außerhalb der Hauptversammlung zu erhalten, und sie können in der Hauptversammlung auch nicht nach einer erfolgten Due Diligence fragen. Gemäß § 93 Abs. 4 S. 1 AktG und § 53a AktG ist im Einzelfall zu prüfen, ob hinsichtlich des weiteren Aktionärs dieselben Voraussetzungen, die eine Informationsweitergabe erlauben, vorliegen. Ist dies nicht der Fall, liegt eine sachgerechte Ungleichbehandlung der Aktionäre vor.

Im Konzern – unabhängig von der Unterscheidung zwischen Vertragskonzern oder faktischem Konzern – ergibt sich ebenfalls kein Auskunftsanspruch für außenstehende Aktionäre durch eine Informationsweitergabe des Vorstands des

---

401 Siehe hierzu Lutter, ZHR 153 (1989), 446 (462).

402 KölnerKomm/Zöllner, AktG, § 131 Rn. 68; Duden, in: Caemmerer-FS, 499 (507/508); Hoffmann-Becking, in: Rowedder-FS, 155 (168); Emmerich/Habersack/Habersack, Aktien- und GmbH-Konzernrecht, § 312 Rn. 5; Fleischer, ZGR 2009, 505 (538).

403 Boesebeck, AG 1963, 89 (92); Janberg, AG 1965, 191 (193).

404 Großkomm/Barz, AktG, § 131 Rn. 27.

405 Geßler/Hefermehl/Eckardt, AktG, § 131 Rn. 150; Kropff, DB 1967, 2204 (2205).

beherrschten Unternehmens an die Konzernmutter. § 131 Abs. 4 S. 1 AktG ist nicht anwendbar. Diese Informationen werden leitungsbezogen übergeben und nicht aufgrund der Aktionärseigenschaft. Deshalb ist im Hinblick auf die Sonderrechtsbeziehung eine Gleichbehandlung nicht gerechtfertigt.

VIII. Zusammenfassung

1. Ein am Erwerb interessierter Dritter hat keinerlei Auskunftsrechte gegen den Vorstand, die ihn in die Lage versetzen würden, eine Due Diligence durchzuführen.
   Auch ein Aktionär kann solche Auskunftsrechte weder auf §§ 242, 264 ff. HGB oder § 15 WpHG noch auf § 131 Abs. 1 AktG oder andere Rechtsgrundlagen stützen, um umfassende Auskünfte, die die Durchführung einer Due Diligence voraussetzt[406], zu erlangen. Zusätzlich wird sein aus § 131 Abs. 1 AktG resultierendes Auskunftsrecht durch die Verweigerungsrechte des Vorstandes gemäß §§ 131 Abs. 3 Nr. 1, 3 und 5 AktG zusätzlich eingeschränkt. Dem Aktionär ist es daher nicht möglich, dem potentiellen Käufer aus eigener Kraft die sensiblen Informationen über das Unternehmen zur Verfügung zu stellen. Gelangt ein Aktionär dennoch an die fraglichen Unternehmensinterna, darf er sie dem potentiellen Käufer gegenüber nicht offenlegen[407].
2. Die Informationen, die im Rahmen einer Due Diligence ausgehändigt werden, sind zumindest partiell Geheimnisse, zumindest aber vertrauliche Angaben. Daher fallen sie unter die gemäß § 93 Abs. 1 S. 3 AktG von jedem Vorstandsmitglied zu beachtende Geheimhaltungspflicht. Verstöße gegen diese werden gemäß § 404 Abs. 1 Nr. 1 AktG strafrechtlich und gemäß § 93 Abs. 2. AktG mit einer Schadensersatzpflicht sanktioniert. Eine Strafbarkeit der Vorstandsmitglieder gemäß § 404 AktG entfällt, wenn ein mehrheitlicher Beschluss über die Gestattung der Due Diligence durch den Gesamtvorstand vorliegt. Eine Schadenersatzpflicht gemäß § 93 Abs. 1 S. 3, Abs. 2 AktG wegen Verletzung der Geheimhaltungspflicht der Vorstandsmitglieder kommt in Betracht, wenn der Vorstand mit dieser Entscheidung den ihm zur Verfügung

406 So auch die herrschende Meinung, vergleiche Körber, NZG 2002, 263 (265); Peters, 35f; Eggenberger, 84. Anderer Ansicht ist Krömker (140 ff.), der zumindest für einen unternehmerisch beteiligten Großaktionär einen Anspruch gegen die Gesellschaft auf Unterstützung der vom Erwerbsinteressenten verlangten Due Diligence auf das allgemeine verbandsrechtliche Prinzip stützt, nachdem jedes Mitglied die Informationen erhalten soll, die es zur effektiven Ausübung seiner Mitgliedschaftsrechte benötigt.

407 Siehe hierzu auch die ausführliche Darstellung unter D.IV.

stehenden Ermessensspielraum überschreitet, so dass sie als schlechthin unvertretbares Handeln angesehen werden muss.

3. Der Vorstand darf eine Due Diligence gestatten, wenn die im Unternehmensinteresse mit dem Aktienerwerb verbundenen Vorteile die Risiken der Offenlegung der Informationen überwiegen. Hierbei sind strenge Grenzen gesetzt, deren Anforderungen aber nicht überspannt werden dürfen. Den Einklang mit den gesetzlichen Verschwiegenheitspflichten des § 93 Abs. 1 S. 3 AktG hat der Vorstand durch Abwägung der sich durch die Transaktion ergebender Vorteile mit den möglichen Gefahren, die sich bei der konkret anstehenden Due Diligence ergeben können, herzustellen. Wesentliche Entscheidungskriterien sind der Abschluss von Vertraulichkeitsvereinbarungen, die Erforderlichkeit der Due Diligence für die Durchführung der Transaktion und wirtschaftliche Interessen des Unternehmens an der Transaktion auf der einen Seite und die Person des Interessenten, die Sensibilität der offen zu legenden Informationen und die mangelnde Möglichkeit, Schäden zu revidieren, auf der anderen Seite.
   Um die Anforderungen, die an eine Due Diligence zu stellen sind, zu erfüllen, ist ein Plan zur schrittweisen Offenlegung von Informationen zu entwerfen, der die Voraussetzungen festlegt und die Maßnahmen zur optimalen Risikoreduzierung aufzeigt.
   Der Vorstand ist zuständig für die Freigabe von Informationen im Rahmen einer Due Diligence. Aufgrund der Tatsache, dass eine Due Diligence alle Ressorts berührt, und aufgrund der Wichtigkeit der Entscheidung obliegt die Beschlussfassung dem Gesamtvorstand. Falls Satzung oder Geschäftsordnung es vorsehen, ist eine Mehrheitsentscheidung möglich.
4. Im Vertragskonzern hat die Konzernmutter einen Anspruch auf Gestattung der Due Diligence und Offenlegung der benötigten Informationen aus § 308 Abs. 1 S. 1 AktG. Die Konzernleitung umfasst auch die Wahrung von Vermögensinteressen, die durch den Erwerb und die Veräußerung von Beteiligungen wahrgenommen werden. Das Vorliegen einer Weisung gemäß § 308 AktG schließt die Verschwiegenheitspflicht des § 93 Abs. 1 S. 3 AktG aus.
   Im faktischen Konzern hat das herrschende Unternehmen als Verkaufsinteressent mangels vergleichbarer Weisungsrechte keinen Anspruch, an die notwendigen Informationen zur Durchführung einer Due Diligence zu gelangen. Allerdings hat das beherrschte Unternehmen gemäß § 311 AktG die Befugnis, dem Aktionär und Mutterunternehmen eine Due Diligence zugestatten. Das beherrschte Unternehmen entscheidet unter Berücksichtigung der sich aus § 311 AktG ergebenden Besonderheiten über die Informationsweitergabe zu Verkaufszwecken unter Abwägung aller relevanten Umstände gemäß § 93 Abs. 1 S. 3 AktG.

Die unterschiedliche Behandlung der beiden Konzernarten ergibt sich daraus, dass im Vertragskonzern aufgrund der rechtlich gesicherten Konzernleitung die Durchführung der Due Diligence im Gegensatz zu der Situation im faktischen Konzern auch gegen dem Willen des beherrschten Unternehmens durchgeführt werden kann, während gemäß §§ 311ff. AktG aufgrund der abgeschwächten Verantwortlichkeit des herrschenden Unternehmens eine Due Diligence nur auf Befürworten des beherrschten Unternehmen hin möglich ist.

5. Ansprüche der anderen Aktionäre gemäß § 131 Abs. 4 S.1 AktG auf teilhabe an der Informationsweitergabe ergeben sich durch die Gestattung einer Due Diligence nicht, da auch hier die Verschwiegenheitspflicht des § 93 Abs. 1 S. 3 AktG im Einzelfall zu prüfen ist. Dies gilt sowohl im Rahmen eines Vertragskonzerns als auch faktischen Konzerns, falls die begehrten Informationen zum Zweck der Konzernleitung verlangt werden. Dies ist bei einer Beteiligungsveräußerung der Fall. Hier ist bereits die Anwendbarkeit des § 131 Abs. 4 S. 1 AktG zu verneinen.

E. Information und Geheimhaltung im Wertpapierhandelsgesetz

Nachdem festgestellt wurde, dass die Gestattung und Durchführung einer Due Diligence unter aktienrechtlichen Gesichtspunkten zulässig sein kann[408], wird im Folgenden zu untersuchen sein, ob selbiges auch unter wertpapierhandelsrechtlichen Aspekten gilt.

Maßgeblich hierfür ist das Wertpapierhandelsgesetz, welches durch das Gesetz zur Verbesserung des Anlegerschutzes (Anlegerschutzverbesserungsgesetz, AnlSVG)[409] geändert wurde. Das durch das AnlSVG geänderte WpHG sowie die zur Präzisierung desselbigen erlassene Wertpapierhandelsanzeige- und Insiderverzeichnisverordnung (WpAIV) dienen der Umsetzung der Marktmissbrauchsrichtlinie[410] sowie der mit dieser in Zusammenhang stehenden Durchführungsrichtlinien[411] und Durchführungsverordnungen[412] der Europäischen Kommission in deutsches Recht.

Zu den wichtigsten Regelungen des WpHG gehören unter anderem das Verbot so genannter Insidergeschäfte nach § 14 WpHG sowie die Ad-hoc-Publizi-

408 Vgl. dazu D.

409 BGBl. I 2004, 2630.

410 Richtlinie 2003/6/EG des Europäischen Parlaments und des Rates vom 28. Januar 2003 über Insidergeschäfte und Marktmanipulation (Marktmissbrauch), ABlEG Nr. L 96, 16 vom 12. April 2003.

411 Richtlinie 2003/124/EG der Kommission vom 22. Dezember 2003 zur Durchführung der Richtlinie 2003/6/EG des Europäischen Parlaments und des Rates betreffend die Begriffsbestimmung und Veröffentlichung von Insiderinformationen und die Begriffsbestimmung der Marktmanipulation, ABlEG Nr. L 339, 70 vom 24. Dezember 2003; Richtlinie 2003/125/EG der Kommission vom 22. Dezember 2003 zur Durchführung der Richtlinie 2003/6/EG des Europäischen Parlaments und des Rates in Bezug auf die sachgerechte Darbietung von Anlageempfehlungen und die Offenlegung von Interessenkonflikten, ABlEG Nr. L 339, 73 vom 24. Dezember 2003; Richtlinie 2004/72/EG der Kommisssion vom 29. April 2004 zur Durchführung der Richtlinie 2003/6/EG des Europäischen Parlaments und des Rates, zulässige Marktpraktiken, Definition von Insiderinformation in Bezug auf Warenderivate, Erstellung von Insiderverzeichnissen, Meldung von Eigengeschäften und Meldung verdächtiger Transaktionen, ABlEG Nr. L 162, 70 vom 30. April 2004.

412 Verordnung (EG) Nr. 2273/2003 der Kommission vom 22. Dezember 2003 zur Durchführung der Richtlinie 2003/6/EG des Europäischen Parlaments und des Rates, Ausnahmeregelungen für Rückkaufprogramme und Kursstabilisierungsmaßnahmen, ABlEG Nr. L 336, 33 vom 23. Dezember 2003.

tätspflicht des Emittenten nach § 15 WpHG, welche Verstößen gegen das Insiderhandelsverbot durch die Veröffentlichungspflicht die Grundlage nehmen soll.

Aus diesen Regelungen ergeben sich für die vorliegende Untersuchung folgende Fragen: Nachdem festgestellt worden sein wird, dass die Anwendbarkeit der Vorschriften des WpHG nicht durch die aktienrechtlichen Wertungen eingeschränkt wird (dazu unten unter I.), stellt sich zunächst die Frage, ob der Vorstand einer Aktiengesellschaft einem Anteilseigner oder einem potentiellen Erwerber im Rahmen einer Due-Diligence-Prüfung (Insider-) Informationen zukommen lassen darf (sog. Weitergabeverbot, § 14 Abs. 1 Nr. 2 WpHG, dazu unter II., dort auch zu der Folgefrage, ob der verkaufswillige Anteilseigner, der solche Informationen vom Vorstand erhalten hat, diese selbst an den potentiellen Erwerber weitergeben darf). Wenn die Informationserteilung nicht gegen das Weitergabeverbot verstößt, stellt sich die Folgefrage, ob der potentielle Erwerber die Anteile in Kenntnis dieser Informationen erwerben darf oder ob er nicht damit gegen das Verwendungsverbot des § 14 Abs. 1 Nr. 1 WpHG verstößt (dazu unter III.). Schließlich stellt sich noch die Frage, ob die Zulassung der Due Diligence und die aus ihrer Durchführung erlangten Informationen eine Ad-hoc-Publizitätspflicht nach § 15 Abs. 1 WpHG auslösen, und zwar ggf. sowohl auf Seiten des potentiellen Erwerberunternehmens als auch auf Seiten der Zielgesellschaft.

I. Anwendbarkeit des WpHG

Voraussetzung für einen Einfluss der wertpapierhandelsrechtlichen Vorschriften auf die Zulässigkeit einer Informationserteilung im Rahmen einer Due Diligence ist zunächst, dass diese Vorschriften uneingeschränkt neben den aktienrechtlichen Vorschriften anwendbar sind und nicht durch diese verdrängt werden. Für die hier in Rede stehenden Vorschriften des WpHG ist die uneingeschränkte Anwendbarkeit neben dem AktG letztlich zu bejahen. Das ergibt sich daraus, dass die maßgeblichen Vorschriften gänzlich andere Schutzrichtungen haben. So dienen die Geheimhaltungs- und Sorgfaltspflichten des § 93 Abs. 1 AktG dem Schutz der Gesellschaft.[413] Die kapitalmarktrechtlichen Verbote der Information Dritter dienen dagegen dem Schutz der Anleger und der Kapitalmärkte[414]. Aufgrund dieser unterschiedlichen Schutzrichtungen verdrängen sich die aktien- und

413 Hüffer, AktG, § 93 Rn. 1, 3, 6; Veil, ZHR 172 (2008), 239 (263).

414 Veil, ZHR 172 (2008), 239 (263), vgl. auch die Regierungsbegründung zum AnlSVG, BT-Drucks. 15/3174, 26 (26).

die wertpapierrechtlichen Informationsverbote nicht, vielmehr stehen sie unabhängig nebeneinander[415].

II. Zulässigkeit der Weitergabe der Insiderinformationen durch den Vorstand gemäß §§ 38 Abs. 1 Nr. 2, 39 Abs. 2 Nr. 3 i.V.m. § 14 Abs. 1 Nr. 2 WpHG

Nach § 14 Abs. 1 Nr. 2 WpHG ist es verboten, einem anderen eine Insiderinformation unbefugt mitzuteilen oder zugänglich zumachen („Weitergabeverbot"). Gemäß §§ 38 Abs. 1 Nr. 2, 39 Abs. 2 Nr. 3 WpHG wird ein Verstoß gegen diese Vorschrift mit Freiheitsstrafe bis zu fünf Jahren oder mit Geldstrafe geahndet. Dieses Weitergabeverbot hat den Zweck, die Anzahl der Personen, die Kenntnis der Insiderinformationen haben, möglichst gering zu halten[416]. Grund hierfür ist, dass die Gefahr des Insiderhandels und damit eine Störung des fairen Marktes umso geringer sind, je weniger Personen im Besitz von Insiderinformationen sind. Starre zahlenmäßige Grenzen können dabei nicht festgelegt werden, da bei umfangreichen und komplexen Transaktionen durchaus mehr als 100 Personen beteiligt sein und damit befugt zu Insidern werden können[417].

Zu untersuchen ist, ob gegen das Weitergabeverbot von Insiderinformationen gemäß §§ 38 Abs. 1 Nr. 2, 39 Abs. 2 Nr. 3 i.V.m. § 14 Abs. 1 Nr. 2 WpHG verstoßen wird, wenn der Vorstand einer Aktiengesellschaft im Rahmen der Due Diligence zum Zwecke des außerbörslichen Erwerbs von Insiderpapieren Informationen an den verkaufenden Aktionär beziehungsweise an den am Kauf interessierten Dritten weiter gibt. Daran schließt sich die Frage an, ob ein Aktionär die betreffenden Informationen an einen potentiellen Erwerber weitergeben kann und wie dieser Informationen im Anschluss zu behandeln hat.

1. Anwendbarkeit des Weitergabeverbots des § 14 Abs. 1 Nr. 2 WpHG

Zunächst müsste das Weitergabeverbot des § 14 Abs. 1 S.1 Nr. 2 WpHG auf den Pakethandel, die Veräußerung einer wesentlichen Beteiligung oder den Unternehmenskauf anwendbar sein.

415 So auch Veil, ZHR 172 (2008), 239 (263) m.w.N.

416 Schwark, Kapitalmarktrechts-Kommentar, § 14 Rn. 25; Assmann, ZGR 1994, 494 (520).

417 Süßmann, AG 1999, 162 (163).

Beim Pakethandel wird eine größere geschlossene Stückzahl von Wertpapieren außerhalb des organisierten Marktes und des außerbörslichen Interbankenhandels erworben oder veräußert[418].

Nach der Rechtslage vor Erlass des AnlSVG unterwarf die überwiegende Meinung in der Literatur den Pakethandel grundsätzlich den Insiderhandelsvorschriften[419]. Zur Begründung wurde angeführt, dass das deutsche Insiderrecht nicht nur den anonymen Marktteilnehmer, dessen Transaktion über die Börse oder über Kreditinstitute laufe, schütze[420]. Entscheidend sei vielmehr, dass eine Partei des Pakethandels versuche, Vorteile aus der Kenntnis einer Insiderinformation zu schlagen, was beim außerbörslichen Erwerb prinzipiell genau so möglich sei wie beim börslichen[421]. Ein Verstoß gegen das Insiderverbot sollte daher nur ausscheiden, wenn die konkrete Insidertatsache beiden Vertragsparteien bekannt war[422].

Schon vor Erlass des AnlSVG war dieser Ansicht Recht zu geben. In der Tat gab es keine gesetzliche Grundlage, nach welcher die außerbörslichen Transaktionen (Pakethandel, Unternehmenskauf) von dem Weitergabeverbot gemäß § 14 Abs. 1 Nr. 2 WpHG ausgeschlossen sein sollten. Dieses Ergebnis entsprach auch der Gesetzesbegründung, nach welcher der Pakethandel *regelmäßig* nicht unter den Insidertatbestand fallen sollte[423]. Von einem prinzipiellen Ausschluss des Pakethandels von dem Insidertatbestand war dagegen nicht die Rede. Vielmehr hatte der Gesetzgeber von der Ermächtigung gemäß Art. 2 Abs. 3 S. 2 der Insiderrichtlinie[424], wonach Geschäfte ohne Einschaltung eines Berufshändlers vom Insiderverbot ausgenommen werden konnten, gerade keinen Gebrauch gemacht[425]. Der hieraus zu ziehende Umkehrschluss ergab schon nach alter Rechtslage, dass die insiderrechtlichen Regeln des § 14 Abs. 1 S. 1 Nr. 2 WpHG

---

418 Kümpel, Bank- u. Kapitalmarktrecht, 16.169.

419 Hopt, ZGR 1991, 17 (44/45); Assmann/Schneider/Assmann/Cramer, WpHG, 3. Auflage, § 14 Rn. 29, Assmann, AG 1994, 237 (246 Fn. 184); Schmidt-Diemitz, DB 1996, 1809; Weimann, DStR 1998, 1556 (1560); BuB/Irmen, 7/729; Süßmann, AG 1999, 162 (171); Hölters/Semler, HB Unternehmens- und Beteiligungskauf, VI, Rn. 67; Peters, 56.

420 Assmann, AG 1994, 237 (246 Fn. 184); Assmann/Schneider/Assmann/Cramer, WpHG, 3. Auflage, § 14 Rn. 29.

421 Assmann/Schneider/Assmann/Cramer, WpHG, 3. Auflage, § 14 Rn. 29; Süßmann, AG 1999, 162 (171).

422 Assmann/Schneider/Assmann/Cramer, 3. Auflage, WpHG, § 14 Rn. 28; Assmann, AG 1994, 237 (246); Dickersbach, 180; Fürhoff, AG 1998, 83 (87).

423 Erläuterungen zu § 14 Abs. 1 Nr. 1 WpHG in BT-Drucksache 12/6679.

424 Richtlinie 89/592/EWG des Rates der Europäischen Gemeinschaften vom 13.11.1989 zur Koordinierung der Vorschriften betreffend Insidergeschäfte, Abl. EG Nr. L 334/30

425 Weimann, DStR 1998, 1556 (1560); Assmann/Schneider/Assmann/Cramer, WpHG, 3. Auflage, § 14 Rn. 28.

– vorbehaltlich des Vorliegens der tatbestandlichen Voraussetzungen im Einzelfall – grundsätzlich eingriffen und daher in jedem Einzelfall zu prüfen waren.

Nach In-Kraft-Treten des AnlSVG ist dieses Ergebnis noch eindeutiger geworden. Das dem nationalen Gesetzgeber in der Insiderrichtlinie[426] noch durch Art. 2 Abs. 3 eingeräumte Wahlrecht, außerbörsliche Geschäfte von den Insiderverboten auszunehmen, wurde in der Marktmissbrauchsrichtlinie nämlich nicht übernommen[427]. Eine Herausnahme derartiger außerbörslicher Geschäfte aus dem Anwendungsbereich der Insiderverbote bliebe daher hinter dem von der Marktmissbrauchsrichtlinie nunmehr geforderten Schutzniveau zurück und wäre insoweit europarechtswidrig. Da der Gesetzgeber die Problematik ausweislich der Regierungsbegründung zum WpHG offenbar kannte[428], muss angesichts dessen, dass das Wahlrecht weggefallen ist und die Regierungsbegründung zum AnlSVG sich hierzu nicht äußert[429], davon ausgegangen werden, dass die Insiderverbote auch für den außerbörslichen Paketerwerb gelten[430].

Die Erwägungen zum Pakethandel lassen sich entsprechend auf die Veräußerung einer Mehrheitsbeteiligung und den Unternehmenskauf übertragen. Es ist daher zu prüfen, ob die Weitergabe von Informationen im Rahmen der Due Diligence den Tatbestand des Weitergabeverbotes gemäß § 14 Abs. 1 S. 1 Nr. 2 WpHG erfüllt[431], Nachfolgend sollen die dabei zu beachtenden Aspekte erörtert werden.

2. Insiderpapier i.S.d. § 12 WpHG

Nach der Legaldefinition des § 12 WpHG sind Insiderpapiere Finanzinstrumente, die an einer inländischen Börse zum Handel zugelassen oder in den regulierten Markt oder in den Freiverkehr einbezogen sind (Nr. 1), die in einem anderen Mitgliedstaat der EU oder einem anderen Vertragsstaat des Abkommens über den Europäischen Wirtschaftsraum zum Handel an einem organisierten Markt

426 Richtlinie des Rates vom 13. November 1989 zur Koordinierung der Vorschriften betreffend Insider-Geschäfte, RiLi 89/592/EWG, ABlEG Nr. L 334, 30 vom 18. November 1989.

427 Vgl. Art. 9 Abs. 1 a. E. der Marktmissbrauchsrichtlinie.

428 Erläuterungen zu § 14 Abs. 1 Nr. 1 WpHG in BT-Drucksache 12/6679.

429 BT-Drucks. 15/3174, S. 26 ff.

430 So ausdrücklich zur Rechtslage nach Erlass des AnlSVG auch Hasselbach, NZG 2004, 1087 (1088); dies voraussetzend auch Diekmann/Sustmann, NZG 2004, 929 (931) sowie Ziemons, NZG 2004, 537 (539).

431 Die Ausnahme des § 14 Abs. 2 WpHG, wonach der Handel mit eigenen Aktien im Rahmen von Rückkaufprogrammen und Maßnahmen zur Stabilisierung des Preises von Finanzinstrumenten keinen Verstoß gegen die Verbote des Abs. 1 darstellt, soweit diese den hierzu ergangenen europarechtlichen Vorgaben entsprechen, spielt für die vorliegenden Konstellationen keine Rolle.

zugelassen sind (Nr. 2) oder deren Preis unmittelbar oder mittelbar von Finanzinstrumenten nach Nr. 1 oder 2 abhängt. Dies können Aktien, Zertifikate, die Aktien vertreten, Schuldverschreibungen, Genussscheine, Optionsscheine und solche Wertpapiere, die mit Aktien oder Schuldverschreibungen vergleichbar sind, sein[432]. Nach der Erweiterung durch das AnlSVG können nunmehr auch Warenderivate sowie solche Finanzinstrumente, deren Preis zwar von einem börsenzugelassenen oder in den Freiverkehr einbezogenen Finanzinstrument abhängt, die selbst aber nicht börsenzugelassen sind, darunter fallen[433]. Demzufolge kommt ein Verstoß gegen § 14 Abs. 1 S. 1 Nr. 1 WpHG in Betracht, wenn die Aktien der Aktiengesellschaft, die im Rahmen der Transaktion veräußert werden sollen, entweder börsennotiert oder in den Freiverkehr oder einen organisierten Markt in der EU oder im EWR einbezogen sind bzw. selbiges zumindest angekündigt oder öffentlich beantragt ist (zu letzterem vgl. § 12 S. 2 WpHG).

3. Insider

Die Insiderhandelsverbote des § 14 WpHG knüpfen allein an die Innehabung von Insiderinformationen an. Die Unterscheidung zwischen Primär- und Sekundärinsider spielt nur auf der Rechtsfolgenseite eine Rolle[434]. Diese Unterscheidung spielt für die vorliegende Untersuchung jedoch keine Rolle, weshalb nicht näher darauf eingegangen werden soll. Da der potentielle Erwerber bei der Durchführung einer Due Diligence in aller Regel an „sensiblen" Daten des Unternehmens interessiert sein wird, bei denen es sich nahezu immer zugleich um Insider-Informationen i.S.d. § 13 WpHG handeln wird, ist die Weitergabe – so sie nicht befugt i.S.d. § 14 Abs. 1 Nr. 2 WpHG erfolgt – durch den Vorstand an den potentiellen Erwerber im Rahmen der Due Diligence grundsätzlich vom Weitergabeverbot des § 14 Abs.1 Nr. 2 WpHG erfasst. Dasselbe gilt für die Weitergabe durch den Vorstand an den Aktionär sowie diejenige durch den Aktionär an den potentiellen Erwerber. Erlangt der potentielle Erwerber nunmehr Insiderinformationen aus der Due Diligence, unterliegt er allein deshalb ebenfalls den Insiderhandelsverboten.

---

432 Zur Megede, in: HB d. Kapitalanlagerechts, § 12 Rn. 19f..

433 Ziemons, NZG 2004, S. 537 (538).

434 So macht sich der (nunmehr nach § 38 Abs. 1 WpHG zu bestimmende) Primärinsider strafbar, wenn er unbefugt eine Insiderinformation mitteilt oder zugänglich macht oder auf Grundlage einer Insiderinformation den Erwerb oder die Veräußerung eines Insiderpapiers empfiehlt oder auf sonstige Weise dazu verleitet, während ein derartige Verhaltensweisen für den Sekundärinsider wegen des geringeren Unrechtsgehalts lediglich Ordnungswidrigkeiten darstellen.

4. Insiderinformation i.S.d. § 13 Abs. 1 WpHG

Eine Insiderinformation ist nach der Legaldefinition des § 13 Abs. 1 S. 1 WpHG eine konkrete Information über nicht öffentlich bekannte Umstände, die sich auf einen oder mehrere Emittenten von Insiderpapieren oder auf die Insiderpapiere selbst beziehen und die geeignet sind, im Falle ihres öffentlichen Bekanntwerdens den Börsen- oder Marktpreis der Insiderpapiere erheblich zu beeinflussen. Nach S. 3 gelten als Umstände i.S.d. S. 1 auch solche, bei denen mit hinreichender Wahrscheinlichkeit davon ausgegangen werden kann, dass sie in Zukunft eintreten werden. S. 4 der Vorschrift nennt Regelbeispiele für das Vorliegen von Insiderinformationen.

Eine Tatsache ist öffentlich bekannt, wenn sie entweder gemäß § 15 WpHG veröffentlicht ist oder Marktteilnehmer (zum Beispiel) über allgemein zugängliche Informationssysteme („Bereichsöffentlichkeit“) Kenntnis haben können[435]. Die Eignung zur Kursbeeinflussung ist nach § 13 Abs. 1 S. 2 WpHG gegeben, wenn ein verständiger Anleger die Information bei einer Anlageentscheidung berücksichtigen würde. Die zur Rechtslage vor Erlass des AnlSVG vertretene Ansicht, wonach für die Beurteilung der Kursrelevanz auf feste Schwellenwerte abgestellt werden sollte, hat sich durch die Neufassung überholt[436]. Zu Insiderinformationen gehören unter anderem Informationen über Umsatz und Ertrag, Bezugsrechtsausschlüsse, Mitteilungen über Dividenden- oder Kapitalerhöhungen und Übernahmeangebote[437].

Da der potentielle Erwerber typischerweise Interesse an wesentlichen Risiken und wertbildenden Faktoren des Unternehmens hat, enthalten die Informationen, die im Rahmen einer Due Diligence offen gelegt werden, – abhängig von dem jeweiligen Schwerpunkt, Umfang und Zielrichtung der Prüfung – in aller Regel auch Insiderinformationen[438].

Die Frage, ob schon die Gestattung der Due Diligence durch den Vorstand der „Zielgesellschaft“ eine Insiderinformation i.S.d. § 13 Abs. 1 WpHG darstellt, soll nicht an dieser Stelle, sondern im Kapitel zur Due Diligence und der Ad-

---

435 Von Megede, in: HB d. Kapitalanlagerechts, § 14 Rn. 24.

436 BT-Drucks. 15/3174, 26 (34); Brandi/Süßmann, AG 2004, 642 (642).

437 Claussen, DB 1994, 27 (30); Roschmann/Frey, AG 1996, 449 (453); Traugott, BB 2001, 2277 (2281); Peters, 50.

438 Ziegler, DStR 2000, 249 (253); Roschmann/Frey, AG 1996, 449 (453); Schröder, DB 1997, 2161 (2164); Körber, NZG 2002, 263 (267); Kiethe, NZG 1999, 976 (980); Eggenberger, 295; Krömker, 65; Peters 50f. So auch Linker/Zinger, NZG 2002, (500); Rödder/Hötzel/Mueller-Thuns, § 3 Rn. 83 und Ziemons, AG 1999, 492 (497) mit dem weiteren Hinweis darauf, dass in der Regel die Insiderinformationen des § 13 Abs. 1 WpHG den Unternehmensgeheimnisses im Sinne des § 93 Abs. 1 AktG entsprechen.

hoc-Publizität näher beleuchtet werden[439], da die Unterscheidung zwischen dem Begriff der Insidertatsache und der nach früherer Rechtslage enger gefassten Teilmenge der publizitätspflichtigen Ad-hoc-Tatsachen gemäß § 15 Abs. 1 WpHG weitgehend weggefallen ist[440]. Im Ergebnis ist festzuhalten, dass nach vorherrschender Ansicht die Einstufung der Gestattung der der Due Diligence als Insiderinformation abgelehnt wird, wenn auch mit unterschiedlicher Begründung[441].

5. Mangelnde Befugnis zur Weitergabe

Die zentrale Frage bei der Prüfung des § 14 Abs. 1 S. 1 Nr. 2 WpHG ist die, ob im Rahmen der Due Diligence weiter gegebene Insiderinformationen „unbefugt“ weitergegeben werden.

a. Einordnung als Verbrechens- oder Tatbestandsmerkmal

Es stellt sich zunächst die Frage, ob der Begriff „unbefugt“ als allgemeines Verbrechensmerkmal oder als tatbestandsbegrenzendes Merkmal einzustufen ist[442]. Die Bedeutung der Unterscheidung liegt darin, dass im Falle eines allgemeinen Verbrechensmerkmals das Weitergabeverbot nur bei Vorliegen von Rechtsfertigungsgründen entfiele[443]. Nach der den Vorzug zu gebenden allgemeinen Ansicht handelt es sich bei dem Begriff um ein Tatbestandsmerkmal[444]. Diese Annahme wird zum einen auf die Gesetzessystematik gestützt: Die Tatsache, dass der Begriff der Befugnis lediglich in § 14 Abs. 1 Nr. 2 und nicht in §§ 14 Abs. 1 Nr. 1 und 3 zu finden ist, spricht dafür, dass ihm eine eigenständige Bedeutung

439 Siehe unter E.IV.

440 Brandi/Süßmann, AG 2004642 (648); Grimme/v. Butlar, WM 2003, 901 (906).

441 Sethe, ZBB 2006, 243 (247) sieht mangels Drittbezug schon den Begriff der Insidertatsache nicht erfüllt. Brandi/Süßmann, AG 2004, 642 (655) verneinen das Vorliegen einer Insidertatsache mit dem Hinweis, dass noch keine hinreichende Wahrscheinlichkeit des Eintritts gegeben ist.

442 Schäfer/Schäfer, WpHG, § 14 Rn. 19.

443 Schäfer/Schäfer, WpHG, § 14 Rn. 19; Assmann/Schneider/Assmann, WpHG, § 14 Rn. 72; Götz, DB 1995, 1949 (1849); Schneider/Singhof, FS Kraft, IV.1.a).

444 Assmann/Schneider/Assmann, WpHG, § 14 Rn. 72; Süßmann, AG 1999, 162 (163); Caspari, ZGR 1994, 530 (545); Götz, DB 1995, 1949 (1949); Kümpel, Bank- u. Kapitalmarktrecht, Rn. 14.194; Schmidt-Diemitz, DB 1996, 1809 (1810); Roschmann/Frey, AG 1996, 449 (453); Schäfer/Schäfer, WpHG, § 14 Rn. 19; Schneider/Singhof, FS Kraft, 585 (588); Eggenberger, 315; Krömker, 65; Marsch-Barner/Schäfer, HB AG, § 13 Rn. 46.

zukommt[445]. Zum anderen widerspricht die Annahme eines allgemeinen Verbrechensmerkmals der Gesetzesbegründung[446], die feststellt, dass unter bestimmten Bedingungen eine befugte Mitteilung von Insidertatsachen vorliegt, ohne hierfür das Vorliegen von Rechtsfertigungsgründen zu verlangen.

b. Auslegung des Tatbestandsmerkmals „unbefugt"

Fraglich ist nach wie vor, wie der Begriff „unbefugt" auszulegen ist[447].

(i) Bisher vertretene Ansichten

Die Auslegung des Tatbestandsmerkmals der Befugnis stand vor Erlass des Anlegerschutzverbesserungsgesetzes im Mittelpunkt der Diskussion in Wissenschaft und Praxis. Aufgrund der Tatsache, dass die gesetzlichen Vorschriften zum Insiderhandel die EG-Insiderrichtlinie in nationales Recht umsetzten[448] und in Anbetracht der Gesetzesbegründung, welche Art. 3 lit a) der EG-Insiderrichtlinie fast wörtlich zitierte, wurde diese Vorschrift als Konkretisierungshilfe[449] herangezogen. Nach dieser war Weitergabe von Insidertatsachen als befugt anzusehen, wenn Insider sie

> *„... in einem normalen Rahmen in Ausübung ihrer Arbeit oder ihres Berufs oder in Erfüllung ihrer Aufgaben..."*

vornahmen. Im Bemühen, den verwendeten Begriff des „normalen Rahmens" näher zu erläutern, vertraten einige Autoren die Auffassung, eine ordnungsgemäße Aufgabenerfüllung sei als normal zu betrachten; als Begründung wurde der Wortlaut der EG-Richtlinie herangezogen[450]. Diese Definition hilft jedoch bei der Beantwortung der Frage, wann eine Informationsweitergabe als befugt einzustufen ist, nicht. Hieraus ergibt sich nur die Folgefrage, wann eine Aufgabenerfüllung als ordnungsgemäß einzustufen ist. Das Gleiche gilt für die Annahme, unter der normalen Aufgabenerfüllung sei die „übliche" zu verstehen, da hieraus auch die Frage resultiert, wann denn die Aufgabenerfüllung üblich ist. Weil es

---

445 Schäfer/Schäfer, WpHG, § 14 Rn. 19, Götz, DB 1995, 1949 (1949).

446 BT-Drucksache 12/6679, 47; Schäfer/Schäfer, WpHG, § 14 Rn. 19.

447 Bankrechtshandbuch/Hopt, § 107 Rn. 58 und Assmann/Scheider/Assmann, WpHG, § 14 Rn. 73f. sehen im Begriff „unbefugt" das Erfordernis einer teleologische Auslegung, im Rahmen derer die Interessenabwägung stattfindet.

448 Kiethe, NZG 1999, 976 (980); Schröder, DB 1997, 2161 (2164); Ziegler, DStR 2000, 249 (253).

449 Diese wurde durch das Wertpapierhandelsgesetz in deutsches Recht umgesetzt, Abl. EG Nr. L 334/30 vom 18.11.1989.

450 Götz, DB 1995, 1949 (1950); Schmidt-Diemitz, DB 1996, 1809 (1810).

sich um ein relativ neues Gesetz handelte, war die Frage der Üblichkeit schwierig zu beurteilen[451]; denn ein Verhalten, das vor Erlass des Insiderrechts üblich war, musste im Hinblick auf die Zielsetzungen der Gesetzgebung neu beurteilt werden[452]. Die Einstufung einer Informationsweitergabe als befugt muss sich an der Rechtfertigung der Maßnahme und nicht der Häufigkeit ihrer Durchführung orientieren. Daher ist festzuhalten, dass der Begriff „normal" auch nicht mit „üblich" gleichzusetzen ist[453].

Häufig wurde die Frage, ob eine Informationsweitergabe als befugt einzustufen war, auch danach beurteilt, ob der Informationsempfänger einer gesetzlichen oder vertraglichen Schweigepflicht unterlag. Eine Ansicht forderte eine Verschwiegenheitspflicht, die zusätzlich zu der aufgrund § 14 Abs. 1 S. 1 Nr. 2 WpHG bestehenden vereinbart wurde bzw. aufgrund anderer gesetzlicher Vorschriften bestand[454]. Insbesondere sollte sich der Käufer ausdrücklich dazu verpflichten, die erhaltenen Informationen nicht offen zu legen, was durch vereinbarte Sanktionen im Falle von Verstößen gegen dieses Verbot abgesichert werden sollte[455]. Dagegen verwies eine andere Meinung darauf, dass das Vorliegen der gesetzlichen Verschwiegenheitspflicht gemäß § 14 Abs. 1 S. 1 Nr. 2 WpHG ausreichend sei[456]. Jedenfalls insofern ist durch das AnlSVG klargestellt worden, dass eine solche vertragliche Verschwiegenheitspflicht nicht vorauszusetzen ist, da das Gesetz nunmehr gesetzliche und vertragliche Verschwiegenheitspflichten gleichstellt.

Die meisten Autoren griffen für die Auslegung des Begriffs des „normalen Rahmens" auf eine Interessenabwägung zurück. Ausgangspunkt war folgender: Der Kreis der Insider dürfe (nach den Zielen des Insiderrechts) nicht weiter als zur Ausübung von Beruf, Tätigkeit oder Aufgabe im üblichen Rahmen erforderlich gezogen werden[457]. Es sei danach zu fragen, ob die Weitergabe sachlich gerechtfertigt und bei Abwägung der schutzwürdigen Interessen an einer solchen Weitergabe mit den durch Ausdehnung des Insiderkreises entstehenden Risiken

---

451 Assmann/Schneider/Assmann/Cramer, WpHG, 3. Auflage, § 14 Rn. 48a.

452 Assmann/Schneider/Assmann/Cramer, WpHG, 3. Auflage, § 14 Rn. 48a; ders., AG 1997, 50 (55).

453 Assmann, AG 1997, 50 (55); BuB/Irmen, 7/735.

454 Götz, DB 1995, 1949 (1950); Eggenberger, 318; Müller, NJW 2000, 3452 (3456); Roschmann/Frey, AG 1996, 449 (454) unter Bezugnahme auf die Praxis der Bundesanstalt für Finanzdienstleistungsaufsicht.

455 Eggenberger, 318.

456 Assmann/Schneider/Assmann/Cramer, WpHG, 3. Auflage, § 14 Rn. 48b; Schmidt-Diemitz, DB 1996, 1809 (1810); Assmann, AG 1997, 50 (55).

457 Assmann, AG 1997, 50 (55); Assmann/Schneider/Assmann/Cramer, WpHG, 3. Auflage, § 14 Rn. 48a; BuB/Irmen, 7/735.

hinnehmbar[458] sei. Im Rahmen einer solchen Abwägung waren nach herrschender Meinung in der Literatur auf der einen Seite die bereits erwähnten Ziele des Insiderrechts (u. a. Beschränkung der Insiderzahl auf ein Minimum[459]) und auf der anderen Seite die Folgen eines weitgehenden Weitergabeverbots, nämlich die Einschränkung der Funktionsfähigkeit verschiedener rechtlicher und wirtschaftlicher Institutionen zu berücksichtigen[460].

Nach der überwiegenden Ansicht in der Literatur hat insoweit nicht nur der veräußernde Aktionär im Hinblick auf die Erzielung eines bestmöglichen Preises und vorvertraglicher Aufklärungspflichten, sondern auch das Unternehmen selbst grundsätzlich ein berechtigtes Interesse daran, dass der Erwerber von Mehrheitsbeteiligungen und erst recht des gesamten Unternehmens über die Lage des Unternehmens in jeder Hinsicht informiert wird[461]. Könne man nämlich wesentliche Beteiligungen nur nach öffentlich zugänglichen Informationen beurteilen, würde sich dies negativ auf deren Preise und wohl auch auf den Wert der Aktien der Gesellschaft allgemein auswirken[462]. Nur durch Offenlegung der Kerndaten eines Unternehmens können spätere Auseinandersetzungen des Mehrheitsaktionärs mit der Unternehmensleitung oder Maßnahmen, mit der enttäuschte Erwartungen korrigiert werden sollen, vermieden werden[463]. Aufgrund der Reduzierung auf Paketverkäufe liege – wie bereits dargelegt – darin kein Sondervorteil der Informationsempfänger auf Kosten anderer Anleger[464]. Der Käufer habe ein besonderes Interesse daran, Unternehmensinterna seines Kaufobjektes zu erfahren. Es dürfe keine Rolle spielen, dass der über die Information Verfügende nicht mit dem Veräußerer identisch sei. Auf der anderen Seite seien die Risiken, die mit einer Weitergabe der Insidertatsachen verbunden ist, aufgrund der Strafandrohung vergleichsweise gering[465].

Nach *Roschmann/Frey* dagegen war das Merkmal „befugt" teleologisch zu reduzieren, da der Schutzzweck des WpHG, nämlich die Funktionsfähigkeit des Wettbewerbs und die Interessen der Anleger, nicht tangiert werde[466]. Hierüber

---

458 Assmann/Schneider/Assmann/Cramer, WpHG, 3. Auflage, § 14 Rn. 48d; Semler/Volhard/Marsch-Barner, Unternehmensübernahmen, § 7 Rn. 132.

459 So auch Kiem, M&A Review 1996, 425 (427).

460 Assmann/Schneider/Assmann/Cramer, WpHG, 3. Auflage, § 14 Rn. 48; Assmann, AG 1997, 50 (55); BuB/Irmen, 7/735; Meincke, WM 1998, 749 (756).

461 Assmann, AG 1997, 50 (56); Assmann/Schneider/Assmann/Cramer, WpHG, 3. Auflage, § 14 Rn. 88b.

462 Süßmann, AG 1999. 162 (169); Kiethe, NZG 1999, 976 (980).

463 Assmann/Schneider/Assmann/Cramer, WpHG, 3. Auflage, § 14 Rn. 88b.

464 Siehe unten unter E.II.5.f.iv.

465 Siehe oben E.II.5.e.

466 Roschmann/Frey, AG 1996, 449 (453).

wurde letztlich ohne Vornahme einer Interessenabwägung dasselbe Ergebnis mit ähnlicher Argumentation erreicht.

Gemeinsam war allen diesen Argumentationen, dass die Weitergabe von Insiderinformationen im Rahmen einer Due Diligence durchaus – wenngleich nicht immer – zulässig sein konnte.

(ii) Änderungen durch das Anlegerschutzverbesserungsgesetz

Durch das AnlSVG sollte an der bisherigen Auslegung des Begriffs der Befugnis nichts geändert werden. Das ergibt sich zumindest mittelbar aus der Gesetzesbegründung, in der es zu § 14 Abs. 1 Nr. 2 ausführt, dass dieser auf Artikel 3 der Marktmissbrauchsrichtlinie beruhe und der Verbotstatbestand um die Handlungsalternative des „Verleitens" ergänzt worden sei.[467] Da sich außer der Einfügung des Verleitens auch der Wortlaut nicht geändert hat, hätte es schon eindeutigerer Worte des Gesetzgebers bedurft, hätte er eine Änderung der bisherigen Auslegung gewollt.

(iii) Das Urteil des EuGH in der Sache Groongard und Bang

Fraglich ist jedoch, ob die bisherige Auslegung vor dem Hintergrund der Entscheidung des EuGH[468] in der Sache Groongard/Bang vs. den Staat Dänemark aufrechterhalten werden kann.

In dem Fall hatte ein Arbeitnehmervertreter, der als solches Mitglied in einem Unternehmensorgan einer dänischen Bank war, Insiderinformationen an den Vorsitzenden der Gewerkschaft weiter gegeben, die ihn entsandt hatte. Bei der weiter gegebenen Insiderinformation handelte es sich um die beabsichtigte Durchführung einer Fusion mit einer anderen Bank. Der EuGH hatte zu entscheiden, ob eine derartige Weitergabe einer Insiderinformation mit Art. 3 a) der Richtlinie 89/592/EWG[469] vereinbar war. Hintergrund war, dass die dänischen Gerichte *Groongard* und *Bang* strafrechtlich verurteilt hatten, wogegen diese sich wendeten.

Der EuGH hat dazu zunächst ausgeführt, dass die Ausnahme vom allgemeinen Verbot einer Weitergabe von Insiderinformationen im Interesse der praktischen Wirksamkeit der Insiderrichtlinie eng auszulegen sei[470]. Daher dürften die

467 BT-Drucks. 15/3174, 34.

468 EuGH, Urteil vom 22. 11.2005, Az.: C-384/02.

469 Auch wenn es sich insoweit um die Bestimmungen des Vorläufers der Marktmissbrauchsrichtlinie handelt, ist die Entscheidung auf die aktuelle Gesetzes- bzw. Richtlinienlage übertragbar, da sich der entsprechende Passus nicht geändert hat.

470 EuGH, Urteil vom 22. 11.2005, Az.: C-384/02, Rn. 27.

nationalen Gerichte Ausnahmen von diesem Verbot nur anerkennen, wenn erstens ein enger Zusammenhang zwischen der Weitergabe und der Ausübung der Tätigkeit oder des Berufs oder der Erfüllung der Aufgaben der betreffenden Person bestünde und zweitens die Weitergabe für die Ausübung der Tätigkeit oder des Berufs oder die Erfüllung der Aufgaben dieser Person **„unerlässlich“** sei. Um festzustellen, ob eine Weitergabe in einem bestimmten Fall gerechtfertigt sei, sei außerdem die Sensibilität der fraglichen Insiderinformation zu berücksichtigen. Besondere Vorsicht sei insoweit geboten, wenn es sich um die Weitergabe von Insiderinformationen handele, die offensichtlich geeignet seien, den Kurs der betreffenden Wertpapiere spürbar zu beeinflussen. Ferner sei zu berücksichtigen, dass sich mit jeder Weitergabe die Gefahr vergrößere, dass die Insiderinformationen mit einem der Richtlinie 89/592/EWG zuwiderlaufenden Zweck ausgenutzt würden[471]. Allerdings sei die in Art. 3 a) der Richtlinie 89/592/EWG vorgesehene Ausnahme auch unter Berücksichtigung des anwendbaren nationalen Rechts zu beurteilen. Ob etwas in einem normalen Rahmen in Ausübung einer Arbeit, eines Berufes oder in Erfüllung einer Aufgabe bestehe, bestimme sich in Ermangelung der Harmionisierung in diesem Bereich nämlich weitgehend nach den nationalen Vorschriften. Bei der Auslegung der nationalen Vorschriften seien dann aber die oben genannten Punkte zu berücksichtigen[472].

Zusammengefasst stellt sich das Prüfungsprogramm nach der Sicht des EuGH also wie folgt dar:

Es muss 1. ein enger Zusammenhang zwischen der Weitergabe und der Ausübung der Arbeit, des Berufes oder der Erfüllung der Aufgaben der betreffenden Person bestehen und 2. muss die Weitergabe für die Ausübung dieser Arbeit, dieses Berufes oder die Erfüllung dieser Aufgaben unerlässlich sein[473].

Im Rahmen seiner Prüfung muss das nationale Gericht im Lichte der anwendbaren nationalen Vorschriften dann insbesondere Folgendem Rechnung tragen: 1. dem Umstand, dass die Ausnahme vom Verbot der Weitergabe von Insiderinformationen eng auszulegen ist; 2. dem Umstand, dass jede zusätzliche Weitergabe die Gefahr vergrößern kann, dass diese Information mit einem der Richtlinie 89/592/EWG zuwiderlaufenden Zweck ausgenutzt wird und 3. der Sensibilität der Insiderinformation[474].

471 EuGH, Urteil vom 22. 11.2005, Az.: C-384/02, Rn. 33-38, wobei ferner klargestellt wurde, dass der EuGH Insiderinformationen über eine Fusion zweier börsennotierter Unternehmen in der Regel von besonderer Sensibilität sind.

472 EuGH, Urteil vom 22. 11.2005, Az.: C-384/02, Rn. 39-40.

473 So auch Bankrechtshandbuch/Hopt, § 107 Rn. 58; Fleischer, ZGR 2009, 505 (526).

474 EuGH, Urteil vom 22. 11.2005, Az.: C-384/02, Leitsatz 1.

(iv) Auswirkungen auf die bisherige Praxis

Es stellt sich die Frage, wann nunmehr die Weitergabe von Insidertatsachen im Rahmen der Durchführung einer Due Diligence als zulässig eingestuft werden kann. Zweifelsohne ist eine solche Weitergabe als Ausnahme vom Verbot der Weitergabe von Insiderinformationen eng auszulegen und steht unter dem Gebot der Verhältnismäßigkeit[475]. Gibt der Vorstand Informationen im Rahmen einer Due Diligence weiter, findet dies im normalen Rahmen in Ausübung seiner Aufgaben statt. Der erforderliche enge Zusammenhang liegt vor. In Angesicht der heutigen Praxis, in der Unternehmenskäufe ohne eine vorausgegangene Due Diligence nahezu undenkbar sind[476], erscheint es als angemessen, eine solche im Rahmen eines Paketverkaufs als unerlässlich einzustufen, sobald eine entsprechende Interessenlage an der anvisierten Transaktion besteht[477]. Ob das Interesse der Gesellschaft an der Ermöglichung des Paketverkaufs das Interesse derselben an der Geheimhaltung in einem Maße überwiegt, dass man von einer Unerlässlichkeit sprechen könnte, kann nur im Rahmen einer individuellen Interessenabwägung in der jeweiligen Fallkonstellation beurteilt werden. Eine bloße Zweckmäßigkeitserwägung reicht nicht aus[478]. Eine Meinung möchte das Überwiegen der Interessen an der Durchführung einer Due Diligence als immer dann bejahen, wenn eine bedeutende Beteiligung in Höhe von 3% der Anteile an der Gesellschaft in Frage steht[479], andere wollen erst ab 5% die notwendige wesentliche Beteiligung bejahen[480]. Auch ohne dass diese Frage, ab welchem Umfang die Insiderinformationen zugänglich gemacht werden dürfen, abschließend geklärt ist, können diese Werte im Rahmen der Interessenabwägung herangezogen werden.

Zu achten ist weiterhin auf die Einhaltung der Vertraulichkeit nach § 15 Abs. 1 S. 4 WpHG[481].

Festzuhalten bleibt damit, dass auch nach den von dem Europäischen Gerichtshof in der Sache Groongard und Bang vorgegebenen Auslegungshinweisen die Gestattung der Due Diligence bei Paket- und Kontrollerwerben grundsätzlich insiderrechtlich zulässig ist[482]

475 Bankrechtshandbuch/Hopt, § 107 Rn. 58;

476 Zur wesentlichen Bedeutung der Due Diligence auch Fromm-Russenschuck/Banerjea, BB 2004, 2425 (2425); Assmann/Schneider/Assmann, WpHG, § 14 Rn. 164.

477 So auch Brandi/Süßmann, AG 2004, 642 (647).

478 Veil, ZHR 172 (2008), 239 (256); Sethe, ZBB 2006, 243 (251).

479 Assmann/Schneider/Assmann, WpHG, § 14 Rn. 168.

480 Hasselbach, NZG 2004, 1087 (1089); wohl auch Brandi/Süßmann, AG 2004, 642 (648).

481 Bankrechtshandbuch/Hopt, § 107 Rn. 61; BaFin, Emittentenleitfaden, Ziff. III.2.2.2.1, 41.

482 Bankrechtshandbuch/Hopt, § 107 Rn. 61; Marsch-Barner/Schäfer, HB AG, § 13 Rn. 46; Assmann/Schneider/Assmann, WpHG, § 14 Rn. 92/164; im Ergebnis auch Sethe, ZBB2006, 243 (252).

6. Ergebnis

Der Pakethandel, der die Veräußerung einer wesentlichen Beteiligung oder eines gesamten Unternehmens umfasst, unterfällt grundsätzlich den Insider-handelsvorschriften. Die Weitergabe von Informationen durch den Vorstand an einen potentiellen Erwerber im Rahmen der Due Diligence ist grundsätzlich vom Weitergabeverbot des § 14 Abs. 1 Nr. 2 WpHG erfasst.

Im Rahmen der Auslegung des Tatbestandsmerkmals der Befugnis in § 14 Abs 1 Nr. 2 WpHG wird eine Abwägung zwischen den Interessen an Informationsweitergabe und den Interessen an Geheimhaltung der Gesellschaft vorgenommen. Durch das Anlegerschutzverbesserungsgesetz gab es diesbezüglich im Verhältnis zur früheren Rechtslage keine Änderungen.

Durch die jüngste Rechtssprechung des EuGH wurde klargestellt, dass eine Weitergabe von Insiderinformationen nur dann als befugt angesehen werden kann, wenn die Interessenabwägung zu dem Ergebnis kommt, dass die Informationsweitergabe unerlässlich ist.

III. Zulässigkeit des Erwerbs der Anteile durch den Erwerber in Kenntnis der Insiderinformationen gemäß §§ 38 Abs. 1 Nr. 1 i.V.m § 14 Abs. 1 Nr. 1 WpHG

Hat der potentielle Erwerber im Rahmen der Due Diligence befugt Insiderinformationen erhalten, stellt sich die – nachfolgend zu untersuchende – Folgefrage, ob und ggf. wie er diese Informationen beim Anteilserwerb für sich nutzbar machen kann, ohne selbst gegen Insiderhandelsverbote zu verstoßen. Die zentrale Frage hierbei ist, ob schon der Erwerb der Anteile in bloßer Kenntnis der Insiderinformationen ein verbotenes „Verwenden" i.S.d. § 14 Abs. 1 Nr. 1 WpHG n.F. ist. Die Frage ist vor allem deshalb zentral, weil der Begriff des Verwendens in § 14 Abs. 1 Nr. 1 WpHG erst mit der Neufassung des WpHG durch das AnlSVG eingeführt wurde und den bis dahin verwendeten Begriff des „Ausnutzens" ersetzt. Zur alten Rechtslage wurde insoweit nahezu[483] einhellig vertreten, dass der

483 Weimann (in DStR 1998, 1556 (1560) erwog, dass schon ein aufgrund negativer Insidertatsachen erreichter niedriger Kaufpreis nicht mehr als Gegenstand des ursprünglichen Kaufplans zu werten gewesen sei. Dieser Gedanke ist jedoch abzulehnen: Der Erwerbsplan eines Interessenten bezieht sich zu Beginn einer Transaktion zwar auf einen bestimmten Kaufpreis. Dieser wird aber erst im Rahmen der Vertragsverhandlungen bestätigt oder angepaßt. So sind in Letters of Intent festgelegte Kaufpreise stets „subject to further due diligence". Es erscheint naheliegend anzunehmen, dass ein Interessent immer die Absicht haben wird, Anteile möglichst günstig zu erwerben beziehungsweise zumindest in ausgewogenem Verhältnis zu den durch die Due Dili-

Paket- oder Unternehmenserwerb nach durchgeführter Due Diligence kein Ausnutzen war, wenn sich der Erwerb als Umsetzung vorher getroffener unternehmerischer Entscheidungen und Pläne darstellte[484]. Als Begründung wurde angeführt, dass es am Ausnutzen der Kenntnis von der Insidertatsache fehlte, weil Motiv für den Erwerb nicht die Insiderinformation, sondern eben die zuvor getroffene Kaufentscheidung gewesen sei[485]. Die „positiven" Ergebnisse der Due Diligence führten nur dazu, dass die Entscheidung zum Kauf nicht wieder verworfen worden sei[486].

Ob diese Ansicht nach neuer Rechtslage noch aufrechterhalten werden kann, erscheint fraglich. Die Regierungsbegründung[487] führt hierzu aus, dass der Begriff des Ausnutzens in der Vergangenheit zu erheblichen Schwierigkeiten bei der Beweisführung geführt habe, da er als zweckgerichtetes Handeln zu verstehen gewesen sei. Darüber hinaus sei das „Ausnutzen" auch als Alleinstellungsmerkmal interpretiert worden, was beim Hinzutreten weiterer – dem „Täter" oft kaum zu widerlegender – Motive, zur Straflosigkeit geführt habe. Mit dem Begriff des „Verwendens" sei nun deutlich, dass ein solch subjektiv ausgerichtetes Handeln nicht mehr erforderlich sei. Der Zweck des Handelns sei nur noch auf der Rechtsfolgenebene von Bedeutung. Dem Wortlaut nach scheint der Tatbestand also nunmehr auch jedes Handeln in Kenntnis einer Insiderinformation zu erfassen[488]. Demnach wäre auch der hier in Rede stehende Anteilserwerb in Kenntnis der Insiderinformationen nach § 14 Abs. 1 Nr. 1 WpHG verboten. Die insoweit gemachte Einschränkung in der Regierungsbegründung, dass die reine Erfüllung einer Verbindlichkeit, welche in gleicher Weise auch ohne Kenntnis der Insiderinformation erfolgt wäre, nicht ausreicht, sondern der Täter die Information in sein Handeln mit einfließen lassen müsse, um den Tatbestand zu erfüllen[489], hilft für die Beantwortung der vorliegenden Frage kaum weiter. Es ist nämlich kaum vorstellbar, dass die Ergebnisse der Due Diligence, die gerade dem Zweck dient, die Annahmen der zuvor getroffenen Kaufentscheidung zu verifizieren, gar nicht in das Handeln des Erwerbers einfließen[490]. Diese mögliche

---

gence gewonnenen Erkenntnissen. Gelingt es ihm aufgrund mitgeteilter Insidertatsachen, den am Anfang von Vertragsverhandlungen geforderten Kaufpreis zu drücken, oder ist eine solche Anpassung aufgrund der gewonnenen Erkenntnisse gar erforderlich, befindet sich dies im Rahmen seines ursprünglichen Erwerbsplans.

484 Vgl. dazu Koch, DB 2005, 267 (269); Diekmann/Sustmann, NZG 2004, 929 (931); Merkner/Sustmann, NZG 2005, 729 (732), jeweils m.w.N.

485 Merkner/Sustmann, NZG 2005, 729 (732), Koch, DB 2005, 267 (269).

486 Koch, DB 2005, 267 (269).

487 BT-Drucks. 15/3174, 34.

488 Koch, DB 2005, 267 (269).

489 BT-Drucks. 15/3174, 34.

490 Merkner/Sustmann, NZG 2005, 729 (732).

Auslegung – welche die Durchführung von Due Diligence-Prüfungen jedenfalls für börsennotierte Gesellschaften nahezu unmöglich machen würde, wird durch die Erwägungsgründe der Marktmissbrauchsrichtlinie und das Gesetzgebungsverfahren hierzu noch gestützt. Laut Erwägungsgrund 29 der Marktmissbrauchsrichtlinie liegt nämlich kein Insidergeschäft vor, wenn die Insiderinformationen zum Zweck der Abgabe eines auf Kontrollerwerbs gerichteten Übernahmeangebots oder zum Zweck eines Vorschlags zum Zusammenschluss ausgetauscht werden. Für nichtöffentliche Übernahmen fehlt eine solche Ausnahme, weshalb man im Umkehrschluss annehmen könnte, derartige nichtöffentliche Erwerbe stellten Insidergeschäfte dar. Dafür spricht auch, dass der Vorschlag des Europäischen Parlaments, eine Ausnahme für die Verwendung von Insiderinformationen im Zuge von Übernahmen vorzusehen, vom Rat mit der Begründung abgelehnt wurde, diese sei ja bereits in Erwägungsgrund 29 enthalten[491].

Wie bereits erwähnt, muss mit Blick auf die veränderte Gesetzeslage die bisherige Praxis der Due Diligence-Prüfung im Rahmen von Unternehmens- und Paketkäufen neu überdacht werden. In der Literatur wird die Frage kontrovers beurteilt (dazu nachfolgend unter 4.). Einigkeit besteht jedoch darüber, dass in den folgenden drei Konstellationen kein Verstoß gegen das Verwendungsverbot besteht.

1. Erfüllung einer vor Erhalt der Insiderinformation eingegangenen Verbindlichkeit

Nach Art. 2 Abs. 3 der Marktmissbrauchsrichtlinie fallen Geschäfte, die getätigt werden, um eine vor Erhalt der Insiderinformation vertraglich eingegangene Verpflichtung zum Erwerb oder zur Veräußerung von Finanzinstrumenten zu erfüllen, nicht unter das Insiderhandelsverbot. Im AnlSVG ist diese Ausnahme zwar nicht ausdrücklich umgesetzt worden[492], die Gesetzesbegründung führt hierzu jedoch aus, dass die Ausnahme im Begriff des Verwendens enthalten sei und die reine Erfüllung einer vor Erhalt der Insiderinformation eingegangenen Verbindlichkeit nicht ausreichend sei[493]. Wie jedoch erwähnt, ist diese Ausnahme wenig hilfreich, da die im Zuge der Due Diligence erhaltenen Insiderinformation in aller Regel zumindest mit in das Handeln des Erwerbers einfließen dürften[494].

491 Vgl. die Nachweise bei Ziemons, NZG 2004, 537 (539).

492 Kritisch hierzu Ziemons, NZG 2004, 537 (539).

493 BT-Drucks. 15/3174, 34.

494 Diekmann/Sustmann, NZG 2004, 929 (931)

2. Face-to-face-Geschäfte

Ausgenommen vom Verbot der Insidergeschäfte sind auch sog. face-to-face-Geschäfte[495]. In diesem Fall verfügen Veräußerer und Erwerber bei einer Transaktion über den selben Kenntnisstand im Hinblick auf etwaige Insiderinformationen[496]. Diese Ausnahme ergibt sich zwar weder direkt aus dem WpHG oder der Marktmissbrauchsrichtlinie. Solche Geschäfte unterfallen aber deshalb nicht dem Verwendungsverbot, weil durch sie der Schutzzweck des WpHG nicht tangiert wird. Das ergibt sich nämlich aus Erwägungsgrund 13 der Marktmissbrauchsrichtlinie und aus Erwägungsgrund 3 in deren Vorgängerin, der Insiderrichtlinie[497], die insoweit als Auslegungshilfen herangezogen werden können. Danach dient das Insiderrecht dem Schutz des Vertrauens der Öffentlichkeit in die Integrität und Funktionsfähigkeit des Kapitalmarkts[498]. Die Funktionsfähigkeit ist aber nicht betroffen, wenn keiner der Marktteilnehmer gegenüber anderen durch Exklusiv- (bzw. Insider-)informationen privilegiert wird, mithin keinen Wissensvorsprung hat. An einem solchen Wissensvorsprung fehlt es bei face-to-face-Geschäften, da der gleiche Kenntnisstand gerade Definitionsmerkmal dieser Geschäfte ist[499].

Für die vorliegende Untersuchung heißt das, dass der potentielle Erwerber die im Rahmen der Due Diligence erlangten Insiderinformationen dann in kapitalmarktrechtlich zulässigerweise Weise verwenden darf, wenn der Veräußerer auf dem gleichen Kenntnisstand ist wie der Erwerber. Das ist zum einen der Fall, wenn der veräußerungswillige Aktionär selbst die Due Diligence durchgeführt hat und diese Informationen befugt an den Erwerber weitergibt und zum anderen dann, wenn der Erwerber sie durchführt und entweder er oder der Emittent die Informationen dem Veräußerer zukommen lässt.

Von dieser Ausnahme gibt es allerdings eine Rückausnahme: Ein strafbares Verwenden liegt nämlich dann wieder vor, wenn der Erwerber – z.B. aufgrund positiver Informationen aus der Due Diligence – seinen ursprünglichen Plan

495 Koch, DB 2005, 267 (269); Merkner/Sustmann, NZG 2005, S. 729/732; Brandi/Süßmann, AG 2004, 642 (645); Marsch-Barner/Schäfer, HB AG, § 13 Rn. 39; so auch kürzlich der EuGH, NZG 2010, 107 Rn. 48; Cascante/Bingel, NZG 2010, 161 (163).

496 Cascante/Bingel, AG 2009, 894 (900).

497 Richtlinie 89/592/EWG.

498 So auch die deutsche Regierungsbegründung zum AnlSVG, BT-Drucks. 15/3174, 26.

499 Brandi/Süßmann, AG 2004, 642 (645); Merkner/Sustmann, NZG 2005, 729 (732); Cascante/Bingel, AG 2009, 894 (901).

nachträglich erweitert und mehr Anteile erwirbt (alongside purchases), da dem Markt insoweit die erforderliche Transparenz vorenthalten wird[500].

3. Öffentliche Übernahmen

Erwägungsgrund 29 der Marktmissbrauchsrichtlinie stellt klar, dass auch die Verwendung von Insiderinformationen bei öffentlichen Übernahmeangeboten mit dem Ziel eines Kontrollerwerbs oder eines Zusammenschlusses keine verbotenen Insidergeschäfte sein sollen[501]. Da den Erwägungsgründen jedoch keine Gesetzesqualität zukommt, können sie nur – aber auch immerhin – als Auslegungshilfe herangezogen werden. Auf nationaler Ebene äußern sich weder das neue WpHG noch die Gesetzesbegründung zum AnlSVG zu der Frage, ob diese „Ausnahme" in das deutsche Recht übernommen werden soll. Das Schrifttum geht – soweit es überhaupt darauf eingeht – ohne weiteres davon aus[502]. Für diese Auslegung spricht, dass der Gesetzgeber mit dem AnlSVG die Marktmissbrauchsrichtlinie umsetzen wollte[503]. Dass das deutsche Umsetzungsgesetz letztlich strenger als die Richtlinie sein soll, ergibt sich aus der Gesetzesbegründung dagegen nicht. Das scheint letztlich auch die Ansicht der BaFin zu sein[504]. Nach ihrer Ansicht enthält Erwägungsgrund 29 der Marktmissbrauchsrichtlinie zwar keine Ausnahmebe-stimmung und auch keine Bereichsausnahme. Ziel des Erwägungsgrundes sei vielmehr, den Informationsaustausch zwischen Bietergesellschaft und Emittent und die Durchführung von Übernahmeverfahren nach Maßgabe der EU-Übernahmerichtlinie[505] nicht durch die Harmonisierung des Insiderrechts zu beeinträchtigen. Im Ergebnis habe sich aber, so die BaFin, an der

---

500 Hasselbach, NZG 2004, 1087 (1091); Hemeling, ZHR 169 (2005), 274 (285); Schneider, DB 2005, 2678 (2679); Emittentenleitfaden, 38; a.A Cascante/Bingel, AG 2009, 894 (901); möglicherweise auch Brandi/Süßmann, AG 2004, 642 (645).

501 Der EuGH bestätigt dies ebenfalls, NZG 2010, 107 Rn. 59; Cascante/Bingel, NZG 2010 161 (164).

502 Diekmann/Sustmann, NZG 2004, 929 (931); Cascante/Bingel, NZG 2010, 161 (164); Merkner/Sustmann, NZG 2005, 729 (733); Brandi/Süßmann, AG 2004, 642 (646), die zwar keinen Grund für die Privilegierung sehen, die „Ausnahme" aber anerkennen; implizit auch Ziemons, NZG 2004, 537 (539), anderer Ansicht sind anscheinend Cascante/Bingel, NZG 2010, 161 (164); Assmann/Schneider/Assmann, WpHG, § 14 Rn. 141.

503 BT-Drucks. 15/3174, 26 und 34.

504 Emittentenleitfaden der Bundesanstalt für Finanzdienstleistungsaufsicht in der Fassung vom 27. April 2009, 38, zu finden unter www.bafin.de. Festzuhalten ist allerdings, dass der Emittentenleitfaden lediglich eine norminterpretierende Verwaltungsvorschrift ist, der weder Gesetzesqualität noch bindende Wirkung gegenüber den Gerichten zukommt, vgl. u.a. Merkner/Sustmann, NZG 2005, 729 (730f.).

505 Richtlinie 2004/25/EG.

Rechtslage durch das AnlSVG nichts geändert. Allerdings sei die Abgabe eines öffentlichen Übernahmeangebots, in welchem der Bieter eine Insiderinformation nach Maßgabe der oben dargestellten Definition verwende, erst möglich, wenn der Emittent eine entsprechende Ad-hoc-Mitteilung nach § 15 WpHG veröffentlicht habe[506].

Im Zuge öffentlicher Übernahmen ist der Austausch von Insiderinformationen im Rahmen einer Due Diligence also weitgehend unproblematisch möglich. Allerdings gilt hier aufgrund der vergleichbaren Interessenlage ebenfalls das Verbot der alongside purchases[507].

4. Sonstige Konstellationen

Für die hier interessierenden Fragen verbleiben als sonstige Konstellationen damit der (außerbörsliche) Paketerwerb und sog. PIPE-Investments, sofern sie keine face-to-face-Geschäfte sind. Der außerbörsliche Paketerwerb, bei dem der Erwerber die Due Diligence durchführt, ohne dem Veräußerer alle Ergebnisse mitzuteilen, ist allerdings keine Seltenheit, weshalb auch diese Konstellation nicht vernachlässigt werden darf[508].

Ziemons[509] meint, angesichts der neuen Gesetzeslage sei die bisherige Praxis insiderrechtlich nicht mehr haltbar. Weitergabe und Erhalt von Insiderinformationen und deren Verwendung zum Zweck des Aktienkaufs könnten nur noch dann als zulässig angesehen werden, wenn der Kauf im Zuge eines auf Kontrollerwerb gerichteten öffentlichen Übernahmeangebots erfolge, da derartige Geschäfte nach Erwägungsgrund 29 der Richtlinie nicht als Insidergeschäfte gelten sollen[510]. Andere Geschäfte, insbesondere PIPE-Investments und zum Kontrollerwerb führende Paketerwerbe, seien dagegen in aller Regel insiderrechtlich verboten. *Ziemons* sieht dieses Ergebnis zwar selbst als wenig praktikabel an[511], meint aber, dass „Verwenden“ bzw. „Nutzen“[512] jedes Handeln im Besitz von Insiderinformationen erfasse. Dass die Handlung durch die Insiderinformationen motiviert sei, könne dagegen nicht erforderlich sei. Andernfalls wären Art. 2

506 Zum Ganzen: Emittentenleitfaden, 38

507 Emittentenleitfaden, 38, a.A. Brandi/Süßmann, AG 2004, 642 (646).

508 Cascante/Bingel, AG 2009, 894 (901) gehen dagegen davon aus, dass auch nach einer Due Diligence grundsätzlich kein Wissensvorsprung gegeben ist.

509 Ziemons, NZG 2004, 537 (537-543).

510 Ziemons, NZG 2004, 537 (539).

511 Ziemons, NZG 2004, 537 (539).

512 So der Terminus der Marktmissbrauchsrichtlinie.

Abs. 3 sowie Erwägungsgrund 30 der Richtlinie schlichtweg überflüssig[513]. Außerdem sei der Vorschlag des Europäischen Parlaments, in Art. 2 der Richtlinie eine Ausnahme für die Verwendung von Insiderinformationen im Zuge von Übernahmen vorzusehen[514], vom Rat mit der Begründung abgelehnt worden diese Ausnahme sei bereits in Erwägungsgrund 29 enthalten,[515] dort aber eben nur für öffentliche Übernahmen[516].

Diekmann/Sustmann[517] sowie *Koch*[518] sehen die Beibehaltung der bisherigen Praxis nach der Neufassung im Bereich der Due-Diligence-Prüfungen ebenfalls als problematisch an[519]. Sie versuchen aber, dieses von allen Seiten als unpraktikabel betrachtete Ergebnis durch eine teleologische Reduktion des § 14 Abs. 1 Nr. 1 WpHG zu vermeiden[520]. Anknüpfungspunkt hierfür soll Erwägungsgrund 29 der Richtlinie sein, wonach der Informationsaustausch im Rahmen öffentlicher Übernahmen kein verbotenes Insidergeschäft sein solle. Ein Grund für die Privilegierung öffentlicher Übernahmen sei jedoch nicht ersichtlich, weshalb man diese „Ausnahme“ wegen der vergleichbaren Interessenlage auch auf „nichtöffentliche“ Übernahmen erstrecken sollte[521].

Andere[522] wiederum wollen auch nach der Neufassung auf das Kriterium der Kausalität abstellen. Nach dieser Ansicht würde trotz Änderung des § 14 Abs. 1 Nr. 1 WpHG letztlich alles beim Alten bleiben, das heißt im Regelfall könnte der potentielle Erwerber im Rahmen einer Due Diligence erlangte Insiderinformationen zulässig nutzen.

Letztgenannte Ansicht erscheint vorzugswürdig. Die Auffassung, „Verwenden“ sei jedes Handeln in Kenntnis der Insiderinformation, trägt schon vom Wortlaut des Gesetzes her nicht. „Verwenden“ heißt nämlich seinem Wortsinn nach mehr als „Handeln in Kenntnis“[523]. Dass der deutsche Gesetzgeber das blo-

---

513 Ziemons, NZG 2004, 537 (540).

514 Standpunkt des Europäischen Parlaments (1. Lesung) am 14. März 2002, ABlEG Nr. C 47 E, 511/518 vom 27. Februar 2003.

515 Gemeinsamer Standpunkt (EG) Nr. 50/2002 des Rates am 19. Juli 2002, ABlEG Nr. C 228 E, 19/31 vom 25. September 2002.

516 Ziemons, NZG 2004, 537 (539).

517 Diekmann/Sustmann, NZG 2004, 929 (929-939).

518 Koch, DB 2005, 267 (267-276).

519 Diekmann/Sustmann, NZG 2004, 929 (931).

520 Diekmann/Sustmann, NZG 2004, 929 (931); Koch, DB 2005, 267 (269).

521 Diekmann/Sustmann, NZG 2004, 929 (931).

522 Hasselbach, NZG 2004, 1087-1095; Hemeling, ZHR 169 (2005), 274-294, Fromm-Russenschuck/Banerja, BB 2004, 2425-2428; Schneider, DB 2005, 2678-2681; Marsch-Barner/Schäfer, HB AG, § 13 Rn. 43; Beisel/Klumpp, 2. Kapitel, Rn. 18; Holzborn/Israel, WM 2004, 1948 (1951).

523 Fromm-Russenschuck/Banerja, BB 2004, S. 2425-2428.

ße Handeln In Kenntnis von Insiderinformationen nicht verbieten wollte, ergibt sich auch aus der Gesetzesbegründung. Dort heißt es, dass die reine Erfüllung einer Verbindlichkeit, welche in gleicher Weise auch ohne Kenntnis der Insiderinformation erfolgt wäre, kein Verstoß gegen das Insiderhandelsverbot ist[524]. Ferner heißt es in der Begründung zu § 14 WpHG, dass der Ersatz des Wortes „Ausnutzen" durch „Verwenden" dazu diene, Schwierigkeiten bei der Beweisführung durch den Wegfall der früher erforderlichen subjektiven Zwecksetzung zu vermeiden[525]. Der Gesetzgeber verlangt aber nach wie vor, dass die Information in das Handeln des Täters mit einfließen muss[526], was im Umkehrschluss bedeutet, dass die bloße Kenntnis nicht ausreicht. Vielmehr spricht die Gesetzesbegründung dafür, Kausalität zwischen der Kenntnis der Information und dem nachfolgenden Handeln zu verlangen. Nur dann fließt die Information in das Handeln mit ein und nur dann hätte man nicht in gleicher Weise auch ohne die Kenntnis gehandelt[527].

Auch europarechtlich ist es nicht geboten, den Begriff des Verwendens als bloße Kenntnis auszulegen. Art. 2 Abs. 1 der Marktmissbrauchsrichtlinie, dessen Umsetzung § 14 Abs. 1 Nr. 1 WpHG dient, verlangt, dass die Mitgliedsstaaten u.a. untersagen, dass Personen, die über eine Insiderinformation verfügen, unter Nutzung derselben Finanzinstrumente erwerben oder veräußern oder dies zu versuchen. Genutzt wird die Information aber nur, wenn sie zu einem neuen Entschluss führt oder einen bereits gefassten verändert, was letztlich nichts anderes als Kausalität bedeutet[528]. Nur die Tatsache, dass die Insiderinformation den ursprünglichen Entschluss verändern muss, will auch Art. 2 Abs. 3 der Richtlinie dahingehend klarstellen, dass keine Pflicht zum Transaktionsabbruch besteht, wenn eine Partei nachträglich in den Besitz von Insiderinformationen gelangt[529]. Gegen die Auslegung, wonach schon eine Transaktion in bloßer Kenntnis von Insiderinformationen ein verbotenes Verwenden darstellt, spricht auch der Sinn und Zweck der Insiderhandelsverbote. Wie bereits erwähnt, sollen diese Personen lediglich verhindern, dass eine Person gegenüber anderen Marktteilnehmern durch den Erhalt von Exklusivinformationen privilegiert wird[530]. Privilegiert wird ein Marktteilnehmer aber nur, wenn er die Information – wie Art.2 Abs. 1 der Richtlinie dies auch fordert – nicht nur hat, sondern auch tatsächlich nutzt.

---

524 BT-Drucks. 15/3174, 34.

525 BT-Drucks. 15/3174, 34.

526 BT-Drucks. 15/3174, 34.

527 Fromm-Russenschuck/Banerja, BB 2004, 2425-2428.

528 Fromm-Russenschuck/Banerja, BB 2004, 2425-2428.

529 BT-Drucks. 15/3174, 34; so auch Fromm-Russenschuck/Banerja, BB 2004, 2425-2428.

530 Vgl. z.B. Brandi/Süßmann, AG 2004, 642 (645).

Diese Auslegung lässt sich schließlich europarechtlich auch aus den der Marktmissbrauchsrichtlinie vorgelagerten Überlegungen des Ausschusses der Weisen über die Regulierung der europäischen Wertpapiermärkte (Lamfalussy-Bericht)[531] und den begleitenden Leitlinien des Komitees der Europäischen Wertpapieraufsichtsbehörden (CESR)[532] ableiten. Die Marktmissbrauchsrichtlinie beruht u.a. auf dem Lamfalussy-Bericht[533]. Die Lamfalussy-Kommission soll den Weg zu einem integrierten europäischen Finanzmarkt aufzeigen, wodurch die Funktionsfähigkeit der EU-Finanzmärkte untereinander verbessert werden soll[534]. Da der Ausgangspunkt für das Lamfalussy-Verfahren wiederum im Aktionsplan Finanzdienstleistungen (FSAP) liegt[535], welcher u.a. besser integrierte Finanzmärkte fordert und die Unterentwicklung der europäischen Risikokapitalmärkte kritisiert[536], sollte die Lamfalussy-Kommission die Frage beantworten, wie die FSAP-Forderungen erfüllt werden könnten. Die Risikokapitalmärkte würden aber massiv geschwächt, wenn Due Diligence-Prüfungen aufgrund des WpHG nur sehr eingeschränkt möglich wären, da sich gerade Risikokapitalgesellschaften intensiv der Due Diligence bedienen[537]. Sollen die Risikokapitalmärkte also durch die Marktmissbrauchsrichtlinie als Erfüllung der FSAP-Forderungen gerade gestärkt werden, kann das WpHG die Due Diligence nicht weitgehend verbieten, da dies das Gegenteil bewirken würde[538].

---

531 Erster Bericht des Ausschusses der Weisen über die Regulierung der europäischen Wertpapiermärkte vom 9. November 2000, abrufbar unter www.europa.eu.int/ comm/internal_market/ securities/docs/lamfalussy/wisemen/initial-report-wise-en_de.pdf; Schlussbericht des Ausschusses der Weisen über die Regulierung der europäischen Wertpapiermärkte vom 15. Februar 2001, zu finden unter www.europa.eu.int/ comm/internal_market/securities/docs/lamfalussy/ wisemen/final-report-wise-men_depdf; Kommentar des Vorsitzenden des Ausschusses der Weisen, Alexandre Lamfalussy, zum Schlussbericht über die Regulierung der europäischen Wertpapiermärkte vom 15. Februar 2001, abrufbar unter www.europa.eu.int/ comm/internal_ market/securities/docs/lamfalussy/wisemen/lamfalussy-comments_de.pdf.

532 1. Leitlinien der CESR zur Anwendung der Marktmissbrauchsrichtlinie, zu finden unter www.cesr-eu.org/data/document/04_505b.pdf; dass diese zur Auslegung der Durchführungsrichtlinien und der DurchführungsVO herangezogen sind, erkennt auch Ziemons an, vgl. NZG 2004, 537/537 Fn. 5.

533 Erwägungsgrund 4 des Vorschlags für die Marktmissbrauchsrichtlinie vom 1. Juni 2000, ABlEU Nr. C 240E, 265.

534 Erster Bericht des Ausschusses der Weisen über die Regulierung der europäischen Wertpapiermärkte vom 9. November 200, a.a.O., 1 und 30.

535 Erster Bericht des Ausschusses der Weisen über die Regulierung der europäischen Wertpapiermärkte vom 9. November 200, a.a.O., 31 (Anhang 1).

536 KOM (1999) 232 vom 11. Mai. 1999, 5 f.

537 Schneider, DB 2005, 2678 (2679).

538 Schneider, DB 2005, 2678 (2679).

Dieses Ergebnis wird auch durch die ersten CESR-Leitlinien zur Anwendung der Marktmissbrauchsrichtlinie[539] gestärkt. Dort lassen sich keine Hinweise darauf finden, dass die aus einer Due Diligence-Prüfung gewonnenen Daten bei einer Unternehmensakquisition missbräuchlich eingesetzt werden könnten. Weder bei den möglichen Anzeichen einer Marktmanipulation noch bei den Beispielen der verschiedenen Praktiken, die einen Marktmissbrauch begründen können, finden sich Äußerungen zum Thema Due Diligence.

Schließlich sprechen auch praktische Argumente gegen die Auslegung[540], wonach ein Handeln in bloßer Kenntnis ein verbotenes Verwenden sei: Wie bereits erwähnt, kommt der Due Diligence im Bereich des Paket- oder Unternehmenskaufs immense praktische Bedeutung zu, was im Wesentlichen auch daran liegt, dass die Durchführung einer solchen erstens internationalen Gepflogenheiten entspricht und zweitens das deutsche Gewährleistungsrecht – dessen Anwendung beim praktischen „Verbot" der Due Diligence durch das WpHG als Alternative bliebe – auf Unternehmenskäufe nicht recht passt[541]. Zwar kann das Recht nicht allein nach derartigen wirtschaftlichen und praktischen Erwägungen ausgelegt werden. Allerdings sollte im Zweifel einer wirtschaftlich und praktisch vernünftigen Erwägung der Vorzug gegeben werden. Ein „Quasi-Verbot" von Due-Diligence-Prüfungen wäre weder praktikabel noch wirtschaftlich vernünftig, da es erstens internationalen Gepflogenheiten der M&A-Praxis[542] und zweitens dem erklärten Ziel des AnlSVG, die internationale Wettbewerbsfähigkeit des Finanzplatzes Deutschlands zu stärken[543], zuwiderliefe. Am Rande sei noch bemerkt, dass auch die Auslegung, wonach schon das Handeln in Kenntnis ein „verwenden" sei, nicht praktikabel ist. (Feindliche) Übernahmen könnten so nämlich leicht abgewehrt werden, in dem man dem potentiellen Erwerber Insiderinformationen zukommen ließe[544]. Auch das kann kaum gewollt sein.

Neben den bereits erwähnten Argumenten gibt es noch weitere Argumente, welche die Begrenzung des Tatbestandmerkmals des „Verwendens" durch das Kausalitätskriterium gegenüber einer teleologischen Reduktion als vorzugswürdig erscheinen lassen: Für die Einschränkung durch das Kausalitätskriterium spricht, dass sie einen schonenden Ausgleich zwischen den wirtschaftlichen Notwendigkeiten und praktischen Gepflogenheiten der M&A-Praxis einerseits und den Zielen der Insiderhandelsverbote andererseits herstellt. Werden nämlich

539 Vgl. oben Fn. 535.

540 Auf die praktische Bedeutung der Zulässigkeit der Due Diligence weisen auch Cascante/Bingel, AG 2009, 894 (901), hin.

541 Zur praktischen und wirtschaftlichen Bedeutung der Due Diligence vgl oben C.II.-C.V.

542 Fromm-Russenschuck/Banerjea, BB 2004, 2425 (2428).

543 BT-Drucks. 15/3174, 26.

544 Fromm-Russenschuck/Banerjea, BB 2004, 2425 (2426 Fn. 14).

tatsächlich einzelne Marktteilnehmer durch Insiderinformationen privilegiert und nutzen sie dieses Privileg, fällt ein solches Verhalten sehr wohl unter das Verwendungsverbot. Eine teleologische Reduktion würde dagegen – bei konsequenter Anwendung – praktisch eine Bereichsausnahme für das Übernahmerecht statuieren und das WpHG in diesem Bereich vollkommen zurücktreten lassen. Dass eine solche Bereichsausnahme aber gerade nicht gewollt war, zeigt die Ablehnung sowohl des Vorschlags des Europäischen Parlaments[545] wie auch der Großbritanniens[546], eine solche Bereichsaufnahme aufzunehmen. Dem Kausalitätserfordernis kann schließlich auch nicht der Einwand entgegengehalten werden, dass grundsätzlich jede Insiderinformation in ein Handeln mit Insiderpapieren einfließt[547]. Zum einen ist der Kaufentschluss nämlich in aller Regel bereits vor Beginn der Due Diligence getroffen. Zum anderen würde eine derartige Annahme zu einer rechtsstaatswidrigen Beweislastumkehr im Bereich des strafbewehrten Insiderhandelsverbots führen, da im Zweifel dann – gegen den Angeklagten – ein Einfließen in die Information angenommen würde[548].

Letztlich bedarf es also zur Erfüllung des Verwendungsverbots der Kausalität zwischen Insiderinformation und anschließendem Handel. Der Tatbestand ist insbesondere dann nicht erfüllt, wenn die Insiderinformationen nach dem Kaufentschluss erlangt werden.

Daraus ergibt sich die für die Praxis bedeutsame Folgefrage, wann bei einem Unternehmenskauf, dem noch eine Due Diligence vorgelagert ist, der Kaufentschluss des Erwerbers gefasst ist.

Dabei stellt sich zunächst die Frage, inwieweit der Kaufentschluss beim Erwerber intern vorbereitet sein muss, um von einem Kaufentschluss ausgehen zu können. Dabei wird man es wohl ausreichen lassen müssen, dass das für die betreffende Akquisition zuständige Management nachvollziehbare Parameter (insbesondere eine Preismarge) festlegt. Bereits in diesem frühen Stadium eine umfassende Einbeziehung des Gesamtvorstandes oder des Aufsichtsrates des Käufers zu verlangen, dürfte dagegen praxisfremd sein[549].

Daneben stellt sich noch die Frage, wie die Fälle zu beurteilen sind in denen sich die „Eckpunkte“ (insbesondere der Kaufpreis) des vorher gefassten Kaufplans nachträglich aufgrund der Erkenntnisse aus der Due Diligence ändern. Es ließe sich vertreten, dass zumindest im Falle einer wesentlichen Änderung von

545 Vgl. die Nachweise bei Ziemons, NZG 2004, 537 (539 Fn. 15 und 16).

546 Vgl. den Diskussionsbericht von Schürnbrand, ZHR 169 (2005) 295 (296).

547 So aber Diekmann/Sustmann, NZG 2004, 929 (931) und Merkner/Sustmann, NZG 2005, 729 (732).

548 Fromm-Russenschuck/Banerjea, BB 2004, 2425 (2427).

549 Hasselbach, NZG 2004, 1087 (1092).

einem neuen Entschluss auszugehen sei[550]. Da dieser auf den Insiderinformationen beruhen würde, wäre der Tatbestand des Verwendungsverbots erfüllt. Dieser Gedanke ist jedoch abzulehnen: Der Erwerbsplan eines Interessenten bezieht sich zu Beginn einer Transaktion zwar auf einen bestimmten Kaufpreis. Dieser wird aber erst im Rahmen der Vertragsverhandlungen bestätigt oder angepasst. So sind in Letters of Intent festgelegte Kaufpreise stets „subject to further due diligence". Es erscheint nahe liegend anzunehmen, dass ein Interessent immer die Absicht haben wird, Anteile möglichst günstig zu erwerben beziehungsweise zumindest in ausgewogenem Verhältnis zu den durch die Due Diligence gewonnenen Erkenntnissen. Gelingt es ihm aufgrund mitgeteilter Insidertatsachen, den am Anfang von Vertragsverhandlungen geforderten Kaufpreis zu drücken, oder ist eine solche Anpassung aufgrund der gewonnenen Erkenntnisse gar erforderlich, befindet sich dies im Rahmen seines ursprünglichen Erwerbsplans. Abgesehen davon wäre eine derartige Auslegung mit erheblichen praktischen Abgrenzungsschwierigkeiten verbunden[551]. Ferner würde sie die Parteien – zumindest faktisch – häufig dazu zwingen, im Rahmen der Due Diligence gewonnene preisrelevante Informationen vor Abschluss der Transaktion allen Marktteilnehmern zugänglich zu machen, z.B. im Wege der ad-hoc-Mitteilung.[552] Diese Auffassung ist daher abzulehnen.

5. Ergebnis

Im Ergebnis hat sich an der Rechtslage vor Erlass des AnlSVG gemäß §§ 38 Abs. 1 Nr. 1 i.V.m § 14 Abs. 1 Nr. 1 WpHG im Hinblick auf Due-Diligence-Prüfungen nicht viel geändert. Weggefallen ist das subjektive Element, ein bewusst zweckgerichtetes Handeln unter Ausnutzung einer Insiderinformation ist also nicht mehr erforderlich[553]. Nach wie vor muss das Geschäft aber kausal auf der Insiderinformation beruhen.

Stand der Kaufentschluss also schon vor der Due Diligence fest, ist der anschließende Kauf kein verbotenes Verwenden i.S.d. § 14 Abs. 1 Nr. 1 WpHG. Das gilt ebenfalls, wenn bei der Due Diligence neue positive Insiderinformationen entdeckt wurden, da der Kaufentschluss selbst schon vorher feststand (es sei denn, es handelt sich um – strafbare – alongside purchases[554]). Werden dagegen

550 In diese Richtung schon zur alten Rechtslage Weimann, DStR 1998, 1556 (1560).
551 Hasselbach, NZG 2004, 1087 (1092).
552 Hasselbach, NZG 2004, 1087 (1092).
553 Fromm-Russenschuck/Banerjea, BB 2004, 2425 (2427f.).
554 Beisel/Klumpp, 2. Kapitel, Rn. 18; Assmann/Schneider/Cramer, WpHG, § 14 Rn. 88c; Zumbansen/Lachner, BB 2006, 613 (617).

negative Informationen entdeckt, fehlt es entweder am Handel, wenn die Transaktion daraufhin abgebrochen wird, oder jedenfalls an der Kausalität für das Geschäft.[555] Insiderrechtlich unbedenklich sind auch sog. face-to-face-Geschäfte und ferner der Informationsaustausch bei öffentlichen Übernahmen, wobei auch hier das Verbot der alongside-purchases gilt.

Modifizierungen des Kaufpreises sind ebenfalls zulässig, wenn der Entschluss zum Kauf vorher zumindest grundsätzlich feststand.

IV. Ad-hoc-Publizitätspflicht gemäß § 15 Abs. 1 WpHG

Die Ad-hoc-Publizitäts-pflicht ergänzt die Insiderhandelsverbote. Mit der Regelung des § 15 Abs. 1 S. 1 WpHG soll bestmögliche Markttransparenz gewährleistet, Insiderhandel weitgehend eingeschränkt und die Integrität der Finanzmärkte gefördert werden[556]. Durch die Pflicht zur Veröffentlichung von Insiderinformationen soll der Kreis der potentiellen Insider möglichst klein gehalten werden und dem Insiderhandel durch die frühzeitige Veröffentlichung der Insiderinformationen die Grundlage entzogen werden[557].

Im Rahmen der vorliegenden Untersuchung spielt die Ad-hoc-Publizitätspflicht insofern eine Rolle, als sich die Frage stellt, ob bei Durchführung einer Due Diligence zwecks Erwerb einer Unternehmensbeteiligung erstens die Gestattung (bzw. die Durchführung) der Due Diligence selbst nach § 15 Abs. 1 S. 1 WpHG veröffentlicht werden muss und zweitens, ob eventuelle Erkenntnisse aus der Due Diligence ad-hoc veröffentlicht werden müssen. Bejaht man dies, stellt sich jeweils noch die Frage, ob die Zielgesellschaft die Pflicht zur Veröffentlichung trifft[558]. Dies soll im Folgenden näher beleuchtet werden. Dabei soll zunächst die durch das AnlSVG getroffene Regelung des § 15 WpHG kurz dargestellt werden (siehe hierzu im Folgenden unter 1.), um dann die Auswirkungen dieser Regelung auf die Due Diligence zu beantworten (siehe dazu im Folgenden unter 2.).

555 Fromm-Russenschuck/Banerjea, BB 2004, 2425 (2428).

556 BT-Drucks. 15/3174, 34.

557 BT-Drucks. 15/3174, 34 f.

558 Nur der Vollständigkeit sei hier erwähnt, dass der veräußerungswillige Aktionär selbst in aller Regel nicht ad-hoc-pflichtig ist, da er (meistens) kein Emittent von Insiderpapieren sein wird. Selbst wenn er es ist, ergeben sich insoweit keine Besonderheiten.

1. Überblick über die Ad-hoc-Publizitätspflicht

a. Adressaten des § 15 WpHG

Adressaten der Verpflichtung zur ad-hoc-Publizität sind die Emittenten von Insiderpapieren[559]. Es reicht für die Pflicht zur ad-hoc-Publizität bereits aus, dass der Emittent den Antrag auf Zulassung des Finanzinstruments zum Handel an einem inländischen organisierten Markt gestellt hat[560].

b. Den Emittenten unmittelbar betreffende Insiderinformationen

Die Emittenten sind grundsätzlich verpflichtet, alle Insiderinformationen zu veröffentlichen, die sie unmittelbar betreffen.

(i) Unmittelbarkeitskriterium

Der Kreis der meldepflichtigen Tatsachen ist nur über das Unmittelbarkeitskriterium eingegrenzt. Voraussetzung ist nach § 15 Abs. 1 S. 1 WpHG, dass die Insiderinformation den Emittenten unmittelbar betrifft. § 15 Abs. 1 S. 2 WpHG nennt hierzu Regelbeispiele, wann dies der Fall ist, nämlich insbesondere dann, wenn die Insiderinformation sich auf Umstände bezieht, die im Tätigkeitsbereich des Emittenten eingetreten sind[561]. Daneben können aber auch von außen kommende Umstände den Emittenten unmittelbar betreffen. Nach der Regierungsbegründung kann ein solcher von außen kommender Umstand, der den Emittenten unmittelbar betrifft, ausdrücklich auch die Übermittlung eines Übernahmeangebots i.S.d. § 29 Abs. 1 WpÜG sein[562].

Nach § 15 Abs. 1 S. 4 WpHG unterliegen auch den Emittenten nicht unmittelbar betreffende Umstände der Veröffentlichungspflicht, sofern der Emittent oder eine in seinem Auftrag oder auf seine Rechnung handelnde Person diese Insiderinformation einem Dritten zugänglich macht oder mitteilt, es sei denn, der Dritte ist seinerseits, qua Gesetz oder Vertrag, zur Vertraulichkeit verpflichtet.

559 Vgl. hierzu die Legaldefinitionen in §§ 12, 13 WpHG sowie oben unter E.II.2.

560 Merkner/Sustmann, NZG 2005, 729 (734); Grimme/v. Butlar, WM 2003, 901 (906).

561 Kritisch hierzu Ziemons, NZG 2004, 537 (541), da dieses Regelbeispiel suggeriere, dass sich an der alten Rechtslage nichts geändert habe.

562 BT-Drucks. 15/3174, 35.

(ii) Zukünftige Ereignisse/mehrstufige Entscheidungsprozesse

Da grundsätzlich alle Insiderinformationen zu veröffentlichen sind (sofern sie den Emittenten unmittelbar betreffen, s.o.), können auch bereits Planungen, Konzepte, Strategien oder vorbereitende Maßnahmen ad-hoc-pflichtig werden, sofern die übrigen Voraussetzungen erfüllt sind, da es sich auch bei diesen bereits um konkrete Informationen handeln kann, wie § 13 Abs. 1 S. 3 WpHG klarstellt[563].

Besondere Bedeutung kommt dieser Veröffentlichungspflicht für zukünftige Ereignisse bei mehrstufigen Entscheidungsprozessen zu. Zu denken ist hier insbesondere an den Fall, dass der Vorstand eine Entscheidung trifft, die noch vom Aufsichtsrat bestätigt werden muss.

Die Regierungsbegründung zum AnlSVG stellt klar, dass grundsätzlich bereits die Entscheidung eines Leitungsorgans des Emittenten ad-hoc-publizitätspflichtig ist, selbst wenn sie zu ihrer Wirksamkeit noch der Zustimmung des Aufsichtsrates bedarf[564]. Allerdings kann die Veröffentlichungspflicht zunächst wegen der in § 15 Abs. 3 WpHG geregelten Selbstbefreiungsmöglichkeit eingeschränkt sein (dazu nachfolgend unter c)[565].

c. Befreiung von der Pflicht zur Veröffentlichung, § 15 Abs. 3 WpHG

Wie bereits erwähnt, kann der Emittent nach § 15 Abs. 3 WpHG n.F. vorübergehend von der Veröffentlichungspflicht befreit sein. Diese Möglichkeit der Selbstbefreiung ersetzt die damals nach § 15 Abs. 1 S. 5 WpHG a.F. mögliche Befreiung durch die BaFin[566].

Kumulative Voraussetzungen für diese Selbstbefreiung sind, dass erstens der Schutz der berechtigten Interessen des Emittenten eine Befreiung von der Pflicht zur unverzüglichen Veröffentlichung erfordert; dass zweitens eine Irreführung der Öffentlichkeit durch die verzögerte Veröffentlichung nicht zu befürchten ist und dass der Emittent drittens die Vertraulichkeit der Insiderinformationen ge-

563 Ziemons, NZG 2004, 537 (541).

564 BT-Drucks. 15/3174, 35; so auch Brandi/Süßmann, AG 2004, 642 (649); Diekmann/Sustmann, NZG 2004, 929 (935); Ziemons, NZG 2004, 537 (541), jeweils mit der – sich aus § 13 Abs. 1 S. 3 WpHG ergebenden – Einschränkung, dass die Zustimmung mit hinreichender Wahrscheinlichkeit zu erwarten ist.

565 Brandi/Süßmann, AG 2004, 642 (649); Diekmann/Sustmann, NZG 2004, 929 (935).

566 Ob dies aufgrund der Tatsache, dass die Selbstbefreiung nunmehr auf eigenes Risiko erfolgt, zu begrüßen ist, ist für die vorliegende Untersuchung unerheblich, vgl. dazu z.B. Ziemons, NZG 2004, 537 (542).

währleisten kann. Entfällt auch nur eine dieser Voraussetzungen, ist die Veröffentlichung gem. § 15 Abs. 3 S. 2 WpHG unverzüglich nachzuholen.

(i) Berechtigte Interessen des Emittenten

Wann berechtigte Interessen des Emittenten gegeben sind, hat der europäische Gesetzgeber in Art. 3 Abs. 1 der EU-Durchführungsrichtlinie[567] in Form von Regelbeispielen konkretisiert. Nach Art. 3 Abs. 1 a) der Durchführungsrichtlinie können berechtigte Interessen insbesondere dann vorliegen, wenn Verhandlungen laufen und die Veröffentlichung den Ablauf oder das Ergebnis dieser Verhandlungen wahrscheinlich beeinträchtigen würde, insbesondere wenn die finanzielle Überlebensfähigkeit des Emittenten stark oder unmittelbar gefährdet wäre. Und nach Art. 3 Abs. 1 b) der Richtlinie können berechtigte Interessen auch dann vorliegen, wenn ein vom Vorstand des Emittenten gefasster Beschluss oder ein abgeschlossener Vertrag zu seiner Wirksamkeit noch der Zustimmung des Aufsichtsrates bedarf. Auf nationaler Ebene wurden diese (nicht abschließenden) Regelbeispiele nahezu identisch in § 6 S. 2 Nr. 1[568] und Nr. 2 WpAIV umgesetzt. Auch der deutsche Gesetzgeber hatte diese Beispiele im Sinn, wie die Regierungsbegründung zeigt[569]. Müssten derartige Umstände nämlich bereits in diesem frühen Stadium veröffentlicht werden, bestünde die Gefahr, dass die Anleger verleitet würden, sich zu früh auf diese Informationen zu verlassen[570].

Im Hinblick auf § 6 S. 2 Nr. 1 WpAIV stellt sich dabei noch die Frage, ob laufende Verhandlungen nur solche zwischen dem Emittenten und einer anderen Partei sind oder ob z.B. auch Verhandlungen zwischen einem Großaktionär und einer anderen Partei (z.B. zur Vorbereitung eines Paketerwerbs) „laufende" im Sinne der Vorschrift sind. Die Gesetzesbegründung zu § 15 Abs. 3 WpHG[571], in der es „Verhandlungen des Emittenten" heißt, legt ersteres nahe. Dafür spricht auch Art. 3 Abs. 1 a) der Durchführungsrichtlinie, wonach insbesondere laufende Verhandlungen zur finanziellen Gesundung des Emittenten eine verzögerte Veröffentlichung rechtfertigen können. Andererseits enthalten diese Regelungen ohnehin nur Regelbeispiele. Der Emittent kann aber auch dann, wenn er nicht unmittelbar an den Verhandlungen beteiligt ist, ein berechtigtes Interesse an einem

---

567 Richtlinie 2003/124/EG vom 22. Dezember 2003 zur Durchführung der Richtlinie 2003/6/EG, ABl. Nr. L 339/71.

568 In der Endfassung des § 6 S. 2 Nr. 1 WpAIV wurde auf die „Einschränkung" des Regelbeispiels auf Sanierungsfälle – anders als im Diskussionsentwurf – verzichtet, vgl. hierzu Koch, DB 2005, 267 (272).

569 BT-Drucks. 15/3174, 35.

570 BT-Drucks. 15/3174, 35.

571 BT-Drucks. 15/3174, 35.

Aufschub der Veröffentlichung haben[572]. Daher ist für solche Fälle jeweils im Einzelfall zu prüfen, ob die Voraussetzungen des § 15 Abs. 3 WpHG vorliegen.

(ii) Keine Irreführung durch die aufgeschobene Veröffentlichung

Zweitens darf die unterlassene Veröffentlichung für die Anleger nicht irreführend sein. Das wird jedoch vorliegend dann der Fall sein, wenn die Veröffentlichung negativer Insiderinformationen unterlassen bzw. aufgeschoben wurde. Für tendenziell (zumindest für den Aktienkurs) positive Tatsachen, wie z.B. eine bevorstehende Übernahme, spielt dieses Merkmal dagegen eine eher untergeordnete Rolle, da eine Irreführung hier eher nicht durch den Aufschub, sondern durch eine verfrühte ad-hoc-Meldung herbeigeführt würde[573].

(iii) Gewährleistung der Vertraulichkeit

Als dritte Voraussetzung muss der Emittent die Vertraulichkeit der Insiderinformationen gewährleisten können. Nach Art. 3 Abs. 2 der Durchführungsrichtlinie kann die Vertraulichkeit dabei unter folgenden drei Voraussetzungen als gewährleistet angesehen werden: Erstens muss der Emittent wirksame Vorkehrungen treffen, um zu verhindern, dass Personen Zugang zu der Insiderinformationen erlangen, für deren Aufgabenwahrnehmung die Information nicht unerlässlich ist. Zweitens muss der Emittent sicherstellen, dass jede Person, die Zugang zu der Insiderinformation hat, sich der damit verbundenen rechtlichen Pflichten und Sanktionen bewusst ist, und drittens muss der Emittent Maßnahmen ergriffen haben, die eine unmittelbare Nachholung der Veröffentlichung für den Fall ermöglichen, dass der Emittent nicht (mehr) in der Lage ist, die Vertraulichkeit der Insiderinformation zu gewährleisten.

Zwar hat der deutsche Gesetzgeber diese Anforderungen nicht ausdrücklich in nationales Recht umgesetzt. Sie finden sich jedoch in der Regierungsbegründung zum AnlSVG[574] und in § 7 WpAIV wieder. Daher ist davon auszugehen, dass diese europarechtlichen Vorgaben auch im nationalen Recht gelten sollen.[575] Letztlich verlangen diese Voraussetzungen vom Emittenten zumindest vorübergehend die Einrichtung einer Compliance-Struktur mit der Schaffung strikter Vertraulichkeitsbereiche und klarer Regeln, unter welchen Bedingungen Insiderinformationen in- und extern weiter gegeben werden können Ohne eine solche –

572 Brandi/Süßmann, AG 2004, 642 (650).

573 Brandi/Süßmann, AG 2004, 642 (650); Ziemons, NZG 2004, 537 (543).

574 BT-Drucks. 15/3174, 35.

575 Brandi/Süßmann, AG 2004, 642 (650); so wohl auch Ziemons, NZG 2004, 537 (543).

zu dokumentierende – Organisation darf der Emittent die Veröffentlichung der Insiderinformation nicht aufschieben[576].

(iv) Nachholung der Veröffentlichung

§ 15 Abs. 3 S. 2 WpHG verpflichtet den Emittenten schließlich, die Veröffentlichung unverzüglich nachzuholen, sobald der Befreiungsgrund entfällt. Auch diese Bestimmung hat in der Literatur Fragen aufgeworfen. Für die hier bedeutsamen Übernahmesituationen ist insbesondere die Frage aufgeworfen worden, ob die Veröffentlichung nachzuholen sei, wenn grundsätzlich ad-hoc-pflichtige Übernahmegespräche später scheitern, die Insiderinformation selbst also ersatzlos wegfällt. Für diesen Fall hat die Literatur[577] richtigerweise eine Pflicht zur Nachholung verneint. Auf Seiten der Anleger – deren Schutz die Veröffentlichungspflicht schließlich dient – besteht nämlich kein Informationsinteresse, wenn sich ein ursprünglich kursrelevanter Umstand nicht realisiert hat. Das stellt nunmehr auch der Emittentenleitfaden der BaFin klar[578]. Ferner enthält der Emittentenleitfaden die Klarstellung, dass im Fall der nachzuholenden Veröffentlichung wegen Wegfalls des Befreiungsgrundes nicht mehr der ursprüngliche, sondern der dann aktuelle Sachverhalt mitzuteilen ist[579].

2. Auswirkungen im Rahmen der Due Diligence

Für die vorliegende Untersuchung stellt sich nunmehr die Frage, welche Auswirkungen die Neureglung des § 15 WpHG auf Publizitätspflichten bei Due-Diligence-Prüfungen hat. Dabei ist zu untersuchen, inwieweit die Zielgesellschaft Veröffentlichungspflichten treffen. In Betracht kommt hier erstens eine Pflicht zur Veröffentlichung der Entscheidung, überhaupt eine Due Diligence zu gestatten. Zweitens ist die Frage zu beantworten, inwieweit im Rahmen der Due Diligence zu Tage getretene Insiderinformationen ad-hoc veröffentlicht werden müssen.

576 Brandi/Süßmann, AG 2004, 642 (650).

577 Diekmann/Sustmann, NZG 2004, 929 (935); Merkner/Sustmann, NZG 2005, 729 (738); Ziemons, NZG 2004, 537 (543).

578 Emittentenleitfaden der BaFin, Ziff. IV. 3., 53.

579 Emittentenleitfaden der BaFin, Ziff. IV. 3., 53; so auch Merkner/Sustmann, NZG 2005, 729 (738); a.A. Holzborn/Israel, WM 2004, 1948 (1952).

d. Gestattung der Due Diligence

Nach alter Rechtslage wurde eine Ad-hoc-Publizitätspflicht von der überwiegenden Ansicht in der Literatur bis auf wenige Ausnahmen aufgrund der sehr engen tatbestandlichen Voraussetzungen der Publizitätspflicht für die Gestattung der Due Diligence durch den Vorstand einer Aktiengesellschaft abgelehnt[580]. Wegen der Neufassung und insbesondere aufgrund der Ausweitung der veröffentlichungspflichtigen Umstände ist aber fraglich, ob dieses Ergebnis nach neuer Rechtslage noch Bestand haben kann.

Dagegen könnte zum einen die Gesetzesbegründung sprechen, wonach insbesondere bei einer möglichen Beeinträchtigung laufender Verhandlungen in Übernahmesituationen eine Selbstbefreiung nach § 15 Abs. 3 WpHG in Betracht käme[581]. Daraus ließe sich der Umkehrschluss ziehen, dass derartige Verhandlungen – und womöglich schon die Gestattung einer Due Diligence – grundsätzlich ad-hoc-pflichtig seien. In diese Richtung äußerte sich auch die BaFin in ihrem Entwurf des Emittentenleitfadens[582]. Danach sei im Abschluss eines Letter of Intent zur Vorbereitung einer Due Diligence regelmäßig der ernsthafte Wille der Parteien zur Erzielung einer Einigung zu erkennen, weshalb angesichts des Konkretisierungsgrades das Vorliegen einer Insiderinformation grundsätzlich zu prüfen sei. Richtig daran ist, dass in diesem Stadium durchaus schon eine grundsätzlich ad-hoc-pflichtige Insiderinformation vorliegen kann. Dies ist jedoch keinesfalls zwingend. Vielmehr sind gerade hier die Voraussetzungen des § 13 WpHG sorgfältig im Einzelfall zu prüfen. Von zentraler Bedeutung ist dabei einerseits, ob die Übernahme (die der Umstand mit Kursbeeinflussungspotential ist) schon bei der Gestattung der Due Diligence schon hinreichend wahrscheinlich i.S.d. § 13 Abs. 1 S. 3 WpHG ist. Außerdem stellt sich die Frage, ob schon die Gestattung der Due Diligence das erforderliche Kursbeeinflussungspotential hat, d.h. ob eine verständiger Anleger die Information schon zu diesem Zeitpunkt bei seiner Anlageentscheidung berücksichtigen würde (§ 13 Abs. 1 S. 2 WpHG)[583].

Das Vorliegen der Voraussetzungen wird man bei der bloßen Gestattung der Due Diligence durch die Zielgesellschaft in aller Regel verneinen müssen[584]. In der Praxis der Übernahmen kommt es, was allgemein bekannt ist, nicht selten

580 Götze, BB 1998, 2326 (2330); Süßmann, AG 1999, 162 (163); Großkomm/Hopt, AktG, § 93 Rn. 213, Fn. 761; Linker/Zinger, NZG 2002, 497 (501); Kiethe, NZG 1999, 976 (979); Körber, NZG 2002, 263 (267 Fn. 53).

581 BT-Drucks. 15/3174, 35.

582 Entwurf des Emittentenleitfadens, Ziff. V. 2. 2. 5. 8., 43 f.

583 So nunmehr auch der Emittentenleitfaden, Ziff. IV. 2. 2. 14., 52.

584 Brandi/Süßmann, AG 2004, 642 (655); Merkner/Sustmann, NZG 2005, 729 (736).

vor, dass geplante Übernahmen selbst noch im fortgeschrittenen Stadium scheitern[585]. Gerade die Due Diligence soll dem potentiellen Erwerber Aufschluss über mögliche, unter Umständen nicht tragbare Risiken (Stichwort „Dealbreaker") liefern. Da auch dem verständigen Anleger bekannt ist, dass gerade die Due Diligence ein „Knackpunkt" der geplanten Transaktion ist, wird er die geplante Übernahme zu diesem Zeitpunkt noch nicht als hinreichend wahrscheinlich einschätzen, sofern nicht andere Umstände ausnahmsweise eine andere Einschätzung rechtfertigen. Erst recht fehlt es an der hinreichenden Wahrscheinlichkeit für eine bevorstehende Übernahme, wenn die Zielgesellschaft ihrem Großaktionär eine Vendor Due Diligence gestattet, damit dieser vor einem beabsichtigten Verkauf die Risiken des Verkaufsprozesses abschätzen kann. Hier liegt der Zeitpunkt nämlich noch früher als bei der Gestattung der Durchführung durch den potentiellen Erwerber und vor allem ist hier das Zustandekommen der Transaktion in diesem Stadium noch weniger wahrscheinlich[586]. Dem hat sich auch die BaFin mehr oder weniger angeschlossen. Bezogen auf geplante Übernahmen will sie für die Entscheidung, ab wann von einer Insiderinformation auszugehen ist, insbesondere auf zwei Indizien zurückgreifen: Zum einen die Gewährung von Exklusivität gegenüber anderen potentiellen Erwerbern und – für die vorliegende Untersuchung bedeutsamer – auf den Abschluss der Due Diligence mit für beide Seiten zufrieden stellenden Ergebnissen, da hierdurch die Wahrscheinlichkeit für das Zustandekommen der Transaktion steige[587].

Festzuhalten bleibt damit, dass die bloße Gestattung der Due Diligence in der Regel nicht publizitätspflichtig i.S.d. § 15 WpHG ist. Sollte dies dennoch einmal ausnahmsweise der Fall sein, besteht bei Vorliegen der übrigen Voraussetzungen grundsätzlich die Möglichkeit der Selbstbefreiung, da zum einen sonst laufende Verhandlungen gefährdet würden und die Transaktion zum anderen – da die Due Diligence in der Regel durch den Vorstand gestattet wird, die Transaktion aber der Zustimmung des Aufsichtsrates bedarf – zu ihrer Wirksamkeit noch der Zustimmung des Aufsichtsrates bedarf.

e. Erkenntnisse aus der Due Diligence

Ob Erkenntnisse aus der durchgeführten Due Diligence als Insiderinformationen eine Publizitätspflicht nach § 15 Abs. 1 S. 1 WpHG auslösen können, was dazu führen könnte, dass der Vorstand der Zielgesellschaft verpflichtet ist, Insiderin-

585 Brandi/Süßmann, AG 2004, 642 (655).
586 Brandi/Süßmann, AG 2004, 642 (655).
587 Emittentenleitfdaden, Ziff. IV. 2. 1. 1., 19 bzw. Ziff. IV. 2. 2. 14, 52.

formationen parallel zu laufenden Verkaufsverhandlungen zu publizieren, wird in der Literatur noch selten diskutiert.

Eine Due Diligence hat die Besonderheit, sämtliche Bereiche flächendeckend zu überprüfen und alle wertbildenden Faktoren festzustellen. Sie kann somit Begebenheiten innerhalb eines Unternehmens systematisch aufdecken, die im normalen Geschäftsablauf nicht oder nicht so frühzeitig zu Tage getreten wären. Die so aufgedeckten Tatsachen beinhalten keine Besonderheiten aufgrund der Durchführung der Due Diligence. Es handelt sich vielmehr um Informationen, die auch unter anderen Umständen aufgedeckt werden können und die auch dann zu einer Publizitätspflicht geführt hätten.

Die durch die Durchführung gewonnenen Kenntnisse dürfen nicht öffentlich bekannt im Sinne des § 13 Abs. 1 S. 1 WpHG sein. Dies erscheint auf den ersten Blick zweifelhaft, da teilweise schon länger bestehende Umstände aufgedeckt werden, und nicht Umstände, die sich jetzt erst auswirken beziehungsweise in der Zukunft realisieren. Jedoch ist die Neuheit einer Information aus der Sicht der Öffentlichkeit zu bestimmen. Neu ist jede Information, die bisher nicht öffentlich bekannt ist, auch wenn sie gegebenenfalls schon länger besteht[588]. Die im Rahmen der Due Diligence aufgedeckten Umstände betreffen den Emittenten in aller Regel auch unmittelbar: Die Due Diligence bezieht sich nämlich im Regelfall fast ausschließlich auf Tatsachen bzw. Umstände des Unternehmens selbst. Weiterhin sind diese Tatsachen – je nach ihrem Inhalt – dazu geeignet, wegen der Auswirkungen auf Vermögens- oder Finanzlage oder auf den allgemeinen Geschäftsverlauf des Emittenten, den Börsenpreis erheblich zu beeinflussen.

Eine Ad hoc-Publizitätspflicht ist daher im Grundsatz für Erkenntnisse aus der Due Diligence zu bejahen; die Veröffentlichungspflicht ist im Einzelfall festzustellen.

Allerdings besteht auch hier die grundsätzliche Möglichkeit der Selbstbefreiung nach § 15 Abs. 3 S. 1 WpHG. Allerdings müssen diese Voraussetzungen im Einzelfall sorgfältig geprüft werden. Die im Rahmen der Due Diligence „entdeckten" Insiderinformationen haben nämlich in der Regel mit der beabsichtigten Transaktion selbst nichts zu tun, weshalb durch ihre Veröffentlichung die laufenden Verhandlungen nicht gefährdet werden.

f. Besonderheiten bei öffentlichen Übernahmeangeboten

Besonderheiten können sich schließlich bei (bevorstehenden) öffentlichen Übernahmen ergeben:

---

588 Burgard, ZHR 162 (1998), 51 (58).

Fraglich ist dabei zunächst, wie sich die Vorschrift des § 15 Abs. 1 S. 1 WpHG zu der des § 10 Abs. VI WpÜG verhält. Nach letzterer gilt die Ad-hoc-Publizitätspflicht für die Entscheidung zur Abgabe eines öffentlichen Übernahmeangebots nicht. § 10 Abs. 6 WpÜG verfolgt den Zweck, die Ad-hoc-Publizitätspflicht mit den Regelungen des WpÜG im Hinblick auf die Ermittlung des als gerecht angesehenen Mindestpreises und den gesamten Ablauf des öffentlichen Angebotsverfahrens zu harmonisieren[589]. Zwar ist § 10 Abs. 6 WpÜG ausdrücklich nur an den Bieter adressiert[590], nach Sinn und Zweck der Vorschrift muss sie aber zumindest auch so lange für die Zielgesellschaft gelten, wie der Bieter seine Entscheidung zur Abgabe eines Angebots noch nicht nach § 10 Abs. 1 S. 1 WpÜG veröffentlicht hat[591]. Andernfalls wäre die Zielgesellschaft nämlich möglicherweise dazu verpflichtet, vor der Mitteilung des Bieters nach § 10 Abs. 1 S. 1 WpÜG eine ad-hoc-Meldung zu machen, was nicht nur erheblich in das Angebotsverfahren nach dem WpÜG eingriffe, sondern auch erhebliche Konsequenzen für die Preisfindung hätte, da diese – entgegen der Konzeption des WpÜG – nicht mehr erst an die Veröffentlichung der Entscheidung zur Abgabe eines Angebots durch den Bieter anknüpfen würde.[592] Eine solche frühzeitige Veröffentlichung nach § 15 Abs. 1 S. 1 WpHG würde wohl häufig zu erheblichen Kursanstiegen der Aktien der Zielgesellschaft führen und damit das Verfahren nach dem WpÜG „torpedieren“, ggf. sogar die Transaktion scheitern lassen[593]. Daher muss nach Sinn und Zweck der Vorschriften im Bereich der öffentlichen Übernahmeangebote i.S.d. § 10 WpÜG dieser Vorschrift Vorrang gegenüber § 15 Abs. 1 WpHG zukommen, und zwar sowohl auf Seiten des Bieters als auch des Erwerbers[594]. Der Sache nach handelt es sich hierbei um eine teleologische Reduktion.

Im Bereich der öffentlichen Übernahmeangebote i.S.d. § 10 WpÜG bedarf es daher, selbst wenn hier ausnahmsweise schon die Gestattung der Due Diligence ad-hoc-pflichtig sein sollte, keiner ad-hoc-Mitteilung, da die Vorschrift des § 15 WpHG hier unanwendbar ist.

Der zweite Problemkomplex im Bereich öffentlicher Übernahmen ergibt sich nicht direkt aus dem Gesetz, sondern aus der beabsichtigten Auslegung des Ge-

589 Merkner/Sustmann, NZG 2005, 729 (736).

590 Was daran liegen dürfte, dass das Übernahmeangebot des Bieters nach altem Recht gerade kein Umstand war, der dem Tätigkeitsbereich der Zielgesellschaft zuzuordnen war, weshalb auf Seiten der Zielgesellschaft ohnehin keine ad-hoc-Pflicht bestand, vgl. hierzu Merkner/Sustmann, NZG 2005, 729 (736).

591 Merkner/Sustmann, NZG 2005, 729 (736).

592 Merkner/Sustmann, NZG 2005, 729 (736).

593 Brandi/Süßmann, AG 2004, 642 (652); Merkner/Sustmann, NZG 2005, 729 (736).

594 Merkner/Sustmann, NZG 2005, 729 (736).

setzes durch die BaFin, wie sie im Emittentenleitfaden zum Ausdruck kommt. Zwar schließt sich auch die BaFin der Auffassung an, dass die Verwendung von Insiderinformationen im Bereich öffentlicher Übernahmeangebote grundsätzlich kein verbotener Insiderhandel sein soll. Insoweit befindet sie sich im Einklang mit Erwägungsgrund 29 der Marktmissbrauchsrichtlinie. Allerdings ist die BaFin der Auffassung, dass die Abgabe eines öffentlichen Übernahmeangebots, in welchem der Bieter eine Insiderinformation verwende, erst möglich ist, nachdem der Emittent eine entsprechende ad-hoc-Mitteilung gem. § 15 WpHG veröffentlicht habe[595]. Da wegen § 10 Abs. 6 WpÜG bezüglich des Übernahmeangebots selbst weder eine ad-hoc-Pflicht des Bieters noch der Zielgesellschaft besteht, kann es sich nur um Insiderinformationen handeln, die entweder während der Due Diligence entdeckt wurden, die der Zielgesellschaft bisher also selbst nicht bekannt waren, oder um solche, bezüglich derer der Emittent bisher von der Möglichkeit der Selbstbefreiung Gebrauch gemacht hat[596].

Nach Ansicht der BaFin scheint die Möglichkeit der Selbstbefreiung also im Falle der beabsichtigten Abgabe eines öffentlichen Übernahmeangebots spätestens mit der Angebotsabgabe zu enden, sofern der Bieter die Insiderinformation erhalten hat. Richtigerweise ist bei der Entscheidung über die Selbstbefreiung das berechtigte Interesse des Emittenten gegenüber dem Interesse des Kapitalmarktes abzuwägen. Letzterem kommt bei einem öffentlichen Übernahmeangebot besondere Bedeutung zu[597]. Der Schluss, den die BaFin daraus zieht, nämlich dass die Möglichkeit der Selbstbefreiung bezüglich weiter gegebener Insiderinformationen mit bzw. kurz vor der Abgabe eines öffentlichen Übernahmeangebots generell endet, kann hieraus aber nicht gezogen werden. Eine solche Auslegung lässt sich dem Gesetz nicht entnehmen. Sie ist auch nicht erforderlich, da die Möglichkeiten der Selbstbefreiung ohnehin eng begrenzt sind und es daher keiner weiteren Einschränkung bedarf. Zuzugestehen ist der BaFin insoweit nur, dass in der Praxis bezüglich der bei der Due Diligence zutage getretenen Insiderinformationen regelmäßig die Möglichkeit der Selbstbefreiung ausscheiden dürfte, da sie mit der beabsichtigten Transaktion in keinem Zusammenhang stehen. Es kann aber durchaus ausnahmsweise sein, dass aus anderen Gründen eine Selbstbefreiung in Betracht kommt.

595 Emittentenleitfaden, Ziff. III. 2. 2. 1. 4. 3., S. 28.

596 Zu letzterem auch Merkner/Sustmann, NZG 2005, S. 729/733.

597 Merkner/Sustmann, NZG 2005, S. 729/731.

g. Ad-hoc Publizitätspflicht gemäß § 15 Abs. 1 S. 4 WpHG?

Gemäß § 15 Abs. 1 S. 4 WpHG hat unter anderem ein Emittent, der im Rahmen seiner Befugnis einem anderen Insiderinformationen mitteilt oder zugänglich macht, diese gleichzeitig nach Satz 1 des Paragraphen zu veröffentlichen (und dem Unternehmensregister zu übermitteln), es sei denn, der andere ist rechtlich zur Vertraulichkeit verpflichtet. Der Anwendungsbereich des § 15 Abs. 1 S. 4 WpHG umfasst die befugte Weitergabe von Informationen im Rahmen einer Due Diligence durch einen Vorstand an einen Kaufinteressenten[598]. Dies hat aber keine Ad-hoc Publizitätspflicht parallel zu einer auf befugte Weise durchgeführten Due Diligence zur Folge. Für an der Durchführung einer Due Diligence beteiligte Berater, wie Rechtsanwälte oder Steuerberater, ergibt sich die Verschwiegenheitspflicht bereits aus Rechtsvorschriften. Für den Kaufinteressenten aus der Vertraulichkeitsvereinbarung, die in der Regel im Zusammenhang mit dem Letter of Intent abgeschlossen wird, so dass keine Publizitätspflicht gemäß § 15 Abs. 1 S. 4 WpHG besteht. Das Verbot der unbefugten Weitergabe von Insiderinformationen selbst, § 14 Abs. 1 Nr.: 2 WpHG, stellt nach einer Ansicht keine eigene rechtliche Vertraulichkeitsverpflichtung im Sinne des § 15 Abs. 1 S. 4. WpHG dar[599]. Dies folgt aus der Gesetzesbegründung, die von einer besonderen Vertraulichkeitspflicht spricht. Abzulehnen ist die Ansicht, nach der die Ad-hoc Publizität nach § 15 Abs. 1 S. 4 WpHG keinen praktischen Anwendungsbereich hat, da der Ausnahmetatbestand immer erfüllt sei[600]. Festzuhalten bleibt, dass der die Due Diligence gestattende Vorstand – vor der Klarstellung dieser Auslegung durch Gericht oder Gesetzgeber – den Abschluss von Vertraulichkeitsvereinbarungen sicherstellen sollte, um Pulizitätspflichten in jedem Fall zu vermeiden.

3. Rechtsfolgen eines Verstoßes gegen die Pflicht zur Ad-hoc-Publizität

In Betracht kommen sowohl die Bussgeldvorschrift des § 39 Abs. 2 Nr. 5a i.V.m. Abs. 4 WpHG als auch die zivilrechtliche Haftung aus §§ 37b, 37c WpHG. Während feststeht, dass die Rechtsfolgen einer Ordnungswidrigkeit nach § 39 Abs. 2 Nr. 5a i.V.m. Abs. 4 WpHG neben den Emittenten auch die Organ-

598 Leuering, NZG 2005, 12 (14/17); Widder/Gallert, NZG 2006, 451 (452).

599 Leuering, NZG 2005, 12 (15/17); Veil, ZHR 172 (2008), 239 (258).

600 Widder/Gallert, NZG 2006, 251 (253); Assmann/Schneider/Assmann, WpHG, § 14 Rn. 76; Spindler/Speier, BB 2005, 2031 (2035),

mitglieder treffen können, ist umstritten, ob die Schadensersatzhaftung neben den Emittenten auch die Organmitglieder erreicht[601]. Nach der jetzigen Gesetzeslage ist dies jedoch aufgrund des eindeutigen Wortlauts abzulehnen[602]. Im Rahmen eines Reformvorhabens wird die Außenhaftung der Organmitglieder selbst diskutiert, die neben die des Emittenten treten soll, soweit der Dritte von dem Emittenten keine Befriedigung erhalten kann[603].

Der Emittent hat gemäß §§ 37b Abs. 2, 37c Abs. 2 WpHG den Beweis mangelnden Verschuldens im Sinne von Vorsatz oder grober Fahrlässigkeit anzutreten. Dies wird damit begründet, dass die zu veröffentlichenden Tatsachen in der Sphäre des Emittenten liegen[604]. Bemerkenswert ist zudem, dass § 37c Abs. 1 WpHG mit dem Begriff der „Unwahrheit" neben der Unrichtigkeit auch die Unvollständigkeit erfasst[605].

Seit den sogenannten Infomatec-Entscheidungen des BGH, bei denen es um Schadensersatzklagen von Anlegern der Infomatec AG, deren beklagte Vorstandsmitglieder erhöhte Auftragsvolumina bekannt gegeben hatten[606], ging, werden dagegen die Ansprüche der Anleger gegen den Vorstand auf die deliktrechtliche Anspruchsgrundlage des § 826 BGB (und nicht auf § 823 Abs. 2 BGB) gestützt[607]. In diesen Fällen war die von dem Anleger zu beweisende Kausalität zwischen Ad-hoc-Mitteilung und Kauf wesentlicher Punkt zur Diskussion[608]. Zwei darauf folgende Entscheidungen in Sachen Haffa/EM.TV haben diese Rechtsprechung fortgeführt[609].

4. Ergebnis

Die Entscheidung des Vorstandes, die Durchführung einer Due Diligence zuzulassen, ist regelmäßig nicht nach § 15 Abs. 1 S. 1 WpHG publizitätspflichtig. Es sind jedoch vereinzelte Fallgestaltungen denkbar, in denen die Gestattung der Due Diligence publizitätspflichtig ist. Zu beachten ist weiterhin, ob im Einzelfall der Beschluss des Vorstands rechtsbindend ist oder ob die Entscheidung des

601 Verneinend wohl Spindler/Speier, BB 2005, 2031 (2035).

602 Baumbach/Hopt/Hopt, HGB, Einleitung, Rn. 23; Fleischer, Vorstandsrecht, § 14 Rn. 6.

603 Baumbach/Hopt/Hopt, HGB, Einleitung, Rn. 24; Fleischer, Vorstandsrecht, § 14 Rn. 7 bis 10.

604 Spindler/Speier, BB 2005, 2031 (2035); mit Verweis auf 4. FinanzmarktfoerdG, RegBegr., BT-Drucks. 14/8017, 93.

605 Spindler/Speier, BB 2005, 2031 (2035); Assmann/Schneider/Muelbert/Assmann, WpHG, § 37b, 37c Rn. 55.

606 Eine Zusammenfassung der Urteile gibt Körner, NJW 2004, 3386ff.

607 BGH, Urteil vom 19. Juli 2004, BB 2004, 1812 – 1816; Fleischer, Vorstandsrecht, § 14 Rn. 6.

608 Rodewald, BB 2004, 2248 (2251).

609 Fleischer, Vorstandsrecht, § 14 Rn. 1

Aufsichtsrats abzuwarten ist. Selbst wenn im Einzelfall eine Veröffentlichungspflicht gegeben sein sollte, besteht aber regelmäßig die Möglichkeit der Selbstbefreiung nach § 15 Abs. 1 S. 1 WpHG.

Einzelne Umstände, die während der Due Diligence aufgedeckt werden, können durchaus als veröffentlichungspflichtige Insiderinformationen zu qualifizieren sein. Dies ist anhand ihrer Relevanz für das jeweilige Unternehmen im Einzelfall zu bewerten. Auch hier besteht aber in aller Regel wegen der ansonsten drohenden Gefährdung laufender Verhandlungen die Möglichkeit der Selbstbefreiung.

Besonderheiten ergeben sich bei bevorstehenden öffentlichen Übernahmen: Im Bereich der öffentlichen Übernahmeangebote i.S.d. § 10 WpÜG bedarf es, selbst wenn hier ausnahmsweise schon die Gestattung der Due Diligence ad-hoc-pflichtig sein sollte, keiner ad-hoc-Mitteilung, da die Vorschrift des § 15 WpHG hier unanwendbar ist. Der Auffassung der BaFin, die die Abgabe eines öffentlichen Übernahmeangebots, in welchem der Bieter eine Insiderinformation verwende, erst als möglich einstuft, nachdem der Emittent eine entsprechende ad-hoc-Mitteilung gem. § 15 WpHG veröffentlicht hat, kann nicht zugestimmt werden.

Für Emittenten ist die Bussgeldvorschrift des § 39 Abs. 2 Nr. 5a i.V.m. Abs. 4 WpHG als auch die zivilrechtliche Haftung aus §§ 37b, 37c WpHG relevant. Organmitglieder haften nach § 826 BGB.

V. Informationsweitergabe an andere Aktionäre gemäß § 131 Abs. 1, 4 AktG

Ein an der Veräußerung seines Anteils interessierter Aktionär könnte versuchen, die von ihm gewünschte Insidertatsache im Rahmen der Hauptversammlung zu erfragen, auch wenn es sich etwa nicht um den Verkauf einer wesentlichen Beteiligung und damit eine unerlässliche Informationsweitergabe handelt[610]. Stellen Aktionäre in der Hauptversammlung Fragen, die nur mittels Weitergabe von Insidertatsachen beantwortet werden könnten, und berufen sie sich dabei auf § 131 Abs. 1, 4 AktG, kann der Vorstand einerseits die Antwort nicht gemäß § 131 Abs. 4 S. 2 i.V.m. § 131 Abs. 3 Nr. 1 AktG wegen eines durch die Auskunft drohenden Nachteils verweigern. Wenn aber die verlangten Informationen Insidertatsachen im Sinne des § 13 Abs. 1 WpHG sind und nach einer umfassenden Interessenabwägung aufgrund zum Beispiel des Vorliegens einer wesentlichen Beteiligung keine unerlässliche und damit zulässige Informationsweitergabe be-

610 Vergleiche Darstellung unter D.VII.1..

jaht werden kann, macht sich der Vorstand andererseits nach überwiegender Meinung bei Weitergabe dieser Informationen in der Hauptversammlung gemäß §§ 38 Abs. 1 Nr. 2, 39 Abs. 2 Nr. 3 i.V.m. § 14 Abs. 1 Nr. 2 WpHG strafbar[611]. Damit hat der Vorstand das Recht zur Auskunftsverweigerung gemäß § 131 Abs. 3 Nr. 5 AktG[612]. Dies ist kein Widerspruch: § 131 Abs. 4 S. 2 AktG entzieht dem Vorstand nur die Verweigerungsrechte gemäß § 131 Abs. 3 Nr. 1 – 4 AktG[613].

Nach einer Mindermeinung soll sich der Vorstand im Fall der Weitergabe von Insidertatsachen in der Hauptversammlung aufgrund eines von Aktionärsseite geltend gemachten Anspruchs gemäß § 131 Abs. 1 oder Abs. 4 AktG nicht strafbar machen, da die Weitergabe der Insidertatsache nicht als unbefugt zu werten sei[614]. Sie läge nämlich im Rahmen der normalen Aufgabenerfüllung des Vorstands. Dieser komme nur seiner gesetzlichen Pflicht zur Erteilung von Auskünften auf der Hauptversammlung nach[615]. Die Weitergabe sei befugt, da sie der Erfüllung bestehender gesetzlicher Pflichten diene. Zusätzlich beständen nur geringe Risiken des Missbrauchs der Insidertatsachen, da alle bei der Hauptversammlung anwesenden Aktionäre zu Insidern würden und anschließend selbst dem Weitergabeverbot unterlägen.

Dem ist nicht zuzustimmen. Wie oben ausgeführt, geht es bei der Auslegung des Begriffs der „befugten Weitergabe von Insidertatsachen" nicht nur um die Frage einer ordnungsgemäßen Ausführung von Aufgabe, Beruf bzw. Arbeit, sondern es ist vielmehr eine Abwägung zwischen den Interessen des Aktionärs an dem Erhalt der Information und dem Schutz der Gesellschaft vorzunehmen. Eine pauschale Erlaubnis des Vorstands, Informationen im Rahmen der Hauptversammlung offen zu legen, kann daher nicht angenommen werden. Stattdessen ist eine Entscheidung im Einzelfall vorzunehmen. Sollten also die Interessen des Aktionärs, der in der Hauptversammlung Auskünfte verlangt, das Gesellschaftsinteresse nicht überwiegen bzw. sollten im Falle eines Auskunftsverlangens gemäß § 131 Abs. 4 AktG die Interessen des Aktionärs, der die Informationen schon erhalten hat, nicht gleichwertig sein, ist das Auskunftsverlangen mit Verweis auf § 131 Abs. 3 Nr. 5 AktG abzulehnen.

---

611 Schroeder, DB 1997, 2161 (2165f.); Süßmann, AG 1999, 162 (168); Assmann, AG 1997 50 (57); Assmann/Schneider/Assmann, WpHG, § 14 Rn. 85ff.; Joussen, DB 1994, 2485 (2488); Eggenberger, 324ff.; Schäfer/Schäfer, WpHG, § 14 Rn. 67.; Leuering/Simon, NJW-Spezial 2006, 507 (507).

612 Assmann, AG 1997 50 (57); Assmann/Schneider/Assmann, WpHG, § 14 Rn. 85ff.; Joussen, DB 1994, 2485 (2488); BuB/Irmen, 7/740, Peters, 54f.; Leuering/Simon, NJW-Spezial 2006, 507 (507).

613 Roschmann/Frey, AG 1996, 449 (454).

614 BuB/Irmen, 7/739, 7/740; Benner-Heinacher, DB 1995, 765 (766).

615 Auch nach Assmann, WM 1996, 1337 (1351) ist jede Weitergabe, die in Erfüllung bestehender gesetzlicher Pflichten erfolgt, befugt im Sinne des § 14 Abs. 1 S. 1 Nr. 2 WpHG.

Nach einer anderen Ansicht soll zur Auflösung des Spannungsverhältnisses zwischen Aktienrecht und Wertpapierhandelsrecht sowohl dem Normzweck von § 131 AktG als auch von § 14 Abs. 1 Nr. 2 WpHG dadurch Rechnung getragen werden, indem gleichzeitig mit einer gesellschaftsrechtlichen Pflicht zur Auskunftserteilung nach § 131 AktG im Falle von Insidertatsachen zugleich die Bereichsöffentlichkeit analog § 15 Abs. 3 S. 1 WpHG hergestellt wird[616]. Vorstände sollten sich hierauf einstellen und schon bei der Vorbereitung einer Hauptversammlung an Veröffentlichungspflichten nach dem Wertpapierhandelsgesetz denken, indem sie ausreichende technische Möglichkeiten schaffen, Mitteilungen gemäß § 15 WpHG machen zu können[617]. Diese Ansicht übersieht, dass sie keine Lösung für den Konflikt zwischen Aktienrecht und Wertpapierhandelsgesetz schafft. Sie zeigt lediglich einen praktischen Ausweg auf, wonach der Konflikt durch Herstellung der Bereichsöffentlichkeit während der Hauptversammlung vermieden wird. Sollte die Herstellung der Bereichsöffentlichkeit aus praktischen Gründen in der Hauptversammlung nicht möglich sein, erkennt aber auch diese Ansicht ein Auskunftsverweigerungsrecht des Vorstands nach § 131 Abs. 3 Nr. 5 AktG an[618].

Als Ergebnis ist festzuhalten, dass der Anspruch eines veräußerungswilligen Aktionärs in der Hauptversammlung auf Weitergabe von Insidertatsachen auch nach §§ 131 Abs. 1, 4 AktG nicht besteht, wenn nicht zuvor im Rahmen einer Ermessensabwägung festgestellt wurde, dass die Informationsweitergabe unerlässlich ist[619].

VI. Konzernverhältnisse

1. Weitergabe von Insidertatsachen im Vertragskonzern

Grundsätzlich werden auf die konzerninterne Weitergabe von Insidertatsachen die gleichen Regeln angewendet, die auch auf die Informationsweitergabe innerhalb einer Gesellschaft Anwendung finden[620]. Unabhängig von den Konzernfor-

616 Götz, DB 1995, 1949 (1951); Schneider/Singhof, FS Kraft 1998, 585 (597), so wohl auch Sethe, ZBB 2006, 243 (251) und Bankrechtshandbuch/Hopt, § 107 Rn. 59.

617 Schneider/Singhof, FS Kraft1998, 585 (598).

618 Schäfer/Schäfer, WpHG, § 14 Rn. 67; Eggenberger, 324f.; Assmann/Schneider/ Assmann, WpHG, § 14 Rn. 86; Bankrechtshandbuch/Hopt § 107 Rn. 60; MünchKomm/Kubis, AktG, Bd. 4, § 131 Rn. 117.

619 Zu den Kriterien des Europäischen Gerichtshofs siehe ob en unter E.I.1.b.(iii).

620 Assmann/Schneider/Assmann, WpHG, § 14 Rn. 94; Ziemons, AG 1999, 492 (499); Sehte, ZBB 2006, 243 (252); Marsch-Barner/Schäfer, HB AG, § 13 Rn. 56.

men, Beteiligungsstrukturen und Beteilungsgrößenordnungen kommt es deshalb auch hier entscheidend darauf an, ob in Abwägung mit den Zielen des Insiderrechts berechtigte Interessen für die Weitergabe von Insiderinformationen sprechen[621]. Wie bereits dargelegt[622], sind bloße Zweckmäßigkeitserwägungen nicht ausreichend. Nur die Weitergabe von zwingend erforderlichen Informationen kann erlaubt sein[623] Im Vertragskonzern erfolgt damit der Austausch von Insidertatsachen befugt, wenn das herrschende Unternehmen die Kenntnis der Insidertatsachen aus dem abhängigen Unternehmen zum Zwecke der einheitlichen Leitung, zur Sicherstellung der Konzernüberwachung oder zur Schaffung der Voraussetzungen zur Ausübung konzernspezifischer Migliedschaftsrechte benötigt[624]. Der benötigte enge Zusammenhang und die Unerlässlichkeit sind liegen hier vor[625]. Wie bereits festgestellt[626], ist das Vorliegen des Zwecks der einheitlichen Leitung auch zu bejahen, wenn die Informationen zum Verkauf des beherrschten Unternehmens genutzt werden sollen, da auch dies ein Teil der Konzernleitung ist[627].

2. Weitergabe vom Insiderinformationen im faktischen Konzern

Im faktischen Konzern bestehen zwar lediglich die Schutzvorschriften für Aktionäre und Gläubiger des verbundenen Unternehmens gemäß §§ 311ff. AktG. Aufgrund der auch hier bestehenden Verbindungen wurde die Weitergabe von Insidertatsachen zwischen dem herrschenden und dem beherrschten Unternehmen bisher aus vernünftigen Gründen zur Wahrnehmung der Aufgaben der einzelnen Unternehmen gerechtfertigt[628]. Heutzutage wird danach entschieden, ob die Weitergabe der Insidertatsachen für die Wahrnehmung der Aufgaben des In-

621 Assmann/Schneider/Assmann WpHG, § 14 Rn. 94.

622 Siehe oben unter A.I.1.b(iv).

623 Sehte, ZBB 2006, 243 (252); Assmann/Schneider/Assmann, WpHG, § 14 Rn .94.

624 Zu den verschiedenen Aspekten der Konzernleitung vergleiche Süßmann, AG 1999, 162 (171); Assmann/Schneider/Assmann, WpHG, § 14 Rn. 94/95; Marsch-Barner/Schäfer, HB AG, § 13 Rn. 56; Fleischer, ZGR 2009, 505 (539); MünchKomm/Altmeppen, AktG, Bd. 5, § 311 Rn. 435; Singhof, ZGR 2001, 146 (162).

625 Bankrechtshandbuch/Hopt, § 107 Rn. 60.

626 Siehe oben unter D.VI.1.

627 Singhof, ZGR 2001, 146 (171f.), sieht zwar ein Verwertungsverbot bei Wertpapiergeschäften der Muttergesellschaft, bejaht aber die befugte Informationsweitergabe im Falle von ausserbörslichen Paketverkäufen.

628 Süßmann, AG 1999, 162 (171); Roschmann/Frey, AG 1996, 449 (453); BuWe/Dt. Börse AG, 21; Singhof, ZGR 2001, 146 (162/163).

formanten unerlässlich ist[629]. Grundsätzlich zulässig ist die Informationsweitergabe damit weiterhin. Bestätigt wird dieses Ergebnis dadurch, dass auch in diesen Fällen die Funktionsfähigkeit der Wertpapiermärkte und das Vertrauen der Anleger auf eine Gleichbehandlung nicht tangiert werden[630]. Auch hier erfolgt die Informationsweitergabe im Vorfeld einer Beteiligungsveräußerung zum Zwecke der Konzernleitung[631]. Schließlich muss es unabhängig von Konzernformen oder Beteiligungsstrukturen darauf ankommen, dass die Abwägung zwischen den Zwecken des Insiderrechts mit den Interessen des Aktionärs an der Weitergabe der Informationen ergibt, dass letztere überwiegen, bevor eine Informationsweitergabe stattfindet[632]. Die Informationsweitergabe im Rahmen einer Due Diligence im faktischen Konzern verstößt also ebenfalls nicht grundsätzlich gegen das Weitergabeverbot des Wertpapierhandelsgesetzes.

3. Ad-hoc Publizität im Konzern

Wie dargelegt[633], wurde mit Inkrafttreten des Anlegerschutzverbesserungsgesetzes der Begriff der Unmittelbarkeit von Insiderinformationen eingeführt. Dies hat für die konzernweite Ad-hoc-Publizität die Folge, dass Informationen der Tochtergesellschaften, die erheblich sind, um Einfluss auf die Wirtschaftslage der Muttergesellschaft auszuüben, bei dieser eine Ad-hoc-Publizitätspflicht auslösen können; umgekehrt muss man der Muttergesellschaft zu billigen, dass sie ein berechtigtes Interesse gemäß § 15 Abs. 3 WpHG haben kann, um die Ad-hoc-Publizitätspflicht entfallen zu lassen[634]. Dies ist erforderlich, um der Kollision des Geheimhaltungsinteresses der Tochtergesellschaft mit der Pflicht der börsen-notierten Muttergesellschaft zur Ad hoc-Mitteilung Rechnung zu tragen[635].

VII. Zusammenfassung

1. Aufgrund der unterschiedlichen Schutzrichtungen verdrängen sich aktien und wertpapierrechtliche Informationsverbote nicht, so dass die wertpapierhan-

---

629 Veil, ZHR 172 (2008), 239 (268); ähnlich auch Sethe, ZBB 2006, 243 (252); weitergehend MünchKomm/Altmeppen, AktG, Bd. 5, § 311 Rn. 435.

630 Roschmann/Frey, AG 1996, 449 (453).

631 Siehe oben unter D.VI.2.

632 Assmann/Schneider/Assmann, WpHG, § 14 Rn. 94/95.

633 Siehe oben unter E.I.1.b.

634 Spindler/Speier, BB 2005, 2031 (2033).

635 Singhof, ZGR 2001, 146 (164).

delsrechtlichen Vorschriften auf die Zulässigkeit einer Informationserteilung im Rahmen einer Due Diligence anwendbar sind.

2. Die Weitergabe von Informationen durch den Vorstand im Rahmen einer Due Diligence ist grundsätzlich vom Weitergabeverbot des § 14 Abs. 1 Nr. 2 WpHG erfasst. Die Definitionen von Insiderpapier (§ 12 WpHG), Insider und Insiderinformation (§ 13 Abs. 1 WpHG) werden häufig erfüllt sein. Komplex ist die Auslegung des Merkmals der mangelnden Befugnis zur Weitergabe. Nach der Rechtslage vor Erlass des Anlegerschutzverbesserungsgesetzes war diesbezüglich eine Abwägung zwischen den Interessen an Informationsweitergabe und den Interessen an Geheimhaltung der Gesellschaft vorzunehmen. Durch das Anlegerschutzverbesserungsgesetz ergab sich diesbezüglich keine Änderung. Nach der jüngsten Rechtsprechung des EuGH steht diese Interessenabwägung noch immer im Mittelpunkt. Auch ist die Informationsweitergabe im Rahmen der Due Diligence noch immer grundsätzlich zulässig. Die enge Auslegung des Begriffs „unbefugt“ bedeutet vielmehr, dass nur dann die Interessenabwägung zur Zulässigkeit der Informationsweitergabe durch den Vorstand führen kann, wenn ein entsprechend enger Zusammenhang zwischen Weitergabe und Ausübung der Arbeit, des Berufes etc. des Vorstands besteht und wenn sich die Informationsweitergabe als unerlässlich darstellt.
3. Grundsätzlich kann der Erwerber Anteile nach Durchführung einer Due Diligence erwerben, ohne den Tatbestand des gemäß §§ 38 Abs. 1 Nr. 1 i.V.m § 14 Abs. 1 Nr. 1 WpHG zu erfüllen. Durch Erlass des AnlSVG ist ein bewusst zweckgerichtetes Handeln unter Ausnutzen einer Insiderinformation nicht mehr erforderlich. Steht der Kaufentschluss vor der Due Diligence schon fest, stellt der anschließende Kauf kein verbotenes Verwenden i.S.d. § 14 Abs. 1 Nr. 1 WpHG dar. Unbedenklich sind auch face-to-face-Geschäfte und ein Informationsaustausch bei öffentlichen Übernahmen.
   Es gilt das Verbot der alongside-purchases.
4. Die Entscheidung des Vorstandes, die Durchführung einer Due Diligence zuzulassen, ist nach § 15 Abs. 1 S. 1 WpHG regelmäßig nicht publizitätspflichtig. Es sind jedoch vereinzelte Fallgestaltungen denkbar, in denen die Gestattung der Due Diligence publizitätspflichtig ist. Zu beachten ist weiterhin, ob im Einzelfall der Beschluss des Vorstands rechtsbindend ist oder ob die Entscheidung des Aufsichtsrats abzuwarten ist. Sollte im Einzelfall eine Veröffentlichungspflicht gegeben sein, besteht die Möglichkeit der Selbstbefreiung, § 15 Abs. 1 S. 1 WpHG. Einzelne Tatsachen, die während der Due Diligence aufgedeckt werden, können als veröffentlichungspflichtige Tatsachen zu qualifizieren sein. Dies ist anhand ihrer Relevanz für das jeweilige Unternehmen im Einzelfall zu ermitteln. Auch hier besteht die Möglichkeit der Selbstbefreiung, § 15 Abs. 1 S. 1 WpHG.

5. Im Bereich der öffentlichen Übernahmeangebote i.S.d. § 10 WpÜG bedarf es daher, selbst wenn hier ausnahmsweise schon die Gestattung der Due Diligence ad-hoc-pflichtig sein sollte, keiner ad-hoc-Mitteilung, da die Vorschrift des § 15 WpHG hier unanwendbar ist.
6. Im Falle von Verstößen gegen § 15 WpHG ist für Emittenten die Bussgeldvorschrift des § 39 Abs. 2 Nr. 5a i.V.m. Abs. 4 WpHG als auch die zivilrechtliche Haftung aus §§ 37b, 37c WpHG relevant. Organmitglieder haften für Verstöße gegen § 15 WpHG nach § 826 BGB.
7. Mitaktionäre sind nicht gemäß § 131 Abs. 1 oder Abs. 4 AktG berechtigt, in der nächsten Hauptversammlung dieselben Auskünfte zu verlangen, solange sie nicht selbst eine wesentliche Beteiligung an der Gesellschaft halten, diese veräußern möchten und daher nach der vorzunehmenden Interessenabwägung die Informationsweitergabe als unerlässlich einzustufen ist.
8. Sowohl im Vertragskonzern als auch im faktischen Konzern geschieht die Weitergabe von Insidertatsachen befugt, solange sie der Leitung des Unternehmens dient und sich im Rahmen einer Interessenabwägung als unerlässlich darstellt.

F. Information und Geheimhaltung im Gesetz betreffend die Gesellschaft mit beschränkter Haftung

Welche Organe in einer GmbH befugt sind, über Information und Geheimhaltung zu entscheiden, ist streitig. Dies liegt unter anderem daran, dass Verschwiegenheitspflichten für Geschäftsführer, Gesellschafter und Gesellschafterversammlung im Gesetz nur teilweise geregelt sind. Bezüglich der Pflichten des Aufsichtsrats verweist § 52 GmbHG auf §§ 116, 93 AktG. § 85 Abs. 1 GmbHG setzt das Bestehen einer Verschwiegenheitspflicht für Geschäftsführer und Aufsichtsratsmitglieder voraus.

Im Mittelpunkt der Diskussion steht (insbesondere) die Frage, ob einzelne Gesellschafter entgegen dem Interesse ihrer Mitgesellschafter über die Geheimhaltung disponieren können. Im Rahmen der Untersuchung ist eine Abgrenzung zwischen Informationsansprüchen von Beteiligten und Verschwiegenheitspflichten der Organe der Gesellschaft zu treffen. Zu unterscheiden ist zwischen den in Betracht kommenden Informationsempfängern (Erwerbsinteressent, Einzelgesellschafter und Gesellschafterversammlung) und Informanten (Einzelgesellschafter, Geschäftsführer, Gesellschafterversammlung). Es ist zu beachten, dass der Geschäftsführer, da er die Gesellschaft leitet, die Informationen verwaltet und dadurch faktisch über sie verfügen kann. Hinsichtlich der übrigen potentiellen Informanten (Gesellschafterversammlung und Gesellschafter) besteht dagegen die Möglichkeit, die von dem Geschäftsführer erhaltenen Informationen weiterzugeben, in Frage.

I. Informationsansprüche des am Erwerb interessierten Dritten

1. Ansprüche gegen die Gesellschaft

Das dem Gesellschafter zustehende Informationsrecht gemäß § 51a Abs. 1 GmbHG kann ein Erwerber eines Geschäftsanteils erst geltend machen, wenn der Erwerb und der Nachweis des Übergangs bei der Gesellschaft gemäß § 16 Abs. 1 GmbHG angemeldet sind[636]. Dem Erwerbsinteressenten kann es daher noch nicht zustehen.

636 Wicke, GmbHG, § 51a Rn. 5; Lutter in Lutter/Hommelhoff, GmbHG, § 51a Rn.3 .

Es ergeben sich auch aus der Vertragsanbahnung keine Rechte auf Auskünfte gegen die Gesellschaft, denn der Anteilskaufvertrag über den Erwerb des Geschäftsanteils kommt zwischen dem Gesellschafter und dem Dritten zustande[637]. Aus diesem kann sich jedoch nur ein Anspruch des am Erwerb interessierten Dritten gegen seinen Vertragspartner, den Gesellschafter, auf eine – wenn auch nicht umfassende – vorvertragliche Prüfung des Kaufobjekts ergeben.

2. Ergebnis

Der Erwerbsinteressent hat gegen die Gesellschaft keine Ansprüche auf Informationen[638]. Diesbezüglich muss er sich an seinen Vertragspartner, den Gesellschafter, wenden.

II. Informationsanspruch des veräußerungswilligen Einzelgesellschafters

Da auch der Gesellschafter mangels eigenen Zugangs die Informationen von dem Geschäftsführer verlangen muss, ist zu untersuchen, ob er einen Anspruch auf Herausgabe der Information hat und diese Informationen anschließend an den Erwerbsinteressenten weitergeben darf.

1. Informationsanspruch aus § 51a Abs. 1 GmbHG

Gemäß § 51a Abs. 1 GmbHG ist ein Geschäftsführer verpflichtet, jedem Gesellschafter auf Verlangen unverzüglich Auskunft über die Angelegenheiten der Gesellschaft zu geben und die Einsicht der Bücher und Schriften zu gestatten.

Das Informationsrecht ist als Verwaltungsrecht Teil der mitgliedschaftlichen Rechte der Gesellschafter und dient sowohl der Ausübung der Teilhaberrechte als auch der Durchsetzung von Individualinteressen, wie zum Beispiel der Vermögensinteressen[639]. Entgegen dem Wortlaut des § 51a Abs. 1 GmbHG schuldet

637 Götze, ZGR 1999, 202 (206); Oppenländer, GmbHR 2000, 535 (537).

638 So auch Bremer, GmbHR 2000, 176 (176); Oppenländer, GmbHR 2000, 535 (537); Scholz/Schmidt, GmbHG, § 51a Rn. 13.

639 Scholz/Schmidt, GmbHG, § 51a Rn. 1ff.; Schiessl, in: Münchener HB d. Gesellschaftsrechts, Bd. 3, § 33 Rn. 4; Lutter in Lutter/Hommelhoff, GmbHG, § 51a Rn. 11; Mertens, in: Werner-FS, 557 (568ff.); Rowedder/Koppenstein, GmbHG, § 51a Rn. 1ff.; Schmiegelt, in: Beck'sches HB d. GmbH, § 3 Rn. 47.

die Gesellschaft selbst die Information. Die Geschäftsführung vertritt lediglich die Gesellschaft. Die Regelungen des § 51a Abs. 1 GmbHG und auch des später noch zu behandelnden § 51a Abs. 2 GmbHG sind gemäß § 51a Abs. 3 GmbHG zwingendes Recht und stehen nicht zur Disposition der Gesellschafter.

§ 51a Abs. 1 GmbHG bezieht sich auf die Angelegenheiten der Gesellschaft. Der Begriff wird weit ausgelegt[640] und umfasst alles, was mit der Gesellschaft, ihrer Tätigkeit und der Beteiligung des Gesellschafters zusammenhängt[641], und erlaubt dem Gesellschafter jegliche Fragen an die Geschäftsführung. Dies gilt auch für unternehmerische Kerndaten[642], die im Rahmen einer Due Diligence üblicherweise abgefragt werden.

Nach der überwiegenden Ansicht in der Literatur ist die Motivation des Auskunftsersuchens zunächst ohne rechtliche Bedeutung, da die Ausübung des Informationsrechts gerade kein berechtigtes Interesse – etwa nur zur Kontrolle der Geschäftsführung, zur Vorbereitung einer Beschlussfassung, zur Gewinnausschüttung oder einer Kapitalerhöhung – voraussetzt, sondern im freien Ermessen des Gesellschafters steht[643]. Danach kann ein Gesellschafter also Informationen verlangen, um die Veräußerung seiner Beteiligung durchzuführen. Aber auch die Ansicht in der Literatur, die die Gründe des Informationswunsches eines Gesellschafters thematisiert[644], erkennt den Gesellschafterwunsch nach Information zwecks Wertfeststellung der eigenen Beteiligung als berechtigt an. Da beide Standpunkte in diesem Zusammenhang zu demselben Ergebnis führen, erübrigt sich eine weitere Auseinandersetzung mit dem Streitstand.

Neben einem Auskunftsrecht gewährt § 51a Abs. 1 GmbHG dem Gesellschafter auch ein Einsichtsrecht, mit dessen Hilfe er sich die gewünschten Informationen selbst beschaffen kann. Er kann sich darüber hinaus eines Sachver-

---

640 Allgemeine Ansicht: OLG Hamm, WM 1986, 740 (741); OLG Düsseldorf, GmbHR 1991, 18 (18); Lutter in Lutter/Hommelhoff, GmbHG, § 51a Rn. 8; Rowedder/Koppensteiner, GmbHG, § 51a Rn. 6; Hachenburg/Hüffer, GmbHG, § 51a Rn. 21f.; Scholz/Schmidt, GmbHG, § 51 a Rn. 19; Grunewald, ZHR 146 (1982), 211 (214); Schmiegelt, in: Beck´sches HB d. GmbH, § 3 Rn. 73; Bremer, GmbHR 2000, 176 (176).

641 Schiessl, in: Münchener HB d. Gesellschaftsrechts, Bd. 3, § 33 Rn. 10.

642 Scholz/Schmidt, GmbHG, § 51a Rn. 19f.; Baumbach/Hueck/Zöllner, GmbHG, § 51a Rn. 10ff.

643 Lutter in Lutter/Hommelhoff, GmbHG, § 51a Rn. 2; OLG Stuttgart, BB 1983, 677; KG, GmbHR 1988, 221 (223); LG Düsseldorf, DB 1989, 1077; Rowedder/Koppensteiner, GmbHG, § 51a Rn. 12; v. Bitter, ZIP 1981, 825 (829); Grunewald, ZHR 146 (1982), 211 (222); Martens, GmbHR 1984, 265 (270); Tietze, 17ff.; Müller, GmbHR 1987, 87 (89); Wohlleben, 75ff.

644 BayObLG, ZIP 1993, 1162 (1163); Karsten Schmidt, Informationsrechte, 35ff.; Baumbach/Hueck/Zöllner, GmbHG, § 51a Rn. 27.

ständigen oder eines speziell von ihm mit der Wertfeststellung beauftragten Dritten, z.B. eines Wirtschaftsprüfers, bedienen[645].

Aufgrund dieses sehr weitgehenden Informationsrechts kann sich der veräußerungswillige Gesellschafter sämtliche vertrauliche Informationen, die für die Durchführung der Due Diligence erforderlich sind, verschaffen[646], sei es durch Auskunftsverlangen oder Einsichtnahme. Umstritten ist jedoch, ob die Herausgabe der relevanten Daten nicht von vorn herein verweigert werden muss, wenn bekannt ist, dass der Gesellschafter beabsichtigt, die erlangten Informationen an Dritte zwecks Durchführung einer Due Diligence weiterzugeben oder wie er mit den auf diese Weise erhaltenen Unterlagen verfahren darf. In einem solchen Fall könnte § 51a Abs. 2 S. 1 GmbHG eingreifen.

2. Auskunftsverweigerung gemäß § 51a Abs. 2 S. 1 GmbHG

§ 51a Abs. 2 S. 1 GmbHG gewährt der Geschäftsführung das Recht, die Auskunft an und Einsichtsname durch Gesellschafter zu verweigern, wenn zu besorgen ist, dass der Gesellschafter die erhaltene Information zu gesellschaftsfremden Zwecken verwenden und dadurch der Gesellschaft oder einem verbundenen Unternehmen einen nicht unerheblichen Nachteil zufügen wird. Zu untersuchen ist, ob dieser Tatbestand im Falle der Durchführung einer Due Diligence erfüllt wird.

a. Veräußerungswunsch als gesellschaftsfremder Zweck

Um festzustellen, ob die Geschäftsführung im Falle einer Due Diligence Auskunft und Einsichtnahme unter Berufung auf § 51a Abs. 2 S. 1 GmbHG verweigern kann, ist zunächst der Begriff „gesellschaftsfremd" zu definieren.

Nicht vertretbar erscheint diejenige Interpretation des Begriffs, bei welcher ein Verwendungszweck bereits als gesellschaftsfremd anzusehen ist, der den Interessen der Gesellschaft zuwiderläuft. Hierbei wird übersehen, dass das Informationsrecht vorrangig ein eigennütziges, den individuellen Interessen des Gesellschafters dienendes Recht ist, welches sich nicht immer im Einklang mit den

---

645 V. Bitter, ZIP 1981, 825 (828); Hirte, BB 1985, 2208 (2209); Lutter in Lutter/Hommelhoff, GmbHG, § 51a Rn. 4; Scholz/Schmidt, GmbHG, § 51a Rn. 27; Tietze, 19; Baumbach/Hueck/Zöllner, GmbHG, § 51a Rn. 25; Schmiegelt, in: Beck´sches HB d. GmbH, § 3 Rn. 80; Bremer, GmbHR 2000, 176 (177).

646 Körber, NZG 2002, 263 (266).

Gesellschaftsinteressen befinden muss[647]. Nach der herrschenden Meinung in der Literatur sind vielmehr nur solche Verwendungszwecke gesellschaftsfremd, die außerhalb ordnungsgemäßen mitgliedschaftlichen Verhaltens liegen[648].

Grundsätzlich steht die Absicht eines Gesellschafters, seine Beteiligung zu veräußern, der Annahme eines mitgliedschaftlichen Verhaltens nicht entgegen[649]. Vielmehr gehört die Veräußerung der Beteiligung als Verfügung über die Mitgliedschaft im Ganzen mit zu den Individualrechten eines Gesellschafters[650]. In Ermangelung eines gesetzlichen regulären Austrittsrechts des Gesellschafters aus der GmbH ist die Veräußerung der eigenen Beteiligung neben dem Recht zum außerordentlichen Austritt aus wichtigem Grund[651] die einzige Möglichkeit des Gesellschafters, sich aus seiner Stellung zu lösen[652]. Man wird ihm daher nicht verwehren können, sich Informationen über seine Beteiligung und deren Wert zu verschaffen, selbst wenn daraus der Gesellschaft Nachteile erwachsen[653]. Der Zweck, sich selbst über den Wert des Anteils informieren zu wollen, ist also nicht als gesellschaftsfremd einzuordnen.

b. Informationsweitergabe als gesellschaftsfremder Zweck

Umstritten ist jedoch, ob nicht die Weitergabe der Informationen an Dritte zur Durchführung einer Due Diligence als gesellschaftsfremd zu werten ist. Es ist daher zu untersuchen, ob Unternehmensinterna an den potentiellen Erwerber weitergegeben werden dürfen und wenn ja, unter welchen Voraussetzungen dies der Fall ist. Es ist zu fragen, ob der Gesellschafter, der Informationen an einen am Erwerb interessierten Dritten weitergibt, zu einem gesellschaftsfremden Zweck handelt.

---

647 Götze, ZGR 1999, 202 (206); zu diesem Ergebnis kommt auch die herrschende Meinung in der Literatur: Schiessl, in: Münchener HB d. Gesellschaftsrechts, Bd. 3, § 33 Rn. 4; Tietze, 63; Hachenburg/Hüffer, GmbHG, § 51a Rn. 7.

648 Vergleiche statt aller Scholz/Schmidt, GmbHG, § 51a Rn. 39 m. w. H.

649 Götze, ZGR 1999, 202 (208); Schiessl, in: Münchener HB d. Gesellschaftsrechts, Bd. 3, § 33 Rn. 20; Tietze, 63f.; KG, ZIP 1988, 714 (717); Volhard/Weber, in: Semler-FS, 387ff.; Körber, NZG 2002, 263 (266); Oppenländer, GmbHR 2000, 535 (537); Haas/Müller, GmbHR 2004, 1169 (1170).

650 Tietze, 63.

651 Dieses außerordentliche Austrittsrecht greift im Fall der Unzumutbarkeit des Verbleibs in der Gesellschaft ein und ist die stärker einschneidende Maßnahme.

652 Götze, ZGR 1999, 202 (208); Scholz/Winter, GmbHG, § 15 Rn. 114ff. m. w. H.

653 Bihr, BB 1998, 1198 (1199); Lutter, ZIP 1997, 613 (614); Hachenburg/Hüffer, GmbHG, § 51a Rn. 7; Baumbach/Hueck/Zöllner, GmbHG, § 51a Rn. 29; Lutter in Lutter/Hommelhoff, GmbHG, § 51a Rn. 27; Tietze, 63f.; Grunewald, ZHR 146 (1982), 211 (218); Müller, GmbHR 1987, 87 (88); Reuter, BB 1986, 1653(1656).

Allgemein wird aus § 51a Abs. 2 S. 1 GmbHG der Schluss gezogen, dass die Weitergabe von Informationen an Dritte unzulässig ist, wenn sie zu gesellschaftsfremden Zwecken erfolgt[654]. Dies folge aus der Tatsache, dass in diesem Fall keine schutzwürdigen Interessen des Gesellschafters beständen[655]. Diese Argumentation erscheint zwingend folgerichtig, da die Weitergabe von Informationen zu gesellschaftsfremden Zwecken als Verwendung zu gesellschaftsfremden Zwecken anzusehen ist. Sie hilft in dem Fall der Informationsweitergabe bei der Due Diligence jedoch nicht weiter. Wie bereits festgestellt wurde, ist der Wunsch eines Gesellschafters, seine Beteiligung zu veräußern, nämlich gerade nicht gesellschaftsfremd, da das Recht auf Veräußerung zu seinen mitgliedschaftlichen Rechten gehört.

Aber auch die Weitergabe von Informationen ist nicht grundsätzlich gesellschaftsfremd; sie selbst ist vielmehr zweckneutral, das heißt kann verschiedenen Zwecken dienen[656]. So wird es allgemein als nicht gesellschaftsfremd und damit als zulässig angesehen, wenn Informationen an zur Berufsverschwiegenheit verpflichtete Personen (Steuerberater, Wirtschaftsprüfer, Rechtsanwälte) weitergeben werden[657]. Zu fragen ist also, zu welchem Zweck der Gesellschafter im Einzelfall die Informationen weitergeben möchte und ob dieser als gesellschaftsfremd zu werten ist.

Legt man den Standpunkt zu Grunde, dass der Gesellschafter, der Informationen zur Bewertung seines eigenen Geschäftsanteils verlangt und erhält, nicht zu einem gesellschaftsfremden Zweck handelt, kann für die Weitergabe der Informationen an den potentiellen Käufer nichts anderes gelten. Auch hier geht es sich lediglich um die Wahrnehmung seiner mitgliedschaftlichen Rechte. Dass die Weitergabe der Informationen durch den Gesellschafter das Risiko in sich birgt, dass der potentielle Käufer die Informationen zweckwidrig nutzt[658], indem er nach Erhalt der Information vom Kauf absieht und sie im Wettbewerb gegen die Gesellschaft ausnutzt[659], führt nicht zu einer anderen Beurteilung. Der Wortlaut des § 51 a Abs. 2 S. 1 GmbHG setzt voraus, dass der Gesellschafter selbst die Informationen zu von ihm selbst beabsichtigten gesellschaftsfremden Zwecken

---

654 Allgemeine Ansicht: Rowedder/Koppensteiner, GmbHG, § 51 a Rn. 20; Scholz/Schmidt, GmbHG, § 51a Rn. 6; Lutter, ZGR 1982, 1 (13).

655 Rowedder/Koppensteiner, GmbHG, § 51 a Rn. 20.

656 Götze, ZGR 1999, 202 (210); Krömker, ZGR 2003, 418 (422).

657 Volhard/Weber, in: Semler-FS, 387 (400); Scholz/Schmidt, GmbHG, § 51a Rn. 6; Hachenburg/Hüffer, GmbHG, § 51a Rn. 15.

658 So auch Götze, ZGR 1999, 202 (210).

659 Diesen Ablauf beschreibt Lutter, ZiP 1997, 613 (614).

verwendet[660]. Dies ist nicht der Fall, wenn der Dritte, der vorgab, am Erwerb interessiert zu sein, die Informationen zum Schaden der Gesellschaft missbraucht[661]. Es genügt daher nicht, dass der Gesellschafter das zweckwidrige Verhalten eines Dritten, das er zum Zeitpunkt der Weitergabe der Informationen nicht kennt, ermöglicht.

Zur Verdeutlichung ist noch der in diesem Zusammenhang oft erwähnte Fall[662], in dem ein Gesellschafter, der an einem Konkurrenzunternehmen beteiligt ist, Informationen begehrt, zu behandeln. Die Gefahr besteht darin, dass der Gesellschafter selbst die vertraulichen Daten für das Konkurrenzunternehmen zum Nachteil der Gesellschaft einsetzt. Dieses Verhalten läge außerhalb ordnungsgemäßen mitgliedschaftlichen Verhaltens. Bei einer Beteiligung an einem Konkurrenzunternehmen spricht eine gewisse Wahrscheinlichkeit für eine gesellschaftsfremde Verwendung durch den Gesellschafter, so dass das Merkmal „gesellschaftsfremd" ohne weitere Voraussetzungen als erfüllt anzusehen ist. Ein Verweigerungsgrund gemäß § 51a Abs. 2 S. 1 GmbHG liegt in dieser Konstellation vor.

Festzuhalten ist, dass die Weitergabe von Informationen im Rahmen der Due Diligence durch den Gesellschafter, die im Vorfeld der Veräußerung stattfindet, nicht einem gesellschaftsfremden Zweck dient[663].

c. Allgemeine Verschwiegenheitspflicht der Gesellschafter gemäß § 51a GmbHG

Obwohl das Verlangen, der Erhalt und die Weitergabe von Informationen an den Erwerbsinteressenten nicht als gesellschaftsfremd anzusehen ist, ist zu untersuchen, ob und inwieweit die Gesellschafter hinsichtlich der ihnen gegenüber gemäß § 51a Abs. 1 GmbHG offenbarten Informationen eine Verschwiegenheitspflicht trifft.

Die Ansichten in der Literatur, die eine Verschwiegenheitspflicht der Gesellschafter annehmen, entwickeln diese entweder im Rahmen der Subsumtion des Tatbestandsmerkmals „gesellschaftsfremd" aus § 51a GmbHG[664] oder aus der

660 Dieser Ansicht ist für den Fall der gesellschaftsfremden Verwendung der Informationen durch einen Bevollmächtigten Tietze, 20.

661 Götze, ZGR 1999, 202 (212); a. A. Reuter, BB 1986, 1653 (1657).

662 So zum Beispiel Baumbach/Hueck/Zöllner, GmbHG, § 51a Rn. 37; Rowedder/Koppensteiner, GmbHG, § 51a Rn. 23. Zu der Problematik ausführlich Ivens, GmbHR 1989, 273ff.

663 In diesem Sinne auch Körber, NZG 2002, 263 (266); Oppenländer, GmbHR 2000, 535 (537).

664 Schiessl, in: Münchener HB des Gesellschaftsrechts, Bd. 3, § 33 Rn. 20; Scholz/Schmidt, GmbHG, § 51a Rn. 6; Grunewald, ZHR 146 (1982), 211 (227); Timm, GmbHR 1980, 286 (294). Lutter, ZGR 1982, 1 (12 - 13).

allgemeinen gesellschafterlichen Treuepflicht[665]. Obwohl die Verschwiegenheitspflicht in § 51a GmbHG nicht ausdrücklich geregelt ist, wird sie als Kehrseite des sehr umfassenden Informationsrechts des Gesellschafters gemäß § 51a GmbHG verstanden[666].

Grunewald (zum Beispiel) zieht aus dieser Verschwiegenheitspflicht den Schluss, eine Weitergabe von Informationen an gesellschaftsfremde Dritte sei immer unzulässig. Sie begründet es damit, dass der Gesellschafter Informationen nur zur Unterstützung seiner eigenen Gesellschafterrechte erhalte. Ein aussenstehender Dritter habe seine Fragen an die Geschäftsführung als für Außenkontakte zuständiges Organ der Gesellschaft zu richten[667].

Diese Argumentation kann nicht überzeugen. Wie bereits festgestellt, umfassen die mitgliedschaftlichen Rechte der Gesellschafter die Möglichkeit, die Beteiligung zu veräußern. Dies bedeutet, dass ein Gesellschafter durch die Weitergabe von Informationen im Rahmen einer Due Diligence lediglich seine eigenen Rechte wahrnimmt. Außerdem ist der potentielle Käufer kein beliebiger aussenstehender Dritter[668], sondern zukünftiger Vertragspartner des am Verkauf interessierten Gesellschafters und zukünftiger Gesellschafter. *Götze* weist berechtigterweise daraufhin, dass nur das Institut der Treuepflicht im Gegensatz zu der Subsumtion des Tatbestandsmerkmals des gesellschaftsfremden Zwecks eine abgestufte Entscheidung und damit eine flexible Problemlösung ermöglicht[669].

Dem ist zuzustimmen. Hinsichtlich der Entscheidung nach § 51a Abs. 2 S. 1 GmbHG haben Gesellschafter und Geschäftsführer kein Rechtsfolgeermessen, sondern lediglich ein begrenztes Beurteilungsermessen hinsichtlich der Frage, ob eine Besorgnis der Verwendung zu gesellschaftsfremden Zwecken vorliegt[670]. Die Geschäftsführung muss die Information verweigern, wenn der Tatbestand des § 51a Abs. 2 S. 1 GmbHG oder andere Verweigerungsgründe gegeben

---

665 Götze, ZGR 1999, 202 (209); Lutter, ZIP 1997, 613 (615); Schmiegelt, in: Beck´sches HB d. GmbH, § 3 Rn. 136; wohl auch Bihr, BB 1998, 1198 (1199), der sich Lutter anschließt; Meyer-Landrut/Meyer-Landrut, GmbHG, § 14 Rn. 27, Tietze, 19/20. Lutter, ZGR 1982, 1 (12 - 13), Lutter in Lutter/Hommelhoff, GmbHG, § 51a Rn. 24; Oppenländer, GmbHR 2000, 535 (537): Körber. NZG 2002, 263 (271); Hachenburg/Hüffer, GmbHG, § 51a Rn. 11 und Winter, Mitgliedschaftliche Treuebindungen, 123, stützen sich auf beide Begründungen.

666 Lutter /Hommelhoff, GmbHG, § 51a Rn. 20, Oppenländer, GmbHR 2000, 535 (537); Körber, NZG 2002, 263 (271); Scholz/Schmidt, GmbHG, § 51a Rn. 6; Hachenburg/Hüffer, GmbHG, § 51a Rn. 11; Lutter, ZGR 1982, 1 (13); Rowedder/Koppensteiner, GmbHG, § 51a Rn. 20; Roth/Altmeppen, GmbHG, § 51a Rn. 24.

667 Grunewald, ZHR 146 (1982), 211 (227).

668 So Götze, ZGR 1999, 202 (209).

669 Götze, ZGR 1999, 202 (210).

670 Baumbach/Hueck/Zöllner, GmbHG, § 51a Rn. 39; Schmiegelt, in: Beck´sches HB d. GmbH, § 3 Rn. 83.

sind[671]. Es ist nicht notwendig, den Tatbestand des § 51a Abs. 2 S. 1 GmbHG über seinen Wortlaut hinaus auszudehnen, wenn dasselbe Ergebnis durch das bereits bestehende Institut der Treuepflichten, welches anerkanntermaßen die Durchsetzung eigennütziger Mitgliederrechte beschränkt, erreicht wird. Hierauf sollte die Entscheidung über die Weitergabe von Informationen vorrangig gestützt werden, unabhängig davon, ob man § 51a Abs. 2 GmbHG als gesetzlich normierte Ausprägung der gesellschafterlichen Treuepflicht ansieht.

3. Auskunftsverweigerung wegen Verstoßes gegen die Treuepflicht

Neben dem sich aus § 51a Abs. 2 S. 1 GmbHG ergebendem gesetzlichen Auskunftsverweigerungsrecht besteht eine weitere Schranke des Informationsrechts durch die bereits erwähnte Treuepflicht des Gesellschafters. Auch wenn die Weitergabe von Informationen im Rahmen der Due Diligence nicht das Tatbestandsmerkmal der Gesellschaftsfremdheit erfüllt, steht fest, dass durch eine solche Prüfung Gefahren für die Gesellschaft drohen. Daher ist zu untersuchen, ob der einzelne Gesellschafter nicht verpflichtet ist, bei der Wahrnehmung seiner Interessen aufgrund allgemeiner Treuepflichten die Interessen der Gesellschaft zu berücksichtigen und somit die Informationen nicht an erwerbsinteressierte Dritte herausgeben darf und ob der Geschäftsführer die Einhaltung der Treuepflicht durch Verweigerung der Herausgabe der Information bzw. Einsichtsnahme durchsetzen kann.

a. Verschwiegenheitspflicht aus Treuepflicht

Wie bereits dargelegt[672], stuft ein Großteil der Literatur die Verschwiegenheitspflicht der Gesellschafter als Bestandteil der Treuepflicht ein. Doch nur für wenige folgt aus der Verschwiegenheitspflicht als Teil der Treuepflicht, dass die Weitergabe der gemäß § 51a Abs. 1 GmbHG erlangten Informationen an nicht gesellschaftsangehörige Dritte generell unzulässig ist[673].

Hachenburg/Hüffer folgern aus dem Vertraulichkeitsgrundsatz, dass die Weitergabe von Informationen an gesellschaftsfremde Dritte grundsätzlich pflichtwidrig ist, und zwar ohne Rücksicht auf ihren Inhalt und ohne Rücksicht darauf, welche Zwecke mit der Verbreitung der Kenntnisse verfolgt werden[674].

---

671 Grunewald, ZHR 146 (1982), 211 (232); Schmiegelt, in: Beck´sches HB d. GmbH, § 3 Rn. 83.

672 Siehe oben unterF.II.2.c.

673 So – wie bereits erörtert – Grunewald, ZHR 146 (1982), 211 (227); Roth/Altmeppen, GmbHG, § 51a Rn. 25; Hachenburg/Hüffer, GmbHG, § 51a Rn. 11.

674 Hachenburg/Hüffer, GmbHG, § 51 a Rn. 11.

Dieses Ergebnis lässt sich angesichts der heutigen Praxis kaum vertreten. Die Durchführung einer Due Diligence vor einem Unternehmens- bzw. Beteiligungskauf ist allgemein üblich; die strikte, ausnahmslose Verweigerung würde daher zu einer faktischen Veräußerungssperre[675] führen. Eine Anteilsübertragung wäre ohne Offenbarung zumindest einiger Gesellschaftsinterna nicht durchzuführen, obgleich jeder Erwerber von Geschäftsanteilen berechtigterweise das betreffende Unternehmen kennen und demnach Informationen über das Unternehmen erlangen möchte, auch wenn er keine umfassende Due Diligence verlangt[676]. Die strikte Auffassung von *Hachenburg/Hüffer* würde dazu führen, dass Geschäftsanteile nicht mehr zu veräußern wären (Vinkulierung). Die Veräußerung von Geschäftsanteilen, die gemäß § 15 Abs. 1 GmbHG grundsätzlich frei erfolgen darf, kann zwar erschwert und sogar ausgeschlossen werden[677]. Dies folgt aus der rechtlichen Überlegung, dass derartige Maßnahmen nicht die Verfügungsbefugnis des Anteilsinhabers betreffen, sondern es sich um eine Inhaltsbestimmung des Anteilsrechts gemäß §§ 339, 413 BGB handelt, die das GmbHG nicht verbietet[678]. Die Vinkulierung, die durch Verweigerung der Due Diligence faktisch entstände, erfüllt aber nicht die Voraussetzungen, die das Gesetz an eine Begrenzung der Verfügungsbefugnis stellt. Zunächst fehlt es an einer Festlegung in der Satzung: Die Beschränkung muss sich in jedem Fall mit hinreichender Deutlichkeit aus der Satzung ergeben[679]. Zusätzlich kann das Recht auf freie Veräußerbarkeit (als relativ unentziehbares Mitgliedsrecht) dem Gesellschafter nur mit dessen Zustimmung genommen werden[680]. So setzt § 15 Abs. 5 GmbHG für Einschränkungen der Veräußerlichkeit die Änderung der Satzung voraus, die eines Gesellschafterbeschlusses und der Zustimmung aller betroffenen Gesellschafter bedarf[681]. Sind derartige Einschränkungen schon mit Gründung der Gesellschaft vereinbart worden, haben alle Gesellschafter auf diesem Wege zuge-

---

675 Schiessl, in: Münchener HB d. Gesellschaftsrechts, Bd. 3, § 33 Rn. 20; Götze, ZGR 1999, 202 (211).

676 Zu diesem Spannungsfeld unabhängig von einer Due Diligence siehe Volhard/Weber, in: Semler-FS, 387 (387/388); Reuter, BB 1986, 1653 (1653/1654).

677 Allgemeine Ansicht: Lutter in Lutter/Hommelhoff, GmbHG, § 15 Rn. 1; Scholz/Winter, GmbHG, § 15 Rn. 102; Baumbach/Hueck/Hueck/Fastrich, GmbHG, § 15 Rn. 2/37; Hachenburg/Zutt, GmbHG, Rn. 4; Wiedemann, Mitgliedschaftsrechte, 76ff.

678 Scholz/Schmidt, GmbHG, § 15 Rn. 102.

679 BGHZ 48, 141(144).

680 Scholz/Priester, GmbHG, § 53 Rn. 46.

681 Umstritten, dafür: Baumbach/Hueck/Zöllner, GmbHG, § 53 Rn. 34; Scholz/Priester, GmbHG, § 53 Rn. 161; Rowedder/Zimmermann, GmbHG, § 53 Rn. 26; Hachenburg/Ulmer, GmbHG, § 53, Rn. 124; einschränkend: Meyer-Landrut/Meyer-Landrut, GmbHG, § 53 Rn. 18. Dagegen sind Lutter/Timm, NJW 1982, 409 (416) für den Fall, dass die Vinkulierung die Gesellschaft sichern soll; Fette, GmbHR 1986, 73 (75).

stimmt, § 2 Abs. 1 GmbHG. Eine faktische Vinkulierung widerspricht demgegenüber dem Sinn und Zweck der gesetzlichen Regelung.

Abgesehen von dem deshalb abzulehnenden Standpunkt von *Hachenburg/Hüffer* wird die Frage der Zulässigkeit der Informationsweitergabe sehr unterschiedlich beantwortet. Einigkeit besteht darüber, dass zumindest in Ausnahmefällen der Gesellschafter zur Wahrung seiner eigenen Belange berechtigt sein muss, Angelegenheiten der Gesellschaft gegenüber Dritten zu äußern[682]. So soll nach *Lutter/Hommelhoff* die Weitergabe der gewonnenen Daten im Zweifel unzulässig sein[683], wobei etwas anderes nur in Ausnahmefällen gelte, zum Beispiel beim Verkauf des Geschäftsanteils unter Weitergabe der Vertraulichkeitspflicht. Dagegen sehen *Scholz/Schmidt* die Weitergabe von Informationen als grundsätzlich unbedenklich an, wenn „Diskretion und Wahrung der Gesellschaftsinteressen gesichert sind"[684].

Angesichts der widerstreitenden Interessen von Gesellschaft und Gesellschafter im Falle einer Due Diligence erscheint eine pauschale Einstufung der Bewertung als zulässig bzw. unzulässig nicht angebracht. Die Bedeutung und Wertigkeit des Gesellschaftsinteresses hängt von den Umständen des Einzelfalles und von Art und Gegenstand der ausgeübten Rechtsmacht ab[685]. Auch im Fall der Due Diligence ist das Interesse der Gesellschaft an deren Nichtdurchführung bei jeder Veräußerung von Geschäftsanteilen unterschiedlich: Die Gefahr der zweckwidrigen Verwendung durch den am Erwerb interessierten Dritten hängt jeweils von dessen Person ab. Dies gilt insbesondere für die Unterscheidung zwischen Konkurrenten und Nichtkonkurrenten. Auch das Interesse des Gesellschafters an der Durchführung der Due Diligence steht und fällt mit dem Vertragspartner. Je stärker die Verhandlungsposition des Gesellschafters ist, desto leichter wird es ihm fallen, die Durchführung einer Due Diligence abzulehnen oder zumindest deren Umfang zu beschränken. Seine Situation verbessert sich zusätzlich, wenn mehrere Interessierte existieren. Möchte der Gesellschafter die Due Diligence allerdings ermöglichen und muss sie ablehnen, kann dies dazu führen, dass die Transaktion nicht zustande kommt oder der Vertragspartner zumindest eine Preisreduzierung verlangt. Eine pauschale Befürwortung bzw. Ablehnung der Due Diligence kann daher den verschiedenen Fallkonstellationen nicht gerecht werden.

Es ist ein genauerer Blick auf das Institut der Treuepflichten und ihre konkrete Anwendung im Falle von Informationsbegehren zu werfen:

---

682 Schmiegelt, in: Beck'sches HB d. GmbH, § 3 Rn. 137.
683 Lutter in Lutter/Hommelhoff, GmbHG, § 51a Rn. 24.
684 Scholz/Schmidt, GmbHG, § 51a Rn. 6.
685 Scholz/Winter, GmbHG, § 14 Rn. 55.

Die gesetzlich nicht geregelte, aber allgemein anerkannte gesellschaftliche Treuepflicht hat ihren Ursprung in § 242 BGB[686]. Sie ist zu einem eigenständigen Rechtsinstitut entwickelt worden. Diese Treuepflicht gebietet dem Mitglied der Gesellschaft, diese nicht zu schädigen oder zu beeinträchtigen, sie unter Umständen aktiv zu fördern und auf Interessen der Mitgesellschafter Rücksicht zu nehmen[687]. Das hieraus resultierende Gebot an Gesellschafter, sich redlich und loyal zu verhalten, überlagert deren mitgliedschaftliche Einzelrechte oder -pflichten, deren Ausübung bzw. Erfüllung durch die Treuepflicht konkretisiert und modifiziert werden[688]. Im Ergebnis kann die Treuepflicht aufgrund dieser Funktion die Ausübung von Gesellschafterrechten oder Befugnissen der Gesellschaftsorgane im Einzelfall unzulässig machen[689]. Zur Konkretisierung ist grundsätzlich eine Abwägung der im Einzelfall betroffenen Interessen von Gesellschaft und Gesellschaftern vorzunehmen[690].

Dies gilt auch im Fall der Ausübung von Gesellschafterrechten und -befugnissen[691], die vorrangig den Interessen des einzelnen Gesellschafters dienen. Der Gesellschafter darf seine eigenen Rechte verfolgen, muss allerdings die Interessen der Gesellschaft so berücksichtigen, dass Art und Weise der Wahrnehmung dieser Rechte vom Zweck ihrer Einräumung gedeckt und die Gesellschaft und Mitgesellschafter nicht übermäßig belastet sind[692]. Das Informationsrecht aus § 51a Abs. 1 GmbHG ist ein solches eigennütziges Mitgliedschaftsrecht[693]. Auf dieses soll jedoch nicht allein abgestellt werden. Es steht bereits fest, dass dem Gesellschafter Informationen nicht verweigert werden dürfen, wenn er sie zur Wertfeststellung des eigenen Geschäftsanteils benötigt. Auch das Recht auf

686 Scholz/Winter, GmbHG, § 14 Rn. 50.

687 Schiessl, in: Münchener HB d. Gesellschaftsrechts, Bd. 3, § 32 Rn. 12; Schmiegelt, in: Beck´sches HB d. Gesellschaftsrechts, § 3 Rn. 22.

688 Scholz/Winter, GmbHG, § 14 Rn. 51, 52; Baumbach/Hueck/Hueck/Fastrich, GmbHG, § 13 Rn. 21f.

689 Allgemeine Ansicht in Rechtsprechung und Literatur: BGHZ 14, 25 (38); 76, 352 (357); 80, 346 (349); Scholz/Winter, GmbHG, § 14 Rn. 54; Meyer-Landrut/Meyer-Landrut, GmbHG, § 14 Rn. 27.

690 Allgemeine Meinung: Meyer-Landrut/Meyer-Landrut, GmbHG, § 14 Rn. 25 - 27; Baumbach/Hueck/Hueck/Fastrich, GmbHG, § 13 Rn. 23/24; Schiessl, in: Münchener HB d. Gesellschaftsrechts, Bd. 3, § 32 Rn. 15; Schmiegelt, in: Beck´sches HB d. Gesellschaftsrechts, § 3 Rn. 23.

691 Allgemeine Ansicht in Literatur und Rechtsprechung: Baumbach/Hueck/Hueck/ Fastrich, GmbHG, § 13 Rn. 27; BGH 14, 25 (38); BGH, GmbHR 1991, 362 (362); OLG Frankfurt, GmbHR 1993, 659 (659); Scholz/Winter, GmbHG, § 14 Rn. 57; Bayer in Lutter/Hommelhoff, GmbHG, § 14 Rn. 20ff.

692 Schiessl, in: Münchener HB d. Gesellschaftsrechts, Bd. 3, § 32 Rn. 18.

693 Lutter in Lutter/Hommelhoff, GmbHG, § 51a Rn. 1; Grunewald, ZHR 1982, 211 (216f.); Lutter, ZGR 1982, 1 (3); Schiessl, in: Münchener HB d. Gesellschaftsrechts, Bd. 3, § 32 Rn. 18.

Veräußerung, dessen Ausübung die Durchführung einer Due Diligence und damit die Weitergabe von Informationen voraussetzt, ist als ein eigennütziges Mitgliedsrecht einzustufen, welches nur mit Zustimmung der betroffenen Gesellschafter eingeschränkt oder ausgeschlossen werden kann[694].

Somit ist das Treuegebot hinsichtlich der vertraulichen Behandlung von Informationen zu konkretisieren, indem eine Abwägung zwischen dem Interesse des Gesellschafters, seine Geschäftsanteile zu veräußern, und dem Interesse der Gesellschaft an der Geheimhaltung vorgenommen wird. Zu beachten ist dabei, dass in einer personalistischen, auf die Personen der Gesellschafter ausgerichteten GmbH die Treuepflicht stärker ausgeprägt sein wird als in einer kapitalistisch strukturierten, und daher vorwiegend dem Vermögensanlageinteresse der Gesellschafter dienenden Gesellschaft[695].

b. Konkretisierung der Treuepflicht durch Abwägung

Im Rahmen der Abwägung[696] ist das Interesse der Gesellschaft an der Geheimhaltung von bestimmten Informationen wegen der Aufrechterhaltung ihrer Chancen im Wettbewerb und Markt den Individualinteressen des Gesellschafters gegenüberzustellen.

Die Frage, unter welchen Voraussetzungen ein Übergewicht eines der verschiedenen Interessen festzustellen ist, wird unterschiedlich beantwortet. Einigkeit besteht nur dahingehend, dass die Weitergabe von Informationen im Rahmen der Due Diligence möglich sein muss, um nicht durch eine faktische Veräußerungssperre große Nachteile auf dem freien Markt zu bewirken[697].

Nach *Lutter* und *Bihr* überwiegt das Interesse der Gesellschaft immer. Begründet wird dies mit der Situation, in der es sich bei dem potentiellen Erwerber um einen Konkurrenten handelt. Die erforderliche Unternehmensbewertung könne dann lediglich von einem neutralen Wirtschaftsprüfer durchgeführt werden, der nur das Ergebnis und die Kalkulationsgrundlagen dem zur Weitergabe be-

---

694 Schiessl, in: Münchener HB d. Gesellschaftsrechts, Bd. 3, § 31 Rn. 33; hierzu ausführlicher siehe weiter oben in diesem Abschnitt.

695 Schmiegelt, in: Beck´sches HB d. Gesellschaftsrechts, § 3 Rn. 22.

696 Volhard/Weber, in: Semler-FS, 387 (417), Bihr, BB 1998, 1998 (1999), Haas/Müller, GmbHR 2004, 1169 (1170) und Oppenländer, GmbHR 2000, 535 (538), nehmen eine Abwägung zwischen dem Gesellschafterinteresse und dem Interesse der Gesellschaft im Fall der Due Diligence ausdrücklich vor. Schiessl, in: Münchener HB d. Gesellschaftsrechts, Bd. 3, § 33 Rn. 20 und Lutter, ZIP 1997, 613 (615), dagegen stellen die verschiedenen Interessen an der Informationsweitergabe beziehungsweise an der Geheimhaltung gegenüber, ohne explizit von einer Abwägung zu sprechen.

697 Lutter, ZIP 1997, 613 (615); Schiessl, in: Münchner HB d. Gesellschaftsrechts, Bd. 3, § 33 Rn. 20.

rechtigten Gesellschafter mitteilt[698]. Diese Lösung erscheint im Hinblick auf den Fall der Veräußerung an einen Nichtkonkurrenten insofern nicht als zufriedenstellend, als sie den herausgearbeiteten Grundsätzen der Treuepflicht und deren Konsequenzen nicht Rechnung trägt: Das Gesellschaftsinteresse soll gerade nicht unter Heranziehen der Treuepflicht einseitig bevorzugt werden, in dem man ihm grundsätzlich den Vorrang einräumt. Dies ist im Fall der Ausübung eigennütziger Gesellschafterinteressen im Gegensatz zu Maßnahmen der Geschäftsführung nicht angezeigt[699]. Der Gesellschafter muss nicht seine Interessen generell hinter denen der Gesellschaft und anderer Gesellschafter zurückstellen[700].

Hinzukommt, dass die Weitergabe einer durch einen neutralen Prüfer erstellten Auswertung neben einigen Basisdaten dem allgemeinen Ziel der Due Diligence nicht in jeder Hinsicht gerecht werden kann. Diese Due Diligence geht nämlich über die reine Unternehmensbewertung hinaus[701]. Der Due Diligence Report enthält eine umfassende Aufstellung hinsichtlich aller rechtlichen und wirtschaftlichen Verhältnisse des Unternehmens. Der Schwerpunkt liegt neben einer Art Bestandsaufnahme in einer flexiblen Prüfung, die an die Ziele der Adressaten angepasst ist und dem Entscheidungsträger den „springenden" Punkt der Transaktion aufzeigt[702]. Würde man verlangen, dass die Bewertung immer durch einen neutralen Wirtschaftsprüfer durchgeführt wird, könnte mit der Due Diligence der ursprüngliche Sinn und Zweck einer solchen nicht mehr verfolgt werden.

Zu bevorzugen ist deshalb der ebenfalls in der Literatur vertretene Ansatz, ähnlich wie bei der Due Diligence in einer Aktiengesellschaft, eine umfassende Abwägung vorzunehmen[703].

c. Verhältnismäßigkeit der geplanten Informationsweitergabe

Im Rahmen dieser Abwägung sind die allgemeinen Grundsätze, wie auch der der Verhältnismäßigkeit, zu berücksichtigen[704].

698 Lutter, ZIP 1997, 613 (615); Bihr, BB 1998, 1198 (1199).

699 Scholz/Winter, GmbHG, § 14 Rn. 57.

700 Bayer in Lutter/Hommelhoff, GmbHG, § 14 Rn. 20ff.; Winter, Mitgliedschaftliche Treuebindungen, 121.

701 Siehe oben unter B.III.2.

702 Barthel, DStZ 1999, 73 (78).

703 Götze ZGR 1999, 202 (212ff.); Volhard/Weber, in: Semler-FS, 387 (389ff.); Körber, NZG 2002, 263 (271); Oppenländer, GmbHR 2000, 535 (538).

704 Baumbach/Hueck/Hueck/Fastrich, GmbHG, § 13 Rn. 28; Götze, ZGR 1999, 202 (213); Hachenburg/Raiser, GmbHG, § 14 Rn. 55; Schiessl, in: Münchener HB d. Gesellschaftsrechts, Bd. 3, § 33 Rn. 25; Schmiegelt, in: Beck´sches HB d. Gesellschaftsrechts, § 3 Rn. 23; Oppenländer, GmbHR 2000, 535 (538).

Die Weitergabe der Informationen entspricht dann dem Grundsatz der Verhältnismäßigkeit, wenn sie geeignet ist, den ihr zugedachten Zweck zu erfüllen, das heißt, die Due Diligence muss zur Veräußerung des Geschäftsanteils führen können. Dies ist dann nicht der Fall, wenn zum Zeitpunkt der Durchführung der Due Diligence feststeht, dass die geplante Transaktion nicht mehr durchgeführt werden kann[705]. Eine solche Situation kann sich unter anderem dann ergeben, wenn der Gesellschaftsvertrag eine Zustimmung der anderen Gesellschafter zu der Veräußerung vorsieht (§ 15 Abs. 5 GmbHG) und diese die Zustimmung verweigern. Ist zum Beispiel auch voraussehbar, dass eine Transaktion aufgrund kartellrechtlicher Verbote unterbunden werden kann, kann durch die Due Diligence die Veräußerung der Geschäftsanteile nicht erreicht werden. Das Verlangen, Informationen zwecks Weitergabe zu erhalten, ist dann nicht verhältnismäßig.

In den genannten Fällen kann die Informationsweitergabe auch wegen beabsichtigten Missbrauchs gemäß § 51a Abs. 2 GmbHG verweigert werden. Ist die Situation von Anfang an eindeutig, ist anzunehmen, dass der potentielle Erwerber im Einvernehmen mit dem Gesellschafter von vornherein andere Ziele verfolgt, zum Beispiel die Informationen im Wettbewerb gegen die Gesellschaft auszunutzen. In einem solchen Falle besteht die Besorgnis, dass der Gesellschafter die Informationen zu gesellschaftsfremden Zwecken verwendet.

Die Informationsweitergabe muss auch zur Erreichung des beabsichtigten Zwecks erforderlich sein. Zur Wahrnehmung des berechtigten eigenen Interesses muss das mildeste Mittel gewählt werden[706]. Die Due Diligence hat keinen festgelegten Umfang, sondern ist den Bedürfnissen der Vertragspartner anzupassen[707]. Hierbei ist, um dem Erfordernis der Erforderlichkeit zu genügen, die Prüfung möglichst schmal zu halten und auf das Nötigste zu reduzieren. Insbesondere sollte erst nach einem gewissen Fortschritt der Verhandlungen die Due Diligence gestattet werden[708]. Als Beispiel für nicht erforderliche Informationen ist die Aushändigung von Mitarbeiterlisten unter Angabe von deren persönlichen und betrieblichen Daten zu nennen. Es dürfte ab einer gewissen Unternehmensgröße ausreichend sein, anonymisierte Aufstellungen zu übergeben[709]. Die Personen der Mitarbeiter und deren Daten sind meist nur in kleinen Unternehmen maßgeblich, wenn Mitarbeiter in exponierter Stellung für den Erwerber von besonderem Interesse sind. Schließlich ist auch zwischen Auskunft und Einsicht zu

705 Götze, ZGR 1999, 202 (213).

706 Hachenburg/Raiser, GmbHG, § 14 Rn. 55; Schmiegelt, Beck'sches HB d. Gesellschaftsrechts, § 3 Rn. 23.

707 Siehe oben zur Bedeutung und Ablauf der Due Diligence unter B.III.2ff.

708 Siehe ausführlicher zu den einzelnen Möglichkeiten der Durchführung unter D.V.6.

709 Götze, ZGR 1999, 202 (213).

differenzieren. Oftmals genügt es in einem Data Room die angeforderten Unterlagen zur Verfügung zustellen. Der direkte Zugang zum Unternehmen wird selten erforderlich sein. Auch kann die Personengruppe, die Zugang zum Data Room erhält, begrenzt werden.

Letztlich kann die Informationsweitergabe treuwidrig sein, wenn sie der Gesellschaft nicht zuzumuten ist. Sie ist unzumutbar, wenn sie die Gesellschaft oder die Mitgesellschafter übermäßig, also außer Verhältnis zu dem angestrebten Vorteil belastet[710]. Die sich für den Erwerber ergebenden Vorteile und seine Möglichkeit, auf der Durchführung der Due Diligence gegenüber dem Veräußerer zu beharren, sind als zu gering einzustufen, wenn der zu Veräußerung angebotene Geschäftsanteil keine unternehmerische Relevanz hat[711]. Zum einen wird der Veräußerer sich hier nicht auf eine über die Haftung für Rechtsmängel hinausgehende Gewährleistung einlassen, da er keinen Einfluss auf die Geschäftsführung hat. Daher erübrigt sich eine eingehende Prüfung, um ein entsprechendes Haftungsregime[712] zu erarbeiten. Zum anderen kann der Erwerber auch nach Anteilsübertragung die Geschäftsführung nicht wesentlich beeinflussen. Unabhängig davon, wie das Unternehmen vor der Transaktion geführt wurde, kann die Geschäftsführung nach der Veräußerung andere Prioritäten setzen[713]. Die Grenze für die Annahme einer unternehmerischen Relevanz wird etwa bei 25% der Stimmrechte zu ziehen sein. Diese Grenze ist nicht starr zu handhaben, da die einzelne Ausgestaltung des Gesellschaftsvertrags oder der geplante Erwerb von weiteren Beteiligungen das umfassende Informationsverlangen des Erwerbers rechtfertigen können[714].

Als unzumutbar stellt sich die Durchführung der Due Diligence auch dar, wenn mit dem Vertragspartner die üblichen Geheimhaltungsvereinbarungen nebst Vertragsstrafen nicht getroffen werden können. Die herrschende Meinung[715] geht zu Recht davon aus, dass eine Weitergabe von Informationen ausschließlich zulässig dann ist, wenn der Erwerbsinteressent sich verpflichtet, die Informationen vertraulich zu behandeln und nur für die Prüfung des Akquisi-

---

710 Hachenburg/Raiser, GmbHG, § 14 Rn. 55 m. w. N; Schmiegelt, in: Beck´sches HB d. Gesellschaftsrecht, § 3 Rn. 23; Götze, ZGR 1999; 202 (219f.); anderer Ansicht wohl Oppenländer, GmbHR 2000, 535 (538).

711 Oppenländer, GmbHR 2000, 535 (537).

712 Hierzu siehe oben unter D.V.6.

713 So Götze, ZGR 1999, 202 (217); Volhard/Weber, in: Semler-FS, 387 (406); Oppenländer, GmbHR 2000, 535 (538).

714 Oppenländer, GmbHR 2000, 535 (538), ist dagegen der Ansicht, dass eine solche Grenzziehung der individualistischen Struktur der GmbH nicht gerecht wird.

715 Schiessl, in: Münchener HB d. Gesellschaftsrechts, Bd. 3, § 33 Rn. 20; Oppenländer, GmbHR 2000, 535 (539). Bremer, GmbHR 2000, 176 (178), stuft eine Informationsweitergabe ohne Geheimhaltungsvereinbarung als treuwidrig ein.

tionvorhabens zu verwenden. Die Verpflichtung zur Verschwiegenheit sollte mit einem Vertragsstrafeversprechen verbunden werden[716].

d. Veräußerung an einen Konkurrenten

Im Falle der geplanten Veräußerung an einen Konkurrenten besteht ein in besonderem Maße gesteigertes Risiko für die Gesellschaft, dass die weitergegebenen Informationen zu ihrem Nachteil verwandt werden. Ein Konkurrent könnte sein Interesse am Erwerb der Geschäftsanteile nur vorschieben, um die im Wege der im Vorfeld des Vertragsschlusses durchgeführten Due Diligence erlangten Unternehmensinterna gezielt gegen die Gesellschaft einzusetzen, um einen Marktvorteil zu erreichen. Auch unabhängig von derart eindeutigen Absichten können geplante Transaktionen aufgrund der im Rahmen der Due Diligence gefunden Schwachstellen eines Unternehmens abgebrochen werden. Der vormalige Interessent hat dann Kenntnisse, die unmittelbar ausgenutzt werden können; es wird kaum möglich sein, dass der Konkurrent, der über die Geschäftspolitik seines Unternehmens mitentscheidet, Teilbereiche seines Wissens ausblendet[717], so dass die Gefahr besteht, dass er sein Wissen zumindest unbewußt bei der eigenen Unternehmensführung einsetzt.

Wegen des in einem solchen Fall gesteigerten Geheimhaltungsinteresses der Gesellschaft sind die Grundsätze der vergleichbaren Situation heranzuziehen, in der Informationen an Gesellschafter, die an Konkurrenzunternehmen beteiligt sind, weitergegeben werden sollen[718]. Auch hier besteht die Risikosituation aus den oben genannten Gründen, sobald der Gesellschafter das Konkurrenzunternehmen als Einzelkaufmann leitet[719] oder im Konkurrenzunternehmen geschäftsführender oder herrschender Gesellschafter ist oder zumindest es als Fremdgeschäftsführer führt[720]. Die herrschende Meinung bejaht in diesen Fällen eine abstrakte Gefahr der gesellschaftswidrigen Verwendung, da ein Schutz aus § 51a Abs. 2 GmbHG zu spät käme[721].

---

716 Schmiegelt, in: Beck'sches HB d. Gesellschaftsrechts, § 3 Rn. 137; Bremer, GmbHR 2000, 176 (178), Götze; ZGR 1999, 202 (218); Ziegler, DStR 2000, 249 (251); Oppenländer GmbHR 2000, 525 (539).

717 Ivens, GmbHR 1989, 273 (274); Grunewald, ZHR 146 (1982), 211 (228); Lutter, ZGR 1982, 1 (10/11); Tietze, 75/76.

718 Siehe oben F.II.2.b.

719 OLG Stuttgart, ZIP 1983, 306 (308); OLG Karlsruhe, GmbHR 1985, 362 (363); Grunewald, ZHR 146 (1982), 211 (227); Lutter, ZGR 1982, 1 (10); Meyer-Landrut/Meyer-Landrut, GmbHG, § 51a Rn. 14.

720 Tietze, 78f.

721 Schiessl, in: Münchener HB d. Gesellschaftsrechts, Bd. 3, § 33 Rn. 20; OLG Stuttgart, ZIP 1983, 306 (308); Baumbach/Hueck/Zöllner, GmbHG, § 51a Rn. 37, und Rowedder/Koppen-

Hieraus werden folgende Konsequenzen gezogen:

Wettbewerbsrelevante Daten dürfen dem konkurrierenden Erwerber gegenüber nicht ohne gesteigerte Vorkehrungen zugänglich gemacht werden[722]. Wettbewerbsrelevante Daten sind Daten, die einen greifbaren Bezug zum Konkurrenzverhältnis haben[723]. Hierzu gehören im Absatz- und Beschaffungsbereich unter anderem Kundenlisten, Preisgestaltungen, Wettbewerbsmaßnahmen und schwebende Vertragsverhandlungen. Im Produktionsbereich sind insbesondere Herstellungsverfahren, Forschungsvorhaben zu nennen. Im Personal- und Finanzbereich können Liquiditäts- und Ertragslage sowie Kreditverträge mit Lieferanten als Wettbewerbsrelevante Daten einzustufen sein[724]. Nicht konkurrenzbezogen sind Informationen, die sich nur innerbetrieblich auswirken[725]. Im Organisationsbereich sind dies Fragen bezüglich der Art der Büroausstattung[726], der Geschäftsordnung und betrieblicher Gliederung, im Personalbereich sind es Fragen betreffend Arbeitszeiten oder einer betrieblichen Altersversorgung[727]. Hier genügen die bereits an anderer Stelle erörterten grundsätzlichen Bedingungen, wie zum Beispiel die Vereinbarung von Vertraulichkeitsabsprachen. Zwar können aus der Weitergabe auch solcher Informationen ebenfalls Nachteile für die Gesellschaft entstehen. Hierdurch ergeben sich jedoch für den Erwerber keine typischen Konkurrenzvorteile. Um die Verweigerung der Informationsherausgabe zu rechtfertigen, muss zur Konkurrenzbezogenheit hinzukommen, dass der Konkurrent durch die in Frage stehenden Daten nennenswerte Wettbewerbsvorteile erlangen könnte[728]. Hieran kann es fehlen, wenn die Informationen nicht ausreichend detailliert, zu global, in der Branche allgemein bekannt oder aus anderen Gründen nicht zum eigenen Vorteil zu gebrauchen sind[729].

Die in der Literatur und Rechtsprechung ganz herrschende Meinung sieht den Gesellschafter als berechtigt an, seine ansonsten nicht durchsetzbaren Informationsansprüche hinsichtlich dieser wettbewerbsrelevanten Daten in der Form wahrzunehmen, dass die Informationen nur einem zur Berufsverschwiegenheit verpflichteten, neutralen, also weder der Zielgesellschaft noch dem Konkurrenz-

---

steiner, GmbHG, § 51a Rn. 23, sehen hierin ein konkretes Risiko, kommen aber zu dem gleichen Ergebnis; Hachenburg/Hüffer, GmbHG, § 51a Rn. 49.

722 So auch Bremer, GmbHR 2000, 176 (178).

723 Ivens, GmbHR 1989, 273 (274); Grunewald, ZHR 146 (1982), 211 (227); Lutter, ZGR 1982, 1 (11); Tietze, 77.

724 Vergleiche statt dieser exemplarischen Aufzählung die umfassenderen Aufstellungen bei Ivens, GmbHR 1989, 273 (274), Tietze, 77, und Götze, ZGR 1999, 202 (215).

725 Ivens, GmbHR 1989, 273 (274).

726 Beispiel bei Grunewald, ZHR 146 (1982), 211 (220).

727 Vergleiche Götze, ZGR 1999, 202 (215).

728 Ivens, GmbHR 1989, 273 (274); Tietze, 77.

729 Reuter, BB 1986, 1653 (1657); Ivens, GmbHR 1989, 273 (274).

unternehmen verbunden Treuhänder zugänglich gemacht werden[730]. Dieser stellt dem Gesellschafter bzw. dem Erwerbsinteressent das Ergebnis hinsichtlich Höhe des Kaufpreises, Ausgestaltung der Gewährleistung etc. zur Verfügung. Auch wenn die Lösung weitere Streitpunkte und Fragen aufwirft (wie wird der Treuhänder ausgewählt? wie sind die wettbewerbsrelevanten Daten von anderen Daten zuverlässig abzugrenzen?) und die Ergebnisse der Due Diligence schmälert (der Erwerbsinteressent muss sich auf das Resultat eines Dritten verlassen und kann nicht anhand des Due Diligence Reports eine eigene Wertung vornehmen), könnte sie ein Weg in Situationen sein, in denen die Durchführung einer Due Diligence ansonsten verweigert werden müsste.

Daneben ist aber auch an die im Gegensatz dazu in der Praxis angewendeten einzelfallbezogenen Lösungen zu denken: Hier wird unter anderem die Möglichkeit genannt, die im Streit stehenden Unternehmensinterna der Konkurrenzgesellschaft nur im gegenseitigen Austausch mit den entsprechenden Daten der Zielgesellschaft zu übergeben, um eine Parität zwischen den Vertragspartnern herzustellen. Auch wenn diese Lösung nicht alle Konflikte beseitigt (nach Abbruch von Vertragsverhandlungen haben beide Vertragspartner die Kenntnis von brisanten wettbewerbsrelevanter Daten; diese Verfahrensweise dient wohl eher dazu, die Situation der Vertragspartner anzugleichen), zeigt sie, dass auch in kritischen Situationen Lösungen gefunden werden können, die dem Einzelfall gerecht werden, so dass es nicht erforderlich ist, die Weitergabe wettbewerbsbezogenen Daten grundsätzlich zu verbieten. Sollten keine Lösungen gefunden werden, die einen vergleichbaren Schutz der Informationen gewährleisten, wird es auf ein Weitergabeverbot hinauslaufen.

e. Haftung der Geschäftsführung

Bei der Entscheidung, welche Lösung favorisiert wird, sollte das Augenmerk darauf gerichtet sein, welche den Geschäftsführer von einer Haftung freistellt. Der Geschäftsführer haftet dann nicht für durch die Informationsweitergabe auftretende Schäden, wenn er seine zum Zwecke der Konkretisierung der Treuepflicht vorgenommene Abwägung auf eine umfassende Tatsachengrundlage stellt und sein Ergebnis den ihm zustehenden Entscheidungsspielraum nicht übersteigt. Dies ist dann der Fall, wenn er die Sorgfalt eines ordentlichen Geschäftsmannes angewandt hat, § 43 Abs. 1 GmbHG. Die in der Praxis ange-

730 Schiessl, in: Münchener HB d. Gesellschaftsrechts, Bd. 3, § 33 Rn. 20; Lutter, ZIP 1997, 613 (615); Bihr, BB 1998, 1198 (1199); Lutter in Lutter/Hommelhoff, GmbHG, § 51a Rn. 24; Grunewald, ZHR 146 (1982), 211 (229); Lutter, ZGR 1982, 1 (11); Rowedder/Koppensteiner, GmbHG, § 51a Rn. 23; Tietze, 76; BGH, BB 1970, 187. Einschränkend Bremer, GmbHR 2000, 176 (178).

wandten Lösungen berücksichtigen die Haftungsfrage oftmals nicht, da darauf vertraut wird, dass kein Schaden entsteht oder der Geschäftsführer sich mit seinen Vorschlägen oder Wünschen gegen die Wünsche einzelner Gesellschafter nicht durchsetzen kann.

f. Gesellschafterbeschluß analog § 51a Abs. 2 S. 2 GmbHG

Will die Geschäftsführung das Informationsverlangen eines Gesellschafters gemäß § 51a Abs. 2 S. 1 GmbHG ablehnen, muss sie nach erfolgter Verweigerung unverzüglich die Entscheidung der Gesellschafterversammlung einholen, § 51a Abs. 2 S. 2 GmbHG. Hierdurch wird die Verantwortung für die Verweigerung der Informationen von den Geschäftsführern auf die Gesellschafterversammlung verlagert[731]. Dies dient dazu, den in abhängiger Stellung tätigen Geschäftsführer zu entlasten[732]. Die Gesellschafterversammlung als oberstes Organ ist selbst aufgerufen, die Interessen der Gesellschaft zu definieren und deren Gefährdung durch eine Auskunftserteilung an einen Gesellschafter zu prüfen[733].

Wird die Verweigerung nicht auf § 51a Abs. 2 S. 1 GmbHG, sondern auf einen Verstoß gegen die gesellschaftliche Treuepflicht (oder auf einen Fall des Rechtsmissbrauchs) gestützt, ist umstritten, ob auch hier ein Gesellschafterbeschluß gemäß § 51a Abs. 2 S. 2 GmbHG erforderlich ist. Eine Meinung in Literatur und Rechtsprechung lehnt dies ab[734]. Als Begründung wird angeführt, dass § 51a Abs. 2 S. 2 GmbHG sich nach seiner Stellung im Gesetz und nach Sinn und Zweck nur auf eine Informationsverweigerung gemäß § 51a Abs. 2 S. 1 GmbHG beziehe[735]. Eine Analogie käme zwar in Hinblick auf den Normzweck (Verlagerung der Verantwortung) durchaus in Betracht, aber der Geschäftsführer sei nicht schutzbedürftig, da er auch ohne Vorlagepflicht einen Beschluss herbeiführen könne[736]. Der Geschäftsführer sei zudem auf die Rückendeckung der Gesellschafterversammlung nicht angewiesen, da die Informationsverweigerung rechtmäßig sei, solange der Verweigerungsgrund wirklich bestehe. Nach anderer Ansicht wird das Erfordernis eines Beschlusses der Gesellschafterversammlung

---

731 Lutter in Lutter/Hommelhoff, GmbHG, § 51a Rn. 29.

732 Hachenburg/Hüffer, GmbHG, § 51a Rn. 52; Rowedder/Koppensteiner, GmbHG, § 51a Rn. 25.

733 Rowedder/Koppensteiner, GmbHG, § 51a Rn. 25.

734 BayObLG, WM 1988, 1789 (1792); Scholz/Schmidt, GmbHG, § 51a Rn. 32; Meyer-Landrut/Meyer-Landrut, GmbHG, § 51a Rn. 10; Mertens, in: Werner-FS, 557 (569); Hachenburg/Hüffer, GmbHG, § 51a Rn. 64; Baumbach/Hueck/Zöllner, GmbHG, § 51a Rn. 43.

735 Scholz/Schmidt, GmbHG, § 51a Rn. 32.

736 Hachenburg/Hüffer, GmbHG, § 51a Rn. 64.

bejaht[737]. Sie stützt sich darauf, dass die Entscheidung nicht gesetzlich abschließend festgelegt ist, sondern zumindest einem geringen Beurteilungsspielraum unterliegt. Daraus wird gefolgert, dass für die Fälle, in denen sich der Geschäftsführer auf Strafbarkeit beruft oder die Eigenschaft als Gesellschafter in Frage stellt, kein entsprechender Beschluss verlangt wird.

Der zuletzt erörterten Ansicht ist zuzustimmen. Das Argument, der Geschäftsführer könne ja auch unabhängig von einer Vorlagepflicht einen Gesellschafterbeschluß herbeiführen, überzeugt nicht, da der Gesetzgeber durch Normierung des § 51a Abs. 2 S. 2 GmbHG gezeigt hat, dass eine Entscheidung über eine Informationsverweigerung von der Gesellschafterversammlung getroffen werden muss. Auch ist dem Geschäftsführer nicht damit geholfen, dass seine Entscheidung, solange der Verweigerungsgrund tatsächlich vorliegt, auch ohne Beschluss rechtmäßig ist. Die Beurteilung, ob ein Verweigerungsgrund vorliegt, birgt gerade die Schwierigkeiten in sich, die ihn in die zu vermeidende Konfliktsituation bringen. Als Ergebnis ist damit festzuhalten, dass aufgrund der vergleichbaren Situation einer Entscheidung über eine Informationsverweigerung wegen Verstoßes gegen die Treuepflicht § 51a Abs. 2 S. 2 GmbHG analog heranzuziehen ist.

Der betroffene Gesellschafter, der die Information begehrt, ist bei der Abstimmung nach fast einhelliger Ansicht nicht stimmberechtigt[738]. Zwar liege hier kein unmittelbarer Fall des § 47 Abs. 4 GmbHG vor, aber es ergehe eine Entscheidung aus wichtigem Grund zum Nachteil eines Gesellschafters. Diesem bleibe die Durchsetzungsmöglichkeit nach § 51b GmbHG. *Rowedder/Koppensteiner*, die noch in der 2. Auflage ein Stimmrecht des Gesellschafters annahmen, stimmen nunmehr mit der Begründung, es handele sich um die Unzulässigkeit des „Richtens in eigener Sache", zu. § 47 Abs. 4 GmbHG sei in diesem Fall ausnahmsweise analogiefähig[739]. Dagegen will *Grunewald* dem Gesellschafter ein Stimmrecht zubilligen, da es um die Definition des Gesellschaftsinteresses ginge und nicht um die Sonderrechtsbeziehung eines Gesellschafters zu der Gesellschaft. Dem kann nicht gefolgt werden. Richtig ist, dass es auf der einen Seite um das Gesellschaftsinteresse geht. Andererseits muss dieses Gesellschaf-

737 Lutter in Lutter/Hommelhoff, GmbHG, § 51a Rn. 29; v. Bitter, ZIP 1981, 825 (829); Rowedder/Koppenstein, GmbHG, § 51a Rn. 27; Grunewald, ZHR 146 (1982), 211 (232); Binz/Freudenberg/Sorg, BB 1991, 785 (790).

738 Herrschende Meinung: Lutter in Lutter/Hommelhoff, GmbHG, § 51a Rn. 29; Roth/Altmeppen, GmbHG, § 51a Rn. 31; Scholz/Schmidt, GmbHG, § 51a Rn. 42; Baumbach/Hueck/Zöllner, GmbHG, § 51a Rn. 38; Hachenburg/Hüffer, GmbHG, § 51a Rn. 53; v. Bitter, ZIP 1981, 828; Bihr, BB 1998, 1198 (1200); Schiessl, in: Münchener HB d. Gesellschaftsrechts, Bd. 3, § 33 Rn. 23; Oppenländer, GmbHR 2000, 535 (540); Körber, NZG 2002, 263 (268).

739 Rowedder/Koppenstein, GmbHG, § 51a Rn. 26.

terinteresse an der Geheimhaltung der Informationen aber mit dem Interesse des jeweiligen Gesellschafters, hier dem Interesse an der Informationsweitergabe, nicht übereinstimmen. Würde der Gesellschafter mit abstimmen, müsste er nicht nur das Gemeinschaftsinteresse definieren, sondern über das Gewicht seines eigenen Interesses richten. Diese Konfliktsituation ist zum Wohle der Gesellschaft zu vermeiden.

Der Gesellschafterbeschluß bedarf gemäß § 47 Abs. 1 GmbHG der einfachen Mehrheit[740]. Regelungen des Gesellschaftsvertrages können die Anforderungen erhöhen. Es wird über die Verweigerung der Information gegenüber einem Gesellschafter abgestimmt. Kommt ein Mehrheitsbeschluss nicht zustande, ist der Geschäftsführer nicht befugt, die Information aus diesem Grunde zu verweigern[741]. Insofern bewirkt die Beschlussfassung ohne die erforderliche einfache Mehrheit eine Pflicht des Geschäftsführers, Informationen freizugeben.

4. Auskunftsverweigerung aus sonstigen Gründen

Unabhängig von einer Informationsverweigerung wegen Verstoßes gegen die Treuepflicht des Gesellschafters kann das Verlangen des Gesellschafters, bestimmte Informationen von den Geschäftsführern zu erhalten, gegen allgemeine Grenzen des Informationsanspruchs gemäß § 51a Abs. 1 GmbHG verstoßen. Liegen solche Schranken vor, erübrigt sich die Beurteilung der Vertraulichkeit des Gesellschafters im Weiteren.

a. Grenzen aufgrund Geheimhaltungsabreden mit Dritten

Von der Geschäftsführung getroffene Geheimhaltungsabreden mit Dritten sind nach der herrschenden Ansicht in der Literatur grundsätzlich im Verhältnis zwischen Gesellschafter und Geschäftsführer unbeachtlich[742]. Ausnahmen sind dort anerkannt, wo die Gesellschaft aufgrund Abreden ein überwiegendes Interesse der Gesellschaft an einer Geheimhaltung hat[743]. Als Beispiele sind Geheimhaltungsabreden im Bereich der Forschung und Entwicklung, aber auch im Bereich des gewerblichen Rechtsschutzes (Lizenzverträge, Know-how-Verträge) zu nen-

---

740 Volhard/Weber, in: Semler-FS, 387 (410); Körber, NZG 2002, 263 (268); König, JurisPR-HaGesR 6/2009, Anm. 1, 1 (4): anderer Ansicht ist LG Köln 10. Kammer für Handelssachen, Urteil vom 26.3.2008 – 90 O 11/08.

741 Scholz/Schmidt, GmbHG, § 51a Rn. 43.

742 Lutter in Lutter/Hommelhoff, GmbHG, § 51a Rn. 7; Grunewald, ZHR 146 (1982), 211 (231); Götze, ZGR 1999, 202 (220). Etwas weiter Scholz/Schmidt, GmbHG, § 51a Rn. 35.

743 Scholz/Schmidt, GmbHG, § 51a Rn. 35.

nen[744]. Für die Durchführung der Due Diligence kann dies bedeuten, dass Informationen im Fall einer Geheimhaltungsabrede bei der Veräußerung an einen Nichtkonkurrenten[745] und darüber hinaus erst recht im Fall der Veräußerung an einen Konkurrenten – wenn sie nicht wettbewerbsrelevant sind – nicht an den Gesellschafter herausgegeben werden dürfen.

b. Grenzen wegen Wahrung der Verhältnismäßigkeit

Hinsichtlich der Herausgabe von Informationen an den Gesellschafter selbst ist der Verhältnismäßigkeitsgrundsatz zu wahren. Es gilt das Prinzip des mildesten Mittels.

Auch wenn die Rechtsausübung noch nicht die Grenzen des Rechtsmissbrauchs erreicht[746], müssen der zeitliche Umfang und die Art und Weise der Durchführung der Prüfung strikt auf das Nötigste reduziert werden[747]. Beeinträchtigende Ausmaße sind zu vermeiden, zwischen Auskunft und Einsichtnahme ist zu wählen, Hilfspersonal oder -mittel muss die Geschäftsleitung nicht zur Verfügung stellen. Die Durchführung der Due Diligence darf nicht dazu führen, dass der normale Geschäftsgang des Unternehmens beeinträchtigt wird. Grenzbereiche werden im Rahmen der Due Diligence erreicht, wenn die gewünschten Informationen nur unter größten Anstrengungen für die Zielgesellschaft erlangt werden können. *Götze* führt hierzu beispielhaft die im Hinblick auf Altlasten relevante Frage nach sämtlichen Vorbesitzern des Betriebsgeländes an[748]. Hier können unter Umständen die Grenzen der Verhältnismäßigkeit überschritten werden.

c. Grenzen wegen Rechtsmissbrauchs

Im Einzelfall kann der Mißbrauchsgedanke dem Informationsbegehren eines Gesellschafters entgegenstehen[749]. Umfasst wird hiervon unter anderem eine schikanöse Rechtsausübung, wie zum Beispiel das mutwillige Stellen von offensichtlich überflüssige Fragen oder Fragen, um die Gesellschaft mit unverhältnismäßig hohem Aufwand zu belasten und eine unangemessene Dauerbeschäftigung der Geschäftsführung durch Beantwortung der Fragen herbeizuführen; auch

---

744 Lutter in Lutter/Hommelhoff, GmbHG, § 51a Rn. 7; Götze, ZGR 1999, 202 (220).

745 Götze, ZGR 1999, 202 (220).

746 Siehe unten unter E.II. 4. c).

747 Schiessl, in: Münchener HB d. Gesellschaftsrechts, Bd. 3, § 33 Rn. 25.

748 Götze, ZGR 1999, 202 (221/222).

749 Schmiegelt, in: Beck´sches HB d. Gesellschaftsrechts, § 3 Rn. 70; Lutter in Lutter/Hommelhoff, GmbHG, § 51a Rn. 2; Scholz/Schmidt, GmbHG, § 51a Rn. 37.

offensichtlich nutzlose Wiederholungen von Fragen gehören hierzu[750]. Im Fall der Due Diligence sind diese Fallgruppen nicht automatisch einschlägig, da grundsätzlich zunächst davon auszugehen ist, dass der Gesellschafter an der Veräußerung seiner Beteiligung tatsächlich interessiert ist. In Anbetracht der Bedeutung des Auskunftsrechts gemäß § 51a Abs. 1 GmbHG müssen von der Veräußerungsabsicht unabhängige Motive des Gesellschafters hinzutreten und festgestellt werden können[751].

d. Gesellschafterbeschluß analog § 51a Abs. 2 S. 2 GmbHG

Auch in den vorgenannten Fällen a) bis c) ist ein von der Geschäftsführung herbeizuführender Gesellschafterbeschluß gemäß § 51a Abs. 2 S. 2 GmbHG erforderlich.

Nach *Götze* ist ein Gesellschafterbeschluß zur Verweigerung der Informationen abseits des Treuepflichtverstoßes und damit eine Analogie des § 51a Abs. 2 S. 2 GmbHG nicht erforderlich, da keine vergleichbare Rechtslage eine Analogie rechtfertigen würde. Es liege anders als im Falle des Vorwurfs illoyalen Verhaltens kein Fall eines den Geschäftsführer überforderndes Werturteils über das Verhalten eines Gesellschafters vor[752]. Dem ist nicht zuzustimmen. Der Grund einer analogen Anwendung des § 51a Abs. 2 S. 2 GmbHG ist der von dem Geschäftsführer auszufüllende Beurteilungsspielraum im Hinblick auf die Verweigerung von Informationen, nicht der Vorwurf illoyalen Verhaltens. Auch in den Fällen a) bis c) sind die Verweigerungsgründe nicht gesetzlich abschließend geregelt. Aufgrund der in diesen Situationen vergleichbaren Lage ist § 51a Abs. 2 S. 2 GmbHG analog heranzuziehen.

5. Verfahren nach § 51b GmbHG

Einem Gesellschafter, dessen Informationsbegehren gemäß § 51a Abs. 2 S. 1 GmbHG abgelehnt wurde, steht zur Durchsetzung seines Informationsanspruchs das Erzwingungsverfahren gemäß § 51b S. 1 GmbHG offen, § 51a S. 2 GmbHG. Durch dieses Verfahren kann der Gesellschafter verhindern, dass ihm die Durchführung der Due Diligence versagt wird, obwohl er einen entsprechenden Anspruch gemäß § 51a Abs. 1 GmbHG hat und kein Verweigerungsgrund besteht.

---

750 Rowedder/Koppensteiner, GmbHG, § 51a Rn. 11; Lutter, ZGR 1982, 1 (3); Baumbach/Hueck/Zöllner, GmbHG, § 51a Rn. 31; BGHZ 14, 53 (56); OLG Düsseldorf, ZIP 1990, 1569 (1569).

751 So auch Körber, NZG 2002, 263 (271f).

752 Götze, ZGR 1999, 202 (222).

Dies ist zum Beispiel der Fall, wenn die Gesellschafterversammlung die Veräußerung der Geschäftsanteile verhindern will, obwohl ein Zustimmungserfordernis gemäß § 15 Abs. 5 GmbHG nicht im Gesellschaftsvertrag geregelt ist, und über die Verweigerung der Due Diligence ihre Interessen durchzusetzen versucht. Ein Beschluss der Gesellschafterversammlung über die Informationsverweigerung ist nicht Voraussetzung, so dass es genügt, wenn dem Gesellschafter die gewünschten Informationen nicht „unverzüglich“ erfüllt worden ist, das heißt in der im Einzelfall angemessenen Frist[753]. Zuständig ist ausschließlich das Landgericht, Kammer für Handelssachen, am Sitz der Gesellschaft, § 132 AktG analog. Die Entscheidung ergeht durch einen zu begründenden Beschluss des Gerichts, § 51b S. 1 GmbHG i.V.m. §§ 99 Abs. 3 S. 1, 132 Abs. 3 S. 1 AktG. Das Gericht trifft die Feststellung, dass die begehrte Information zu erteilen ist oder dass der Antrag abgewiesen wird. Gegen die Entscheidung ist die sofortige Beschwerde zum Oberlandesgericht zulässig, wenn das Landgericht sie in seiner Entscheidung zulässt, § 51b S. 1 GmbHG i.V.m. §§ 132 Abs. 3 S. 2, 3 AktG. Das Gericht hat die Entscheidung der Gesellschafterversammlung im Hinblick auf ihre Rechtmäßigkeit zu überprüfen. Der anzulegende Maßstab richtet sich dabei nach den Verweigerungsgründen, die die Gesellschafterversammlung gegenüber dem Gericht darzulegen hat.

Daneben kommen Anfechtungs-, Schadensersatz- oder Feststellungsklagen in Betracht, die der Gesellschafter ebenfalls auf die Informationsverweigerung stützen kann[754].

6. Form der Informationsweitergabe direkt an den Erwerbsinteressenten

Soweit ein Gesellschafter die gemäß § 51a Abs. 1 GmbHG verlangten Informationen an den am Erwerb interessierten Dritten weitergeben darf, stellt sich die Frage, ob auch der Geschäftsführer die Informationen direkt herausgeben darf.

Der Geschäftsführer kann von dem veräußerungswilligen Gesellschafter, der entweder einen Informationsanspruch gemäß § 51a Abs. 1 GmbHG hat oder die Zustimmung der Gesellschafterversammlung erwirkt hat, beauftragt werden, für die Durchführung der Due Diligence zur Verfügung zu stehen. Dann ist der Geschäftsführer als Erfüllungsgehilfe des verkaufenden Gesellschafters für die

753 Scholz/Schmidt, GmbHG, § 51a Rn. 22; Lutter in Lutter/Hommelhoff, GmbHG, § 51b Rn. 8.

754 Nunmehr herrschende Auffassung, vgl. Lutter in Lutter/Hommelhoff, GmbHG, § 51b Rn. 13f.; Scholz/Schmidt, GmbHG, § 51b Rn. 9; Hachenburg/Hüffer, GmbHG, § 51b Rn. 22; Rowedder/Koppensteiner, GmbHG, § 51b Rn. 2.

Weitergabe der Informationen zuständig[755]. Bei der Frage, ob der Geschäftsführer die Informationen direkt an den Dritten oder auch deren Bevollmächtigten herausgeben darf, ist zunächst davon auszugehen, dass das Informationsrecht des Gesellschafters gemäß § 51a Abs. 1 GmbHG als unselbständiger Teil der Mitgliedschaft nicht selbständig auf den am Erwerb interessierten Dritten übertragbar ist[756], so dass das Informationsrecht des Gesellschafters dem Dritten zur eigenen Ausübung nicht übertragbar ist. Dagegen sind die Bevollmächtigten des Erwerbers als Erfüllungsgehilfen des Gesellschafters einzuordnen, da der Gesellschafter sein Recht von Dritten ausüben lassen kann, wenn diese von Berufswegen zur Verschwiegenheit verpflichtet sind[757]. Die Personen, mit Hilfe derer der potentiellen Erwerber die Due Diligence durchführen möchte, werden zwar einer entsprechenden Verschwiegenheitsverpflichtung unterliegen, da es sich in aller Regel um Rechtsanwälte oder Wirtschaftsprüfer handeln wird. Dennoch stehen sie dem Dritten und nicht dem Gesellschafter selbst nahe. Die Bevollmächtigten des Erwerbers sind in gleicher Weise in den Treuepflichtkreis des Gesellschafters eingebunden, so dass auch sie als Erfüllungsgehilfen des Gesellschafters einzuordnen sind, denn für diese Qualifikation sind die einzelnen Vertragsbeziehungen unbedeutend[758].

Somit steht einer direkten Informationserteilung an den Dritten nichts im Wege, solange der Gesellschafter, der den Informationsanspruch gemäß § 51a Abs. 1 GmbHG geltend macht, einen entsprechenden Auftrag erteilt[759].

7. Ergebnis

Gibt ein Gesellschafter Informationen, die er aufgrund seines Anspruchs aus § 51a Abs. 1 GmbHG erlangt hat, an einen am Erwerb interessierten Dritten weiter, liegt hierin grundsätzlich keine gesellschaftsfremde Verwendung im Sinne des § 51a Abs. 2 S. 1 GmbHG. Ob die Informationsweitergabe gegen die dem Gesellschafter obliegende Treuepflicht verstößt, ist im Rahmen einer Interessenabwägung im Einzelfall festzustellen. Diese Abwägung kann ergeben, dass die

---

755 Volhard/Weber, in: Semler-FS, 387 (406).

756 Schiessl, in: Münchener HB d. Gesellschaftsrechts, Bd. 3, § 33 Rn. 8; Karsten Schmidt, Informationsrechte, 24f.; Scholz/Schmidt, GmbHG, § 51a Rn. 14; Hachenburg/Hüffer, GmbHG, § 51a Rn. 14; einschränkend Rowedder/Koppensteiner, GmbHG, § 51a Rn. 4.

757 OLG Frankfurt, GmbHR 1994, 114 (115); Rowedder/Koppensteiner, GmbHG, § 51a Rn. 3; Scholz/Schmidt, GmbHG, § 51a Rn. 15; Lutter in Lutter/Hommelhoff, GmbHG, § 51a Rn. 4; Hachenburg/Hüffer, GmbHG, § 51 Rn. 15ff.

758 MünchKomm/Hanau, Bd. 2, § 278 Rn. 15ff.

759 Zu diesem Ergebnis kommen auch Körber, NZG 2002, 263 (268); Götze, ZGR 1999, 202 (223).

Durchführung einer Due Diligence unter bestimmten Vorkehrungen, vor allem bei vereinbarten Geheimhaltungspflichten, zulässig ist. Bezüglich eines am Erwerb interessierten Konkurrenten kommt allerdings nur eine mittelbare Informationsweitergabe oder eine vergleichbar den erhöhten Anforderungen der für die Gesellschaft gefährlichen Situation angepasste Lösung, z. B. durch Treuhänder, in Betracht. Jede Auskunftsverweigerung erfordert einen Gesellschafterbeschluß analog § 51a Abs. 2 S. 2 GmbHG, wobei der an der Veräußerung interessierte Gesellschafter nicht stimmberechtigt ist. Der Gesellschafter, dem die verlangten Informationen verweigert wurden, hat die Möglichkeit die Entscheidung gemäß § 51b GmbHG gerichtlich überprüfen zulassen. Ist ein Anspruch gemäß § 51a Abs. 1 GmbHG gegeben und greifen keine Verweigerungsgründe ein, kann die Due Diligence auf Seiten des veräußernden Gesellschafters durch den Geschäftsführer und auf Seiten des Erwerbers durch dessen Bevollmächtigte durchgeführt werden, so dass ein direkter Informationsfluss ermöglicht wird.

III. Informationsansprüche bzw. Offenbarungsrechte der Gesellschafterversammlung

Es ist denkbar, dass die Gesellschafterversammlung von der Geschäftsführung die Herausgabe von Informationen bzw. die Durchführung der Due Diligence verlangen will. Dies wird vor allen Dingen dann in Betracht kommen, wenn sie selbst zu Zwecken der Unternehmensleitung an einem Beteiligungswechsel interessiert ist. Auch hier wird sie anschließend die erhaltenen Informationen an den am Erwerb interessierten Dritten weitergeben wollten. Darüber hinaus kann es für die Gesellschafterversammlung wichtig sein, über geplante Veräußerungen informiert zu werden, um über den Fall hinaus, dass der Geschäftsführer einen Beschluss gemäß § 51a Abs. 2 S. 2 GmbHG für notwendig hält, eingreifen zu können, um die Entscheidung an sich zu ziehen.

1. Informationsansprüche der Gesellschafterversammlung

Die Ansprüche der Gesellschafterversammlung auf Information fallen nicht unter § 51a Abs. 1 GmbHG. Die Gesellschafterversammlung kann unabhängig von dieser Vorschrift der Unternehmensleitung Weisungen erteilen (Grundsatz der Weisungsabhängigkeit), § 37 Abs. 1 GmbHG[760]. Die Geschäftsführung hat die

760 Scholz/Schneider, GmbHG, § 37 Rn. 30

Pflicht, erteilte Weisungen auszuführen (Folgepflicht)[761]. Das Weisungsrecht steht der Gesellschaftsversammlung und nicht einzelnen Gesellschaftern zu, so dass ein Mehrheitsgesellschafter keine Weisung selbständig erteilen kann, auch wenn er in der Gesellschafterversammlung auf Grund seiner Stellung einen entsprechenden Beschluss herbeiführen könnte[762]. Der förmliche Gesellschafterbeschluß ist notwendig, um auch den Minderheitsgesellschaftern die Möglichkeit zu geben, an der Entscheidung mitzuwirken[763].

Die Weisungsbefugnis der Gesellschafterversammlung schließt jegliche Rechte des Geschäftsführers, der Mehrheit der Gesellschafter Informationen vorzuenthalten, aus[764]. Er muss auf Nachfrage alle ihm zugänglichen Daten offenlegen. Dies folgt gleichfalls aus der Zuständigkeit der Gesellschaftsversammlung zur Prüfung und Überwachung der Geschäftsführung, § 46 Nr. 6 GmbHG. Eine Verletzung der Verschwiegenheitspflicht des Geschäftsführers gegenüber der Gesellschafterversammlung scheidet aus[765]. Demnach kann die Gesellschafterversammlung jederzeit die Durchführung einer Due Diligence beschließen. Liegt ein solcher Beschluss vor, ist der Geschäftsführer grundsätzlich aufgrund seiner Weisungsgebundenheit von der Haftung aus der Befolgung der Weisung gegenüber der Gesellschaft freigestellt[766]. Der Geschäftsführer kann ausnahmsweise verpflichtet sein, auf seine Bedenken gegen die Weisung hinzuweisen[767].

Der Gesellschafterbeschluß erfordert in Ermangelung anderweitiger gesetzlicher Regelungen oder Festsetzungen in dem Gesellschaftsvertrag eine einfache Mehrheit gemäß § 47 Abs. 1 GmbHG.

2. Offenbarungsrechte der Gesellschafterversammlung

a. Gegenüber am Erwerb interessierten Dritten

Da die Gesellschafterversammlung als zuständiges Organ der GmbHG sämtliche die Gesellschaft betreffenden Entscheidungen frei bestimmen kann, sind auch die

---

761 Reuter, BB 1986, 1653 (1659); Scholz/Schneider, GmbHG, § 37 Rn. 30.

762 Scholz/Schneider, GmbHG, § 37 Rn. 31.

763 Scholz/Schneider, GmbHG, § 37 Rn. 12; BGH, GmbHR 1991, 197 (197).

764 Scholz/Schneider, GmbHG, § 43 Rn. 119; Rowedder/Koppensteiner, GmbHG, § 43 Rn. 14; Volhard/Weber, in: Semler-FS, 387 (406); Lutter, Information und Vertraulichkeit, 241f.; Zoellner, ZGR 1977, 319 (329).

765 Volhard/Weber, in: Semler-FS, 387 (403); Hachenburg/Mertens, GmbHG, § 43 Rn. 48; Scholz/Schneider, GmbHG, § 43 Rn. 119.

766 Kleindiek in Lutter/Hommelhoff, GmbHG, § 43 Rn. 32.

767 Kleindiek in Lutter/Hommelhoff, GmbHG, § 43 Rn. 32 mit weiteren Ausnahmen; Konzen, NJW 1989, 2977 (2979).

Offenbarungsrechte der Gesellschafterversammlung gegenüber Dritten unbeschränkt.

b. Erforderliche Mehrheit des Beschlusses der Gesellschafterversammlung

Umstritten ist, welcher Mehrheit der Gesellschafterbeschluß bedarf: Sicher ist, dass der mit einer qualifizierten Mehrheit (Dreiviertelmehrheit) gefasste Beschluss genügt, um ein Geschäftsgeheimnis zu offenbaren. Dies folgt als Umkehrschluss aus der Auflösungskompetenz gemäß § 60 Nr. 2 GmbHG. Wenn schon für die Auflösung der Gesellschaft eine Dreiviertelmehrheit genügt, dann muss dieses Quorum auch für die Preisgabe eines Geschäftsgeheimnisses gelten.

Fraglich ist, ob eine Beschlussfassung mit der einfachen Mehrheit für die Informationsweitergabe ausreicht. Nach einer Ansicht soll wegen der mit der Due Diligence verbundenen Risiken eine Dreiviertel-Mehrheit erforderlich sein, auch wenn die Satzung der Gesellschaft diese Mehrheit für außergewöhnliche Geschäfte nicht vorsieht[768]. Hiergegen wird jedoch berechtigterweise eingewandt, dass ein klarer gesetzlicher Anknüpfungspunkt fehlt[769]. Gemäß § 47 Abs. 1 GmbHG erfolgen die von den Gesellschaftern in den Angelegenheiten der Gesellschaft zu treffenden Bestimmungen durch Beschlussfassung grundsätzlich nach der Mehrheit der abgegebenen Stimmen. Dies gilt auch für außergewöhnliche Geschäftsangelegenheiten[770] und für die Zustimmung zur Offenbarung von Betriebs- und Geschäftsgeheimnissen[771]. Zu diesen beiden Kategorien ist die Informationsweitergabe im Rahmen einer Due Diligence zu zählen[772].

Eine andere Wertung ergibt sich auch nicht aus der Pflicht, gemäß § 51a Abs. 2 S. 2 GmbHG, einen Gesellschafterbeschluß herbeizuführen. Zweck der Notwendigkeit eines Beschlusses gemäß § 51a Abs. 2 S. 2 GmbHG ist nicht die Weitergabe von Informationen an Dritte gegen den Willen von Mitgesellschaftern[773]. Es wird zwar über die Informationsverweigerung abgestimmt. Kommt es nicht zu einer Mehrheitsentscheidung gegen die Verweigerung der Informationsweitergabe durch den Geschäftsführer, so bleibt der Geschäftsführer zur Informationsweitergabe berechtigt. Die Gefahren, die durch die ausdrückliche Gestattung der Durchführung der Due Diligence durch die Gesellschafterversammlung resultieren, bestehen daher in gleichem Umfang bei einer Informationsfrei-

768 Oppenländer, GmbHR 2000, 535 (540).
769 Körber, NZG 2002, 263 (268).
770 Scholz/Schneider, GmbHG, § 37 Rn. 12.
771 Scholz/Tiedemann, GmbHG, § 85 Rn. 20.
772 Götze, ZGR 1999, 202(229), bejaht dies unbeschränkt.
773 So wohl Volhard/Weber, in: Semler-FS, 387 (410).

gabe nach fehlender Mehrheit für einen Verweigerungsbeschluß gemäß § 51a GmbHG, und gerade dort soll nach der gesetzlichen Wertung die einfache Mehrheit genügen[774].

Der Blick auf die Anforderungen, die an einen Beschluss über die Zustimmung zu einer Anteilsübertragung gestellt werden, die durch die Due Diligence vorbereitet werden soll, führt ebenfalls zu keiner anderen Wertung. Die einfache Mehrheit genügt nach herrschender Meinung grundsätzlich auch für eine gemäß § 15 Abs. 5 GmbHG erforderliche Zustimmung der Gesellschaftsversammlung zur Abtretung eines Geschäftsanteils[775]. Etwas anderes gilt nur, wenn der Gesellschaftsvertrag es vorsieht. Der ermöglichte Gesellschafterwechsel kann gerade für eine personalistische GmbH schwere Folgen haben. Durch einen neuen Mehrheitsgesellschafter kann durchaus der Bestand der Gesellschaft in Frage gestellt werden. Demnach genügt hier die einfache Mehrheit und es ist kein Grund ersichtlich, warum dann für die die Abtretung vorbereitende Due Diligence ein höheres Quorum erforderlich sein sollte.

Als Ergebnis ist festzuhalten, dass auch für die Offenbarung von Informationen gegenüber Dritten durch einen Gesellschafterbeschluß die einfache Mehrheit genügt[776]. Es ist aber immer zu beachten, dass Regelungen bezüglich der Beschlussfassung im Gesellschaftsvertrag hinsichtlich der Offenbarungen von Betriebs- oder Unternehmensgeheimnissen oder Beschlüssen über außergewöhnliche Geschäftsangelegenheiten oder deren gleichgestellte Fallgruppen vereinbart werden können.

c. Stimmberechtigung des Veräusserers

Zusätzlich stellt sich im Falle der Informationsweitergabe durch die Gesellschafterversammlung die Frage, ob der an der Veräußerung interessierte Gesellschafter stimmberechtigt ist. Auf den ersten Blick unterscheidet sich die Situation von der Abstimmung im Rahmen des § 51a GmbHG darin, dass hier kollektive Gesellschaftsinteressen an Geheimhaltung bzw. Informationsweitergabe gegeneinander abzuwägen sind. Es lässt sich aber erkennen, dass auch bei der Definition des Gesellschaftsinteresses an der Informationsweitergabe zumindest in der personalistischen GmbH die Interessen einzelner Gesellschafter zu berücksichtigen sind. Aus der stärkeren Treuepflicht der Gesellschafter untereinander[777]

774 Siehe oben unter F.II.3.c..

775 Scholz/Winter, GmbHG, § 15 Rn. 93; Hachenburg/Zutt, GmbHG, § 15 Rn. 113; Baumbach/Hueck/Hueck, GmbHG, § 15 Rn. 43; Rowedder/Rowedder, GmbHG, § 15 Rn. 102.

776 Volhard/Weber, in: Semler-FS, 378 (410); Koppensteiner, ZHR 155 (1991), 97 (101); Götze, ZGR 1999, 202 (230).

777 Zu diesem Themenbereich siehe Winter, Mitgliedschaftliche Treuebindung, 67ff.

folgt die Pflicht zur Berücksichtigung einzelner Interessen neben dem kollektiven Gesellschaftsinteresse[778]. In dieser Hinsicht müsste der an der Veräußerung interessierte Gesellschafter über seine eigenen Interessen „richten". Zusätzlich könnte der Gesellschafter auf diese Weise die nicht bestehende Stimmberechtigung im Fall des Beschlusses gemäß § 51a GmbHG umgehen. Er kann daher nicht als stimmberechtigt angesehen werden[779].

Um seine von der Gesellschafterversammlung durch einen ablehnenden Beschluss nicht berücksichtigten Interessen dennoch durchsetzen zu können, steht dem Gesellschafter die gerichtliche Anfechtung des Beschlusses offen, § 243 Abs. 1 AktG analog. In Betracht kommende Mängel des Beschlusses kann die Ungleichbehandlung der Gesellschafter sein, §§ 53a, 243 Abs. 2 AktG analog, falls bei Vorliegen des Interesses eines anderen Gesellschafters eine Due Diligence gestattet wurde. Auch die Nichtbeachtung der gesellschafterlichen Treuepflicht bei Stimmabgabe kann zur Anfechtbarkeit des Gesellschafterbeschlusses führen[780].

d. Gegenüber Einzelgesellschaftern

Hier greift § 51a Abs. 2 GmbHG ein. Soweit die Offenbarung der Informationen den Rahmen des § 51a Abs. 2 GmbHG sprengen würde, kann hinsichtlich der erforderlichen Beschlußmehrheit auf vergleichbare Überlegungen bezüglich der Informationsfreigabe gegenüber Dritten durch die Gesellschafterversammlung verwiesen werden[781].

3. Informationspflicht des Geschäftsführers gegenüber der Gesellschafterversammlung

Von der Berechtigung des Geschäftsführers, Informationen weiterzugeben, ist die Informationspflicht des Geschäftsführers, die unabhängig von konkreten Anfragen der Gesellschafterversammlung besteht, zu unterscheiden.

Grundsätzlich ist die Geschäftsführung verpflichtet, die Gesellschafterversammlung umfassend zu informieren[782]. Dies folgt daraus, dass ungewöhnliche Maßnahmen von der Gesellschafterversammlung zu beschließen sind und deshalb die Geschäftsführung zur Einberufung der Gesellschafterversammlung ge-

778 Volhard/Weber, in: Semler-FS, 387 (401).
779 So auch Götze, ZGR 1999, 202 (230).
780 Bayer in Lutter/Hommelhoff, GmbHG, Anhang zu § 47 Rn. 43.
781 Siehe oben unter F.III.2.a.
782 Scholz/Schneider, GmbHG, § 43 Rn. 119.

mäß § 49 Abs. 2 GmbHG verpflichtet ist, was entsprechende Informationen angelangt[783]. Ungewöhnliche Maßnahmen sind unter anderem solche, die wegen ihrer Bedeutung und den mit ihnen verbundenen Gefahren Ausnahmecharakter haben[784]. Die Veräußerung von Geschäftsanteilen kann hierzu zählen. Erforderlich ist eine Erheblichkeit der Transaktion für die Gesellschaft, wobei es auf die Struktur der Gesellschaft ankommt. Bezüglich eines Beteiligungserwerbs im Falle größerer kapitalistisch organisierter Gesellschaften wird die Erheblichkeit bei Veräußerung von mehr als 25% einzustufen sein[785]. Dies überzeugt mit Rücksicht auf den dadurch erlangten Gesellschaftseinfluß, da erst durch diesen die typischen Risiken entstehen. Sind Minderheitenrechte im Gesellschaftsvertrag stärker ausgestaltet, kann bereits eine geringere Beteiligung erheblich sein. Findet ein Gesellschafterwechsel in einer personalistisch ausgestalteten Gesellschaft statt, wird dies immer zu derart starken Veränderungen führen, dass hierin eine außergewöhnliche Maßnahme zu sehen ist. Letztlich spielt hinsichtlich der Frage nach Vorliegen einer außergewöhnlichen Maßnahme die Person des Interessenten hinsichtlich der von der Transaktion resultierenden Gefahren eine Rolle. Die Veräußerung an einen Konkurrenten wird in jedem Fall derartige Risiken in sich bergen, da sich immer die Frage stellen wird, warum der Konkurrent an einer Beteiligung interessiert ist, so dass auch in diesen Fällen eine ungewöhnliche Maßnahme zu sehen ist.

Wie die Veräußerung von Gesellschaftsanteilen, ist auch die im Rahmen der Due Diligence sich ergebende Offenbarung von Unternehmensgeheimnissen eine außergewöhnliche Maßnahme[786]. Dies beschränkt sich jedoch auf die Daten, die der Definition des Geheimnisses oder der vertraulichen Angaben entsprechen.

Der Geschäftsführer entscheidet die Frage, ob eine außergewöhnliche Maßnahme vorliegt, nach pflichtgemäßem Ermessen[787]. Steht nach seiner Ansicht eine solche außergewöhnliche Maßnahme an und reicht seine Kompetenz nach § 48 Abs. 2 GmbHG nicht aus, muss die Geschäftsführung die Gesellschafterversammlung einberufen, um diese zu informieren und ihr Gelegenheit zu geben, eine eigene Sachentscheidung zu treffen. Im Anschluß daran hat die Gesell-

---

783 Kleindiek in Lutter/Hommelhoff, GmbHG, § 37 Rn. 10; Scholz/Schneider, GmbHG, § 37 Rn. 12; Volhard/Weber, in: Semler-FS, 387 (394); BGH, NJW 1973, 1039 (1039); Rowedder/Koppensteiner, GmbHG, § 37 Rn. 10f; Hachenburg/Mertens, GmbHG, § 37 Rn. 4ff., anderer Ansicht: Baumbach/Hueck/ Zöllner, GmbHG, § 37 Rn. 7.

784 Scholz/Schneider, GmbHG, § 37 Rn. 15; Rowedder/Koppensteiner, GmbHG, § 37 Rn. 11; Kleindiek in Lutter/Hommelhoff, GmbHG, § 37 Rn. 11; a. A: Zitzmann, Vorlage-pflichten, 90/91.

785 Volhard/Weber, in: Semler-FS, 387 (406).

786 Oppenländer, GmbHR 2000, 535 (539); im Ergebnis auch Angersbach, 103f.

787 Scholz/Schmidt, GmbHG, § 49 Rn. 20; Hachenburg/Hüffer, GmbHG, § 49 Rn. 20.

schafterversammlung die Wahl, die Entscheidung selbst zu beschließen oder sie gegebenenfalls mit Vorgaben den Geschäftsführern zu überlassen[788]. Der Geschäftsführer kann die Einberufungspflicht abwenden, indem er alle Gesellschafter zuvor informiert und ihnen Gelegenheit gibt, auf die Einberufung zu verzichten, § 48 Abs. 2 GmbHG[789]. Unabhängig davon, welchen Weg der Geschäftsführer im Falle einer geplanten Anteilsveräußerung und einer damit verbundenen Due Diligence beschreitet, setzt dies damit die Information und anschließend die Stellungnahme aller Gesellschafter voraus.

Neben der Pflicht zu Einberufung der Gesellschafterversammlung hat die Geschäftsführung die Gesellschafter über wesentliche Entwicklungen oder Planungen zu informieren[790]. Dies gilt insbesondere dort, wo der Geschäftsführer damit rechnen muss, dass sich die Gesellschafter selbst mit der Sache befassen möchten[791]. Hieraus folgt, dass auch dann, wenn keine außergewöhnliche Maßnahme ansteht, weil es an der Erheblichkeit der Transaktion fehlt, der Geschäftsführer die Gesellschafter in Kenntnis setzen muss. Den Geschäftsführer trifft daher eine Informationspflicht über die ihm zur Kenntnis gelangten Absichten verkaufswilliger Gesellschafter[792].

4. Ergebnis

Die Gesellschafterversammlung kann den Geschäftsführer anweisen, ihr oder Dritten Informationen zu erteilen bzw. eine Due Diligence durchzuführen. Der Gesellschafterbeschluß bedarf der einfachen Mehrheit, wobei der an der Veräußerung interessierte Gesellschafter von der Abstimmung ausgeschlossen ist. Dies bedeutet, dass sich der an der Veräußerung interessierte Gesellschafter unter Umständen wegen der Durchführung einer Due Diligence gegen den Willen seiner Mitgesellschafter bei der Beschlussfassung in der Gesellschafterversammlung nicht durchsetzen kann. In diesen Fällen ist er neben der Anfechtung des betreffenden Beschlusses auf seinen Anspruch aus § 51a Abs. 1 GmbHG und dessen gerichtliche Durchsetzung gemäß § 51b GmbHG angewiesen.

Um Beschlüsse über die Gestattung der Due Diligence zu ermöglichen, hat der Geschäftsführer die Gesellschafterversammlung durch Einberufung der Gesellschafterversammlung gemäß § 49 Abs. 2 GmbHG bzw. durch Einleitung des schriftlichen Abstimmungsverfahrens gemäß § 48 Abs. 2 GmbHG über eine ge-

788 Hommelhoff, ZGR 1987, 119 (126/127); anderer Ansicht ist Zitzmann, 167.
789 Scholz/Schmidt, GmbHG, § 49 Rn. 24.
790 Scholz/Schmidt, GmbHG, § 43 Rn. 119; Hommelhoff, ZIP 1983, 383 (389ff.).
791 Rowedder/Koppensteiner, GmbHG; § 43 Rn. 14.
792 Koppensteiner, ZHR 155 (1991), 97 (102ff).

plante erhebliche Anteilsveräußerung und eine im Vorfeld stattfindende Informationsweitergabe an Dritte im Rahmen einer Due Diligence zu informieren.

IV. Offenbarungsrechte des Geschäftsführers

Es stellt sich die Frage, ob ein Geschäftsführer berechtigt ist, die gewünschten Informationen mitzuteilen oder ob die Geschäftsführung selbst Geheimhaltungspflichten unterliegt. Dieselbe Problematik tritt bei dem Informationsbegehren eines Gesellschafters zwecks Weiterleitung an einen Dritten auf, das sich nach erfolgter Abwägung nicht mehr im Rahmen des gesellschafterlichen Informationsrechts des § 51a Abs. 1 GmbHG hält. Auch hier könnte der Geschäftsführer aufgrund wesentlicher aus der Veräußerung resultierender Vorteile für die Gesellschaft gute Gründe haben, dem Gesellschafter Informationen zur Weitergabe an den Erwerbskandidaten zu überlassen.

1. Gegenüber dem Erwerbsinteressenten

a. Offenbarungsrechte des Geschäftsführers

Der Geschäftsführer hat die Gesellschafterversammlung über geplante Anteilsveräußerungen und hiermit verbundene Offenbarungen von Geschäftsgeheimnissen zu informieren[793]. Hierdurch wird es der Gesellschafterversammlung ermöglicht, aufgrund ihrer umfassenden Weisungsbefugnis gegenüber dem Geschäftsführer Informationssperren zu verhängen bzw. Informationserteilungen zuzulassen. Leistet ein Geschäftsführer den Weisungen Folge, ist er von jeder Haftung gegenüber der Gesellschaft oder Minderheitsgesellschaftern befreit[794]. Nur ausnahmsweise hat der Geschäftsführer eine beschränkte Überprüfungspflicht hinsichtlich der Informationsfreigabe. Diese besteht darin, zu überprüfen, ob die Weisung nicht fehlerhaft zustande kam, weil der Beschluss aus formellen oder materiellen Gründen unwirksam gewesen ist[795].

Umstritten ist, ob der Geschäftsführer neben dieser Pflicht, die Gesellschafter zu informieren, einen eigenen Entscheidungsspielraum hat, das heißt, ob er,

793 Siehe hierzu unter F.III.3.

794 Kleindiek in Lutter/Hommelhoff, GmbHG, § 43 Rn. 32; Scholz/Schneider, GmbHG, § 43 Rn. 95; das gleiche gilt bei einem Gesellschafterbeschluss gemäss § 51a Abs. 2 S. 2 GmbHG, vergleiche hierzu oben F.II.3.f.

795 Scholz/Schneider, GmbHG; § 43 Rn. 96.

wenn keine entsprechende Weisung der Gesellschafterversammlung erfolgt, eine eigene Entscheidung treffen kann oder die Entscheidung der Gesellschafterversammlung in jedem Fall abwarten bzw. herbeiführen muss. Nach *Götze* ist ein Recht des Geschäftsführers, Informationen gegenüber Dritten zu offenbaren, und damit ein Beurteilungsspielraum mit dem Hinweis auf die Qualifizierung der Entscheidung als außergewöhnliche Maßnahme zu verneinen. Sie falle stets in den Zuständigkeitsbereich der Gesellschafterversammlung[796]. Lediglich hinsichtlich des gewöhnlichen Geschäftsbetriebs habe der Geschäftsführer alle unternehmerischen Entscheidungen für die Gesellschaft im Rahmen der §§ 35 ff. GmbHG zu treffen. Danach könnte der Geschäftsführer lediglich Empfehlung gegenüber der Gesellschafterversammlung aussprechen. *Volhard/Weber*[797] stimmen zu, dass in der Anteilsveräußerung bzw. Offenlegung von Gesellschaftsinterna eine außergewöhnliche Maßnahme liege, so dass dies den Schluss zulasse, dass die Entscheidungen darüber nicht in die Zuständigkeit des Geschäftsführers fallen. Sie betonen allerdings, dass hierbei die Vielzahl der möglichen Zusammensetzungen der Gesellschafterversammlung und die damit verbundenen unterschiedlichen Interessen der Beteiligten nicht ausreichend berücksichtigt würden. Eine differenziertere Betrachtung aufgrund des engen Sachzusammenhangs nach den zu § 15 Abs. 5 GmbHG entwickelten Fallgruppen sei geboten. Das im Gesellschaftsvertrag jeweils festgelegte Zustimmungserfordernis hinsichtlich der Anteilsübertragung sei auch für die damit verbundene Offenbarung von Unternehmensinterna heranzuziehen. Wenn der Gesellschaftsvertrag keine Zustimmung der Gesellschafterversammlung gemäß § 15 Abs. 5 GmbHG vorsehe oder – im Falle der erforderlichen Genehmigung nach § 15 Abs. 5 GmbHG – ausdrücklich davon absehe, bestehe für den Geschäftsführer ein eigenverantwortlicher Entscheidungsspielraum hinsichtlich der Offenbarung von Unternehmensinterna. Diese Ansicht widerspricht der gesetzlichen Wertung. Gemäß § 49 Abs. 2 GmbHG hat der Geschäftsführer die Gesellschafterversammlung einzuberufen, wenn dies im Interesse der Gesellschaft als erforderlich erscheint. Dies ist bei außergewöhnlichen Maßnahmen, wozu die Gestattung der Due Diligence gehört, der Fall[798]. Der Geschäftsführer erfüllt nur dann diese gesetzliche Einberufungspflicht, wenn er die Versammlung einberuft[799]. Von diesen Anforderungen kann abgesehen werden, wenn alle Gesellschafter sich mit einer schriftlichen Beschlussfassung ausdrücklich einverstanden erklären, § 48 Abs. 2 GmbHG, oder auf die Einberufung der Versammlung verzichten. Trifft dies nicht zu, macht

---

796 Götze, ZGR 1999, 202 (225), so auch Oppenländer, GmbHR 2000, 535 (540f.); Bremer, GmbHR 2000, 176 (176); Körber, NZG 2002, 263 (268).

797 Volhard/Weber, in: Semler-FS, 387 (396).

798 Siehe oben unter F.III.3.

799 Scholz/Schmidt, GmbHG, § 49 Rn. 24.

sich der Geschäftsführer gemäß § 43 Abs. 2 GmbHG schadensersatzpflichtig. Auf Grund dieser gesetzlichen Vorgaben besteht für den Geschäftsführer keine Möglichkeit, mit einer eigenen Entscheidung der Gesellschafterversammlung zuvorzukommen. Diese sehr strikte gesetzliche Regelung kann nicht mit der Begründung, sie stelle keine flexible Lösung dar, umgangen werden. Die Begründung, nur eine Entscheidungskompetenz des Geschäftsführers würde den verschiedenen Zusammensetzungen der Gesellschafterversammlung gerecht werden, erscheint fragwürdig. Zeitliche Verzögerungen sind mit Blick auf die einwöchige Frist des § 51 Abs. 1 S. 2 GmbHG nicht zu erwarten. Im Ergebnis ist für den Geschäftsführer ein Recht zur Offenbarung zu verneinen.

b. Geheimhaltungspflichten des Geschäftsführers

Gemäß § 85 Abs. 1 GmbHG macht sich derjenige strafbar, der 1) ein Geheimnis der Gesellschaft, namentlich ein Betriebs- oder Geschäftsgeheimnis, das ihm in seiner Eigenschaft als Geschäftsführer, Mitglied des Aufsichtsrats oder Liquidator bekanntgeworden ist, 2) unbefugt 3) offenbart.

Das Geheimnis wird als relativ unbekannte Tatsache definiert, die nur einem beschränkten Personenkreis bekannt und nicht jedermann zugänglich ist (1)[800]. Zusätzlich muss die Geheimhaltung objektiv im Interesse der Gesellschaft liegen. Das liegt insbesondere dann vor, wenn durch Bekanntwerden der Tatsache der Gesellschaft ein materieller oder immaterieller Schaden zugefügt würde[801]. Nach herrschender Meinung steht der Gesellschaft kein Entscheidungsermessen bezüglich der Frage zu, ob ein objektives Interesse besteht oder nicht[802]. Für diese Annahme spricht das strafrechtliche Bestimmtheitsgebot beim Tatbestand der §§ 404 AktG, 85 GmbHG[803]. Zusätzlich ist als subjektives Korrektiv ein Geheimhaltungswille erforderlich, der allerdings grundsätzlich vermutet oder unterstellt wird. Nach anderer Ansicht ist im Einzelfall zur Bestimmung des objektiven Unternehmensinteresses der Gesellschaft anhand des Interesses der Gesellschaft an der Geheimhaltung und dem an der Offenbarung zu entscheiden[804]. Hieraus resultiere ein Beurteilungsspielraum. Daher sei neben dem Bestehen ei-

800 Kleindiek in Lutter/Hommelhoff, GmbHG, § 85 Rn. 3.

801 OLG Hamm, GmbHR 1988, 218 (218); Lutter, Information und Vertraulichkeit, 133; Kleindiek in Lutter/Hommelhoff, GmbHG, § 85 Rn. 3.

802 BGH, DB 1975, 1308 (1309).

803 BGH, GRUR 1969, 430; Scholz/Tiedemann, GmbHG, § 85 Rn. 7; Hachenburg/Kohlmann, GmbHG, § 85 Rn. 22, 26ff.; Rowedder/Fuhrmann, GmbHG, § 85 Rn. 8; KölnerKomm/Geilen, AktG, § 404 Rn. 34.

804 Scholz/Schneider, GmbHG, § 43 Rn. 118.

nes objektiven Interesses auch kein Geheimhaltungswille mehr erforderlich[805]. Hinsichtlich der Daten, die im Rahmen der Due Diligence dem Erwerbsinteressenten gegenüber offen gelegt werden sollen, folgt daraus, dass zumindest teilweise ein objektives Interesse der Gesellschaft und zusätzlich ein Geheimhaltungswille hinsichtlich der Geheimhaltung besteht. Daher liegen nach beiden Auffassungen Geheimnisse im Sinne des § 85 GmbHG vor.

Umstritten ist, welches Organ der Gesellschaft zur Bekundung des Geheimhaltungswillens bzw. der Erklärung des Verzichts auf den Geheimnisschutz berechtigt ist, darüber also disponieren darf. Nach der überwiegenden Ansicht ist dies bei der GmbH der Geschäftsführer[806]. Zur Begründung wird angeführt, dass die Einstufung einer Tatsache als Geheimnis eine Maßnahme der Geschäftsführung gemäß § 37 GmbHG sei[807]. Als Konsequenz sei der Geschäftsführer, etwa im Rahmen von Verkaufsgesprächen berechtigt, Geheimnisse zu offenbaren, wenn er dabei die Sorgfalt eines ordentlichen Geschäftsmannes nach § 43 Abs. 1 GmbHG anwendet. Die Gegenposition vertritt die Ansicht, dass der Geschäftsführer nicht über Geheimnisse disponieren dürfe, da § 85 GmbHG die Gesellschaft unter anderem vor seinem Geheimnisbruch schützen soll. Könne ein Geschäftsführer den Verzicht erklären, könne er die Strafdrohung gemäß § 85 GmbHG gegen sich selbst aufheben. Also müsse die Gesellschafterversammlung zumindest zusätzlich zustimmen. Nach vermittelnder Ansicht wird die Zustimmung der Gesellschafterversammlung nur im Falle einer personalistischen Gesellschaft verlangt, wobei aber erneut wegen des strafrechtlichen Bestimmtheitsgrundsatzes eine entsprechende ausdrückliche Regelung im Gesellschaftsvertrag erforderlich sein soll[808].

Unter der Offenbarung von Geheimnissen wird jede Mitteilung an eine Person verstanden, die dieses noch nicht kannte (2)[809]. Zusätzlich muss die Offenbarung, zu der es durch die vom Geschäftsführer gestattete Due Diligence kommt, unbefugt erfolgen (3). Der Täter muss demnach unberechtigt das Geheimnis offenbaren, sich also rechtswidrig verhalten[810]. Dies ist nicht der Fall, wenn die Gesellschaft auf die Geheimhaltung verzichtet bzw. der Offenbarung zustimmt[811].

---

805 Baumbach/Hueck/Schulze-Osterloh, GmbHG, § 85 Rn. 10f.; Kleindiek in Lutter/Hommelhoff, GmbHG, § 85 Rn. 4; Meyer-Landrut/Meyer-Landrut, GmbHG, § 85 Rn. 4; Lutter, Information und Vertraulichkeit, 139; Scholz/Schneider, GmbHG, § 43 Rn. 117; Marsch-Barner/Diekmann, in: Münchner HB d. Gesellschaftsrechts, Bd. 3, § 45 Rn. 4.

806 Scholz/Schneider, GmbHG, § 43 Rn. 118; Hachenburg/Kohlmann, GmbHG, § 85 Rn. 45.

807 Rowedder/Fuhrmann/Schaal, GmbHG, § 85 Rn. 8.

808 Baumbach/Hueck/Schulze-Osterloh, GmbHG, § 85 Rn. 10.

809 Herrschende Meinung, vgl. statt aller: Kleindiek in Lutter/Hommelhoff, GmbHG, § 85 Rn. 6.

810 Rowedder/Fuhrmann/Schaal, GmbHG, § 85 Rn. 12.

811 Umstritten, nach der hier vertretenen Ansicht (Rowedder/Fuhrmann, GmbHG, § 85 Rn. 12; Baumbach/Hueck/Schulze-Osterloh, GmbHG, § 85 Rn. 17) entfällt erst die Tatbestandsmäßig-

Auch hier stellt sich das Problem, wer über die Geheimhaltung in der Gesellschaft disponieren darf. Entgegen den meisten Ansichten in der Literatur kann es nicht pauschal gelöst werden. Diese Frage ist für jedes Geheimnis und damit auch für jeden Fall der Geheimnisoffenbarung getrennt zu entscheiden[812]. Dies folgt daraus, dass die an der Geheimhaltung interessierten Organe und die Risiken, die sich aufgrund einer Offenbarung ergeben, unterschiedlich sind. Wie dargelegt, hat der Geschäftsführer gegenüber Dritten kein eigenes Recht, die Durchführung der Due Diligence zu gestatten. Im Falle einer außergewöhnlichen Maßnahme hat er nämlich die Entscheidung der Gesellschafterversammlung herbeizuführen. Ist die Transaktion für die Gesellschaft nicht so erheblich, so dass eine außergewöhnliche Maßnahme zu verneinen wäre, ist eine derart umfassende Prüfung zugunsten des Erwerbsinteressenten wegen Unzumutbarkeit gleichfalls nicht zu gestatten. Hier ergibt sich kein Entscheidungsspielraum für den Geschäftsführer. Zusätzlich kann in einem Fall einer derart umfassenden Offenlegung von Daten nur die Gesellschafterversammlung entscheiden. Der Geschäftsführer muss die Entscheidung der Gesellschafterversammlung herbeiführen.

Als Ergebnis kann daher festgehalten werden, dass unabhängig von der grundsätzlichen Entscheidung, welches Organ in der Gesellschaft über die Geheimhaltung disponieren darf, es im Fall der Due Diligence jedenfalls die Gesellschafterversammlung ist. Trifft der Geschäftsführer dennoch eine eigene Entscheidung, kommt seine Strafbarkeit gemäß § 85 GmbHG bei Vorliegen der übrigen Voraussetzungen (Antrag etc.) in Betracht.

Daneben hat jeder Geschäftsführer gegenüber Außenstehenden über vertrauliche Angaben und Geheimnisse der Gesellschaft Stillschweigen zu bewahren, § 93 Abs. 1 S. 3 AktG analog[813]. Auch aus der Treuepflicht des Geschäftsführers[814] ergeben sich Beschränkungen seiner Offenbarungsbefugnisse gegenüber Dritten[815]. Andernfalls macht er sich gemäß § 43 Abs. 2 GmbHG schadenersatzpflichtig[816]. Da im Gegensatz zu § 93 Abs. 1 S. 3 AktG vertrauliche Angaben

---

keit des Handelns, wenn der Geheimnischarakter vollständig aufgehoben wird. Anderer Ansicht sind Scholz/Tiedemann, GmbHG, § 85 Rn. 20; Hachenburg/Kohlmann, GmbHG, § 85 Rn. 44.

812 So wohl auch Rowedder/Fuhrmann/Schaal, GmbHG, § 85 Rn. 8, der auf die jeweilige Tatsache abstellt.

813 Kleindiek in Lutter/Hommelhoff, GmbHG, § 43 Rn. 13, ohne auf die Analogie einzugehen; Marsch-Barner/Diekmann, in: Münchner HB d. Gesellschaftsrechts, Bd. 3, § 45 Rn. 4; Scholz/Schneider, GmbHG, § 43 Rn. 115ff.

814 Scholz/Schneider, GmbHG, § 43 Rn. 121; Hachenburg/Mertens, GmbHG, § 43 Rn. 37.

815 Volhard/Weber, in: Semler-FS, 387 (398); Baumbach/Hueck/Zöllner, GmbHG, § 35 Rn. 40; Hachenburg/Hüffer, GmbHG, § 51a Rn. 11; Rowedder/Koppensteiner, GmbHG, § 43 Rn. 20.

816 Götze, ZGR 1999, 202 (225); Bremer, GmbHR 2000, 176 (179).

nicht zum Tatbestand des § 85 GmbHG gehören, geht der strafrechtliche Schutz nicht so weit wie die zivilrechtliche Verpflichtung[817].

2. Gegenüber einzelnen verkaufswilligen Gesellschaftern bzw. Minderheiten der Gesellschafterversammlung

Wie oben darlegt[818], darf ein Geschäftsführer gemäß § 51a GmbHG Auskünfte erteilen, wenn er im Rahmen einer umfassenden Abwägung festgestellt hat, dass die Interessen des Gesellschafters überwiegen und kein Treuepflichtsverstoß des Gesellschafters vorliegt. Demnach korrespondieren die Informationsansprüche der einzelnen Gesellschafter mit den Geheimhaltungspflichten der Geschäftsführung. Eine Verletzung der Verschwiegenheitspflicht kommt in Betracht, wenn die Voraussetzungen des § 51a Abs. 2 S. 1 GmbHG direkt oder analog vorliegen und der Geschäftsführer dennoch Auskünfte erteilt, anstatt einen Gesellschafterbeschluß über die Informationsverweigerung herbeizuführen. Hierbei würde er nicht die Sorgfalt eines ordentlichen Geschäftsmannes anwenden und sich gemäß § 43 Abs. 2 GmbHG schadenersatzpflichtig machen.

Eine Informationsgewährung im Rahmen des § 51a GmbHG kann dagegen den Tatbestand des § 85 GmbH nicht erfüllen, selbst wenn die Voraussetzungen des Auskunftsanspruchs nicht vorliegen oder ein Auskunftsverweigerungsrecht gegeben ist, da der Gesellschafter nicht Dritter im Sinne des § 85 GmbHG ist[819]. § 85 GmbHG betrifft nur das Außenverhältnis der Gesellschaft.

3. Ergebnis

Der Geschäftsführer hat gegenüber einem Erwerbsinteressenten kein Recht, eine Due Diligence zu gestatten. Es steht ihm kein Entscheidungsspielraum über diese Frage zu, da es sich hierbei um eine außergewöhnliche Maßnahme handelt, die in den Zuständigkeitsbereich der Gesellschafterversammlung fällt. Eine Entscheidung der Gesellschafterversammlung ist herbeizuführen. Zusätzlich hat der Geschäftsführer Geheimhaltungspflichten gemäß § 85 GmbHG und § 93 Abs. 2 S. 1 AktG zu beachten.

---

817 Baumbach/Hueck/Schulze-Osterloh, GmbHG, § 85 Rn. 8; Volhard/Weber, in: Semler-FS, 387 (389).

818 Siehe unter F.II.3.b.

819 Volhard/Weber, in: Semler-FS, 387 (404).

Ist die beabsichtigte Informationsweitergabe an den Erwerbsinteressenten durch den Gesellschafter treuwidrig, muss der Geschäftsführer die Informationsherausgabe gemäß § 51a Abs. 1 GmbHG dem Gesellschafter gegenüber verweigern. Kommt er im Rahmen der Abwägung zu dem Ergebnis, dass die Informationsweitergabe nicht treuwidrig ist und auch andere Verweigerungsgründe nicht eingreifen, muss er sie wegen § 51a Abs. 1 GmbHG dem Gesellschafter gestatten. Über die von ihm vorzunehmende Abwägung im Rahmen der Konkretisierung der Treuepflicht hinaus hat der Geschäftsführer auch hier keine eigene Entscheidungskompetenz, die Informationen herauszugeben. Über Informationsfreigaben, die den Rahmen des § 51a GmbHG sprengen, hat die Gesellschafterversammlung abzustimmen.

V. Zusammenfassung

1. Der am Erwerb von Geschäftsanteilen interessierte Dritte hat keine Ansprüche gegen die Gesellschaft auf Durchführung einer Due Diligence.
2. Der an der Veräußerung interessierte Gesellschafter hat einen Informationsanspruch gemäß § 51a Abs. 1 GmbHG auf Durchführung einer Due Diligence. Der Geschäftsführer kann gegenüber dem Gesellschafter berechtigt und gegenüber der Gesellschafterversammlung verpflichtet sein, die gewünschten Informationen wegen Verstoßes gegen die Vertraulichkeit als Teil der gesellschafterlichen Treuepflicht oder aus anderen Gründen zu verweigern. Der Veräußerungswunsch eines Gesellschafters beziehungsweise die Informationsweitergabe an Dritte durch einen Gesellschafter sind nicht gesellschaftsfremde Zwecke. Die Entscheidung hierüber ist von ihm durch eine umfassende Abwägung zu ermitteln. Im Hinblick auf eine Due Diligence wird vor allem im Vorfeld eines Beteiligungserwerbs durch einen Konkurrenten die Mitteilungsmöglichkeit stark eingeschränkt, wobei die Due Diligence nicht auf die Variante der mittelbaren Informationsübermittlung durch neutrale Dritte reduziert ist. Ein Gesellschafter kann seinen bestehenden Anspruch aus § 51a GmbHG gegen unberechtigte Verweigerungen im Rahmen des Erzwingungsverfahrens gemäß § 51b GmbHG durchsetzen.
3. Gelangt der Geschäftsführer zur Ansicht, dass die Due Diligence wegen eines Verweigerungsgrundes nicht gestattet werden kann, hat er einen Gesellschafterbeschlusses je nach Verweigerungsgrund gemäß beziehungsweise analog § 51a Abs. 2 S. 2 GmbHG herbeizuführen, bei welchem der an der Veräußerung interessierte Gesellschafter nicht stimmberechtigt ist. Händigt er die gewünschten Informationen aus und entsteht hieraus ein Nachteil, wird er nur

dann gemäß § 43 Abs. 2 GmbHG schadenersatzpflichtig, wenn er die Sorgfalt eine ordentlichen Geschäftsmannes nicht angewandt hat, § 43 Abs. 1 GmbHG. Ist ein Anspruch gemäß § 51a Abs. 1 GmbHG gegeben und greifen keine Verweigerungsgründe ein, kann die Due Diligence auf Seiten des veräußernden Gesellschafters durch den Geschäftsführer und auf Seiten des Erwerbers durch dessen Bevollmächtigte durchgeführt werden, so dass ein direkter Informationsfluss ermöglicht wird.

4. Abgesehen von dem Informationsanspruch des Gesellschafters kann nur die Gesellschafterversammlung aufgrund ihrer umfassenden Weisungsbefugnis alle Informationen von der Geschäftsführung verlangen, an Dritte weitergeben und damit über die Durchführung einer Due Diligence entscheiden. Es ist ein Beschluss mit einfacher Mehrheit ausreichend, wobei der an der Transaktion interessierte Gesellschafter nicht stimmberechtigt ist. Damit kann ein an der Veräußerung interessierter Mehrheitsgesellschafter, der nicht die einfache Mehrheit erreicht, sich nicht gegen bestehende Interessen der Gesellschaft durchsetzen. Die Gesellschafterversammlung hat die kollektiven Interessen an der Geheimhaltung bzw. an der durch die Due Diligence ermöglichten Transaktion gegenüberzustellen, wobei auch individuelle Gesellschafterinteressen, insbesondere bei der personalistischen GmbH, zu berücksichtigen sind. Im Rahmen einer Anfechtungsklage kann der an der Transaktion interessierte Gesellschafter den Beschluss der Gesellschafterversammlung auf Mängel überprüfen lassen.
5. Der Geschäftsführer hat – abgesehen von entsprechenden Weisungen der Gesellschafterversammlung oder gemäß § 51 Abs. 1 GmbHG bestehenden Ansprüchen eines Gesellschafters – keine Befugnisse, über Information und Geheimhaltung zu disponieren. Er muss die Gesellschafterversammlung – unabhängig von der Notwendigkeit eines Beschlusses gemäß § 51a Abs. 2 S. 2 GmbHG – über die Durchführung einer Due Diligence informieren, da diese als außergewöhnliche Maßnahme einzuordnen ist. Eine Due Diligence, die den Rahmen des § 51a GmbHG übersteigt kann nämlich nur aufgrund eines entsprechenden Gesellschafterbeschlusses durchgeführt werden. Die Geschäftsführung, die eine solche Entscheidung trifft, macht sich unter Umständen gemäß § 85 GmbHG strafbar. Zusätzlich ist § 93 Abs. 1 S. 3 AktG analog anwendbar.

G. Information und Geheimhaltung im Handelsgesetzbuch

Auch in einer Personengesellschaft kann das Interesse bestehen, eine Due Diligence durchzuführen. Obwohl diese Prüfung überwiegend in Großunternehmen, die meist in den Rechtsformen der Aktiengesellschaft oder Gesellschaft mit beschränkter Haftung organisiert sind, vorgenommen werden, wird die Durchführung auch im Mittelstand, der sich häufig der Rechtsformen der Personengesellschaften bedient, immer üblicher[820]. Hier sind Personenhandelsgesellschaften mit und ohne beschränkte Haftung die Rechtsformen, bei welchen die Due Diligence durchgeführt wird.

Es eröffnet sich daher die in der Literatur noch selten erörterte Frage, ob und wenn ja, auf welche Weise eine Due Diligence in einer Personenhandelsgesellschaft durchgeführt werden kann. Zu differenzieren ist hierbei zwischen der rechtlichen Situation des persönlich haftenden, geschäftsführenden Gesellschafters in der OHG oder der KG und der des Kommanditisten in der KG. Daneben ist zu untersuchen, ob die Ausformung der KG als GmbH & Co KG oder Publikumskommanditgesellschaft zu unterschiedlichen Ergebnissen führt.

Informationsansprüche des potentiellen Erwerbers gegen die Geschäftsführung bestehen nicht; seine eventuell bestehenden vorvertraglichen Ansprüche auf Auskunft gegen den verkaufenden Kommanditisten sollen hier nicht erörtert werden[821].

I. Informationsansprüche des geschäftsführenden Gesellschafters in OHG und KG

Für einen geschäftsführenden, persönlich haftenden Gesellschafter sind nur zwei Möglichkeiten denkbar, Informationen zu erlangen: Es ist zu untersuchen, ob er zum Zwecke der Durchführung eine Due Diligence Zugang zu Informationen im Rahmen der Geschäftsführung erlangen oder ob er Informationsansprüche nur auf seine Stellung als Gesellschafter stützen kann.

---

820 Koch/Wegmann, 8.

821 Siehe vergleichbare Darstellung bezüglich des AktG und des GmbHG unter D.I und F.I.

1. Informationserlangung als Ausfluss der Geschäftsführung

Zu betrachten ist, wie sich die Erlangung von Informationen im Rahmen der Geschäftsführung darstellt und ob sie die Durchführung einer Due Diligence ermöglicht. Ein solches Informationsrecht folgt für die OHG aus § 114 Abs. 1 HGB und für die KG aus § 114 Abs. 1 i.V.m. §§ 161 Abs. 2, 164 HGB, worin geregelt ist, dass alle Gesellschafter einer OHG zur Führung der Geschäfte der Gesellschaft berechtigt und verpflichtet sind und dies auch für Komplementäre in einer KG gilt. Aus der Organbefugnis resultierend dient dieses Informationsrecht jedoch ausschließlich zur Verwendung im Rahmen der Geschäftsführung und kann dementsprechend nicht von einem geschäftsführenden Gesellschafter genutzt werden, der Informationen benötigt, um seinen Geschäftsanteil zu verkaufen[822]. Diese Annahme wird durch die Überlegung, was die Folge des Ausschlusses eines Gesellschafters von der Geschäftsführung bewirkt, gestützt: Das aus der Organstellung resultierende Informationsrecht entfällt. Der Wunsch, im Vorfeld eines Anteilverkaufs eine Due Diligence durchzuführen, bleibt unberührt. Hieraus wird deutlich, dass dieses Recht nicht dem Gesellschafter in seiner Stellung als solchem zur Verfügung stehen soll[823]. Als Konsequenz darf ein Gesellschafter die im Rahmen der Geschäftsführung erlangten Informationen nicht für die Durchführung einer Due Diligence verwenden.

2. Informationserlangung gemäß § 118 HGB

Daneben könnten persönlich haftende Gesellschafter einer OHG oder einer KG versuchen, die für eine Due Diligence erforderlichen Informationen aufgrund des § 118 HGB zu erlangen. Für den Gesellschafter einer OHG sowie den Komplementär in einer KG werden aufgrund seiner persönlichen Haftung gemäß § 118 HGB ein Recht auf umfassende Auskunftserteilung abgeleitet[824]: Sie können sich, auch wenn sie von der Geschäftsführung ausgeschlossen sind, über die Angelegenheiten der Gesellschaft persönlich unterrichten, die Handelsbücher und die Papiere der Gesellschaft einsehen und sich aus ihnen eine Bilanz und einen Jahresabschluss anfertigen. Dieses Recht richtet sich grundsätzlich auf Duldung und Gewährung des Zugangs, kann aber ausnahmsweise auch zu einem Auskunftsrecht des einzelnen Gesellschafters erstarken, wenn die erforderlichen An-

822 Eggenberger, 192.

823 Eggenberger, 192.

824 Weipert, in: Münchener HB d. Gesellschaftsrechts, Bd. 2, § 15 Rn. 8; Baumbach/Hopt/Hopt, HGB, § 118 Rn. 3; Staub/Schäfer, HGB, § 118 Rn. 1; Karsten Schmidt, Informationsrechte, 66.

gaben nicht aus den Büchern oder Unterlagen der Gesellschaft ersichtlich sind[825]. Dieses Recht besteht unabhängig von den Rechten, die ihm im Rahmen der Geschäftsführung zustehen. Der Begriff der Angelegenheiten ist dabei weit zu verstehen; er umfasst alles, was die Lage der Gesellschaft betrifft[826]. Auf dieser Grundlage kann ein Gesellschafter alle Informationen, die er zur Durchführung einer Due Diligence benötigt, in zulässiger Weise erlangen[827].

3. Auskunftsverweigerung aufgrund Missbrauchsverbot und Treuepflicht

Das gemäß § 118 HGB bestehende Informationsrecht findet seine Grenzen in dem Missbrauchsverbot und der Treuepflicht der Gesellschafter[828]. Unter anderem hat die Gesellschaft die Herausgabe der Information zu verweigern, falls diese zu sonstigen vertragswidrigen Zwecken wie Wettbewerb benutzt werden soll[829]. Im Falle von berechtigtem Wettbewerb kann das Informationsrecht des Gesellschafters zwar bestehen bleiben, aber nur durch Sachverständige ausgeübt werden[830], die dem Gesellschafter nur das Ergebnis mitteilen[831]. Ob im Einzelfall ein Recht zur Auskunftsverweigerung vorliegt, ist im Rahmen einer umfassenden Abwägung zwischen den Interessen der Gesellschaft an der Geheimhaltung der Informationen und den Interessen des am Verkauf interessierten Gesellschafters vorzunehmen[832].

4. Weitergabe der Informationen

Anschließend stellt sich die Frage, ob der Gesellschafter, der sich im Besitz der für die Due Diligence erforderlichen Informationen und Unterlagen befindet, diese an am Erwerb der Gesellschaft interessierte Dritte weitergeben darf. Die Due Diligence wird nämlich meistens von unternehmensexternen Dritten durchgeführt, die entweder im Auftrag des Gesellschafters selbst oder von dem am Kauf interessierten Dritten hinzugezogen werden. Ersteres stellt sich als nicht

825 Baumbach/Hopt/Hopt, HGB, § 118 Rn. 7.
826 Baumbach/Hopt/Hopt, HGB, § 118 Rn. 3; Staub/Schäfer, HGB, § 118 Rn. 12.
827 So auch Eggenberger, 197.
828 Baumbach/Hopt/Hopt, HGB, § 118 Rn. 1; Staub/Schäfer, HGB, § 118 Rn. 15
829 Baumbach/Hopt/Hopt, § 118 Rn. 1.
830 Baumbach/Hopt/Hopt, § 118 Rn. 1/10.
831 Siehe unter D.V.6.
832 Im Hinblick auf die einzelnen Faktoren, die diese Abwägung beeinflussen, siehe D.V.4.a. und b.

problematisch dar: Ein Gesellschafter darf die Informationen mittels eines neutralen Sachverständigen auswerten[833]. Dem am Kauf des Gesellschaftsanteils interessierten Dritten darf ein Gesellschafter dagegen Informationen nur zur Verfügung stellen, so lange dies keinen Verstoß gegen die gesellschafterliche Treuepflicht bzw. das Missbrauchsverbot darstellt, was wiederum im Rahmen einer Gesamtabwägung der widerstreitenden Interessen festzustellen ist. Zu beachten ist hierbei besonders, dass Dritte – falls vertraglich nicht anders vereinbart – keinen Verschwiegenheitspflichten unterliegen und keine Treuepflichten gegenüber der Gesellschaft haben[834]. Alternativ kann ein Gesellschafter Informationen nur mit Zustimmung der anderen Gesellschafter bzw. der Gesellschaft offenlegen. Abzulehnen ist allerdings die Ansicht, die aufgrund der abstrakt entstehenden Gefahr des Geheimnisverrats die Zulässigkeit der Herausgabe von Informationen an Dritte, generell verneinen möchte[835]: Die grundsätzliche Annahme der Unzulässigkeit kann dem Einzelfall, nicht gerecht werden, der die Prüfung ermöglichen muss, welche Informationen zu welchen Zwecken, in welchem Ausmaß und an welche Dritte weitergeben werden sollen.

5. Entscheidungszuständigkeit

Es stellt sich die Frage, in welchen Fällen die Geschäftsführung bzw. die Gesellschafterversammlung für die Entscheidung über die Durchführung einer Due Diligence und der damit verbundenen Abwägung der widerstreitenden Interessen zwischen Gesellschaft und Gesellschafter zuständig sind.

Auszugehen ist von dem Grundsatz, dass die Übertragung des Gesellschaftsanteils nach der herrschenden Ansicht möglich ist, wenn sie im Gesellschaftsvertrag zugelassen ist oder alle Gesellschafter zustimmen[836]. Dies folgt daraus, dass diese Grundlagenangelegenheiten nicht zur Geschäftsführung gehören[837]. Problematisch ist, ob dieser Grundsatz auch auf die im Vorfeld einer Übertragung des Gesellschaftsanteils stattfindende Due Diligence übertragen werden kann; denn die Gestattung der Due Diligence selbst ist nicht als Grundlagengeschäft einzuordnen, da sie nicht unmittelbar Veränderungen des Gesellschaftsvertrages oder des Verhältnisses der Gesellschafter untereinander herbeiführt.

Die geschäftsführenden Gesellschafter sind gemäß § 116 Abs. 1 HGB zur Geschäftsführung im Rahmen des gewöhnlichen Betriebs des Handelsgewerbes der

833 Baumbach/Hopt/Hopt, § 118 Rn. 9; Staub/Schäfer, HGB, § 118 Rn. 31.
834 Eggenberger, 199; BGHZ 50, 316 (324f.).
835 Eggenberger, 199.
836 Weipert, in: Münchener HB d. Gesellschaftsrecht, Bd. 2, § 33 Rn. 2.
837 BGHZ 76, 160 (164).

Gesellschaft befugt. Darüber hinaus gehende Handlungen erfordern den Beschluss sämtlicher Gesellschafter, § 116 Abs. 2 HGB. Gewöhnlich ist in diesem Zusammenhang, was in dem Handelsgewerbe, wie es die OHG bzw. KG betreibt, normalerweise vorkommen kann, außergewöhnliche Geschäfte dagegen haben Ausnahmecharakter nach Art und Inhalt, Zweck oder Umfang und Risiko bei gleichzeitiger Beachtung der besonderen Verhältnisse der Gesellschaft und der Zeitumstände[838]. Die Durchführung einer Due Diligence ist zum einen ein Ausnahmefall, der nicht zum Alltagsgeschäft des jeweiligen Handelsgewerbes gehört. Die immanenten Risiken wurden bereits unter D.V.3.b. erörtert. Daher ist sie als außergewöhnliches Geschäft einzustufen, welches gemäß § 116 Abs. 2 eines Beschlusses der Gesellschafter bedarf[839].

Gemäß § 119 Abs. 1 HGB bedürfen die von den Gesellschaftern zu fassenden Beschlüsse der Zustimmung aller zur Mitwirkung bei der Beschlussfassung berufenen Gesellschafter, was Einstimmigkeit bedeutet. Dieser Grundsatz erfährt eine dahingehende Einschränkung, dass der Gesellschaftsvertrag auch die Abstimmung nach der Mehrheit der Stimmen vorsehen kann, § 119 Abs. 2 HGB.

Nach *Lutter* kann sich der persönlich haftende, geschäftsführende Gesellschafter offener zeigen, als das Gesetz ihm auferlegt, und eine Due Diligence gestatten, wenn der Gesellschaft dadurch kein Nachteil entsteht[840].

Letztlich ist zu fragen, ob der am Verkauf interessierte Gesellschafter von der Beschlussfassung über die Gestattung der Due Diligence ausgeschlossen ist. Da im Gegensatz zu den Reglungen im GmbHG[841] der Ausschluss des Stimmrechts eines Gesellschafters in einer OHG oder einer KG gesetzlich nicht normiert ist, wird ein Stimmverbot im Falle eines Interessenkonflikts in entsprechender Anwendung der §§ 34 BGB, 47 IV GmbHG angenommen, wenn ein solcher Interessenkonflikt zwischen den unmittelbaren Vermögensinteressen der Gesellschaft und des Gesellschafters besteht und das Mitstimmen bei dem Beschluss ein Richten in eigener Sache darstellen würde[842]. Im Falle der Abstimmung über die Zulassung einer Due Diligence stehen sich zwar weder unmittelbare Vermögensinteressen von Gesellschaft und Gesellschafter einander gegenüber, noch lässt sich dieser Fall mit einer der oft verwendeten Fallgruppen, wie der Vornahme eines Rechtsgeschäfts mit einem Gesellschafter oder der Geltendmachung eines Anspruchs gegen einen Gesellschafter vergleichen. Dennoch ist der Gesell-

838 Baumbach/Hopt/Hopt, HGB, § 116 Rn. 1/2.

839 Zu diesem Ergebnis kommt auch Eggenberger, 201.

840 Lutter, ZIP 1997, 613 (619).

841 Siehe hierzu unter F.II.3.f.

842 So unter anderem Baumbach/Hopt/Hopt, HGB, § 119 Rn. 8. Andere stützen ein Stimmverbot auf den Gedanken des Insichgeschäfts, vergleiche Karsten Schmidt, Gesellschaftsrecht, § 21 II. 2. a) aa), 609.

schaft ein indirektes, vermögensrelevantes Interesse an der Durchführung der Due Diligence zu zubilligen, das gegebenenfalls mit den Geheimhaltungsinteressen der Gesellschaft kollidiert: ein Stimmverbot des am Verkauf interessierten Gesellschafters ist daher anzunehmen[843].

6. Ergebnis

Geschäftsführende Gesellschafter in der OHG und der KG können die Informationen, die sie zur Durchführung der Due Diligence benötigen, nur auf ihre Ansprüche als Gesellschafter, und insbesondere auf § 118 HGB stützen. Zur Prüfung, ob im Fall ein Recht zur Auskunftsverweigerung vorliegt, ist eine umfassende Abwägung zwischen den Interessen der Gesellschaft und des am Verkauf interessierten Gesellschafters vorzunehmen. Das gleiche gilt für die Weitergabe der Informationen an Dritte. Die Entscheidung über die Zulassung der Due Diligence ist durch Gesellschafterbeschluss herbeizuführen. Der betroffene Gesellschafter ist von der Abstimmung ausgeschlossen.

II. Informationsansprüche des Kommanditisten in der KG

Kommanditisten sind gemäß § 164 HGB von der Geschäftsführung ausgeschlossen. Daher kann sich die Prüfung nur auf ihre Informationsansprüche, die für Kommanditisten aufgrund ihrer Gesellschafterstellung entstehen, konzentrieren: Ansprüche auf Information aufgrund Geschäftsführung kommen nicht in Betracht. Im Gegensatz zu den hinsichtlich Informationsflüssen getroffenen Regelungen bei der GmbH und der Aktiengesellschaft fehlt es im Hinblick auf die KG an klaren und eindeutigen Regelungen hinsichtlich der Informationsrechte[844], so dass diese in der Kommanditgesellschaft häufig als unbefriedigend bezeichnet werden[845].

Zu untersuchen sind Informationsansprüche des verkaufswilligen Kommanditisten gegenüber der Gesellschaft bzw. den persönlich haftenden Gesellschaftern.

---

843 So auch Eggenberger, 203.

844 Karsten Schmidt, Informationsrechte, 67f.

845 Schlitt in: Sudhoff, GmbH & Co KG, § 24 Rn. 14; Karsten Schmidt, Informationsrechte, 65/66; Dietrich, 74.

1. Informationsanspruch aus § 166 Abs. 1 HGB

Gemäß § 166 Abs. 1 HGB ist der Kommanditist berechtigt, die abschriftliche Mitteilung des Jahresabschlusses zu verlangen und dessen Richtigkeit unter Einsicht der Bücher und Papiere zu prüfen. Dieses Recht umfasst nach allgemeiner Meinung neben einer Kopie des Jahresabschlusses auch eine Kopie der Steuerbilanz[846]. Daneben darf der Kommanditist zur Überprüfung von Jahresabschluss und Steuerbilanz Bücher und Papiere der Kommanditgesellschaft einsehen[847]. Dieses zusätzliche Einsichtsrecht umfasst grundsätzlich alle Arten von geschäftlichen Unterlagen, muss aber im zeitlichen Zusammenhang mit der Erstellung des Jahresabschlusses stehen und kann nur einmal im Jahr ausgeübt werden[848]. Dieses Kontrollrecht gemäß § 166 Abs. 1 HGB ist im Kern unentziehbar[849].

Die Vorschrift ist ihrer Natur nach, wie bereits erwähnt, ein Kontrollrecht[850]: Sie dient dazu, den gesellschafterlichen Anspruch auf ordentliche Geschäftsführung zu sichern[851]. Der Kommanditist soll die Möglichkeit haben, die Rechnungslegung zu kontrollieren[852]. Dieser Anspruch entspricht den Interessen des Kommanditisten, der regelmäßig nur mit Kapital an der Gesellschaft beteiligt ist, die Vermögenssituation der Gesellschaft zu überprüfen. Dieses Kontrollrecht ist somit (anders als bei der GmbH) zweckgebunden; die Grenzen der Befugnisse liegen im Missbrauch derselben zu anderen Zwecken[853].

---

846 Röhricht/Graf von Westphalen/von Gerkan/Haas, HGB, § 166 Rn. 2; Schlegelberger/Martens, HGB, § 166 Rn. 6; Staub/Schilling, HGB, § 166 Rn. 9; Koller/Roth/Morck/Koller, HGB, § 166 Rn. 1; Binz/Freudenberg/Sorg, BB 1991, 785 (786); Baumbach/Hopt/Hopt, HGB, § 166 Rn. 3.

847 Heymann/Horn, HGB, Bd. 2, § 166 Rn. 9.

848 Heymann/Horn, HGB, Bd. 2, § 166 Rn. 9; Schlegelberger/Martens, HGB, § 166 Rn. 7, 11; Schlitt in: Sudhoff, GmbH & Co KG, § 24 Rn. 16 - 21.

849 Heymann/Horn, HGB, Bd. 2, § 166 Rn. 1; Schlegelberger/Martens, HGB, § 166 Rn. 39; Hahn, BB 1997, 741 (742); Staub/Schilling, HGB, § 166 Rn. 15; Immenga, ZGR 1974, 385 (404); Grunewald, ZGR 1989, 545 (549f.). Zweifel an der Abdingbarkeit des § 166 Abs. 1 HGB haben: BGH, ZIP 1988, 1175 (1176); Veltins/Hikel, DB 1989, 465 (466); Weipert, in: Münchener HB d. Gesellschaftsrecht, Bd. 2, § 11 Rn. 6; ders., DStR 1992, 1097 (1097); Schiessl, NJW 1989, 1597 (1598); Karsten Schmidt, Gesellschaftsrecht, 1543.

850 Baumbach/Hopt/Hopt, HGB, § 166 Rn. 1; Lutter, ZIP 1997, 613 (619); Horn, in: Heymann, HGB, Bd. 2, § 166 Rn. 1; Schlegelberger/Martens, HGB, § 166 Rn. 1; Staub/Schilling, HGB, § 166 Rn. 1; Huber, ZGR 1982, 539 (539.

851 Weipert, in: Handbuch d. Gesellschaftsrecht, Bd. 2, § 11 Rn. 3; ders., DStR 1992, 1097 (1097).

852 Wilde, ZGR 1998, 423 (425); Röhricht/Graf von Westphalen/von Gerkan/Haas, HGB, § 166 Rn. 3.

853 Heymann/Horn, HGB, Bd. 2, § 166 Rn. 10; Binz/Freudenberg/Sorg, BB 1991, 785 (786); Baumbach/Hopt/Hopt, HGB, § 166 Rn. 1.

Das Einsichtsrecht dient demnach lediglich der Kontrolle des Jahresabschlusses, ist als solches auch darauf beschränkt[854] und dient somit nicht der Wertfeststellung[855]. Ein Recht auf Information zur Verwendung im Rahmen einer Due Diligence lässt sich daher nicht aus § 166 Abs. 1 HGB herleiten[856]. Darüber hinaus könnte der verkaufswillige Kommanditist nicht alle für die Due Diligence erforderlichen Unterlagen erlangen, da sich die durch § 166 HGB erlangten Informationen auf Geschäftsvorgänge beziehen müssen, die in den jeweiligen Jahresabschluss oder Steuerbilanz eingehen. Die Due Diligence dagegen umfasst auch die Prüfung von weitergehenden unternehmensinternen Daten, wie zum Beispiel Beratungen und Entscheidungen der Geschäftsleitung. Ein Kommanditist kann sein Vorhaben, Informationen zur Durchführung einer Due Diligence zu erlangen, also nicht auf § 166 Abs. 1 HGB stützen.

2. Informationsanspruch aus § 166 Abs. 3 HGB

Neben dem Informationsanspruch aus § 166 Abs. 1 HGB steht dem Kommanditist noch ein außerordentlicher Informationsanspruch gemäß § 166 Abs. 3 HGB zur Verfügung: Gemäß § 166 Abs. 3 HGB kann das Gericht auf Antrag eines Kommanditisten, wenn wichtige Gründe vorliegen, die Mitteilung einer Bilanz und eines Jahresabschlusses oder sonstiger Aufklärungen sowie die Vorlegung der Bücher und Papiere anordnen. Dieses Recht ist zwingend[857].

Die materiell-rechtliche Bedeutung von § 166 Abs. 3 HGB ist umstritten: Auf der einen Seite könnte man den Wortlaut des Absatzes auf die Weise auslegen, dass erst nach Durchführung eines Gerichtsverfahrens die begehrten Maßnahmen von der Geschäftsführung verlangt werden können[858]. Die gerichtliche Anordnung hätte demnach konstitutive Bedeutung. Auf der anderen Seite könnte diese Auffassung dem essentiellen Interesse des Kommanditisten an einer vor allem rechtzeitigen Kontrolle der Angelegenheiten der Gesellschaft nicht gerecht werden[859]. Deshalb ist eine Verpflichtung der Geschäftsführung bereits vor dem gerichtlichen Verfahren anzunehmen: Kommt diese der Verpflichtung nicht nach,

854 Baumbach/Hopt/Hopt, HGB, § 166 Rn. 4.
855 Lutter, ZIP 1997, 613 (619).
856 Barthel, DStZ 1999, 73 (75).
857 Hahn, BB 1997, 741 (742); Großkomm/Schilling, § 166 Rn. 15; Karsten Schmidt, Gesellschaftsrecht, 1543.
858 Wilde, ZGR 1998, 423 (425).
859 Schlegelberger/Martens, HBG, § 166 Rn. 23.

kann sie wegen eines durch Verzug entstandener Schadens in Anspruch genommen werden[860].

Es muss jedoch beachtet werden, dass § 166 Abs. 3 HGB nach allgemeiner Ansicht in der Literatur ein Kontrollrecht darstellt und deshalb an diesen Zweck gebunden ist[861]. Daher ist zwischen Kontrollrechten in Bezug auf das Handeln der Geschäftsführung und Auskunftsansprüchen, die der Wahrnehmung von Verwaltungsrechten, insbesondere des Stimmrechts, dienen sollen, zu differenzieren. Das heißt, der Kommanditist kann Informationen nur zum Zweck der Überwachung beanspruchen und nicht zur Wertfeststellung des zu verkaufenden Anteils. Die Informationen, die für die Durchführung einer Due Diligence benötigt werden, können nicht mittels eines Kontrollrechts erlangt werden. Im Ergebnis folgt daraus, dass ein Kommanditist seinen Wunsch, Informationen für eine Due Diligence zu erhalten, auch nicht auf § 166 Abs. 3 HGB stützen kann.

3. Auskunftsanspruch aus sonstigen Erwägungen

Es ist heute allgemein anerkannt, dass dem Kommanditisten ein über § 166 HGB hinausgehendes Auskunftsrecht als Teil der Mitgliedschaft anzuerkennen ist, welches vertraglich nicht entzogen werden kann[862]. Nur nach *Sudhoff* soll der Kommanditist keine über § 166 HGB hinausgehenden Rechte oder Auskunftsrechte haben[863]. Woraus sich dieses sonstige Auskunftsrecht herleitet und welchen Umfang es hat, wird unterschiedlich begründet. *Huber* leitet aus der Verweisungskette §§ 161 Abs. 2, 105 Abs. 2 HGB, 713, 666 BGB ein allgemeines Informationsrecht des Kommanditisten ab, wobei dieser die Preisgabe an sich selbst und nicht nur an die Gesellschaft verlangen könne[864]. Diese Ansicht ist mit der überwiegenden Meinung in der Literatur abzulehnen, die aus §§ 713, 666 BGB nur ein „kollektives Informationsrecht" herleitet[865]. Auch wenn man § 166 HGB nicht als abschließende Regelung annehmen will, sollte ein Informationsrecht restriktiv angewandt werden, um der gesetzlichen Wertung der Komman-

860 Schlegelberger/Martens, HBG, § 166 Rn. 23; Koller/Roth/Morck/Koller, HGB, § 166 Rn. 5; Heymann/Horn, HGB, § 166 Rn. 12; anderer Ansicht wohl Staub/Schilling, HGB, § 166 Rn. 12.

861 Heymann/Horn, HGB, Bd. 2, § 166 Rn. 12; Weipert, in: Münchener HB d. Gesellschaftsrechts, Bd. 2, § 15 Rn. 5; Lutter, ZIP 1997, 613 (619); Schlegelberger/ Martens, HGB, § 166 Abs. 22.

862 Lutter, ZIP 1997, 613 (619); Großkomm/Schilling, § 166 Rn. 15; Baumbach/Hopt/Hopt, HGB, § 166 Rn. 11/12; Röhricht/Graf von Westphalen/von Gerkan/Haas, HGB, § 166 Rn. 26.

863 Sudhoff, Kommanditisten, § 3 I. 6. (29).

864 Huber, ZGR 1982, 539 (550/551).

865 Karsten Schmidt, Gesellschaftsrecht, 1541; ders., Informationsrechte, 66; Heymann/Horn, HGB, § 166 Rn. 20; Schlegelberger/Martens, HGB, § 166 Rn. 17; Weipert DStR 1992, 1097 (1098).

ditistenstellung nicht zu widersprechen[866]. Nach anderer Ansicht lassen sich diese über § 166 HGB hinausgehenden Informationsrechte aus einer analogen Anwendung des § 131 AktG herleiten[867]. Wieder andere wollen ein erweitertes Auskunftsrecht im Hinblick auf § 51a GmbHG annehmen[868].

Eine analoge Anwendung des § 51a GmbHG kann im Hinblick auf die strukturellen Unterschiede zwischen Kommanditisten und Gesellschaftern einer GmbH nicht befürwortet werden[869]. Zu bevorzugen ist der Ansatz, ein funktionsgebundenes Informationsrecht anzunehmen, was sich aufgrund einer Rechtsfortbildung des gesetzlichen Informationsrechts ergibt und danach bestimmt, welche Informationen der Kommanditist braucht, um seine Rechte als Gesellschafter auszuüben[870]. Als Ergebnis stehen dem Kommanditisten Informationsrechte aus seiner Mitgliedschaft zu, um seine Rechte als Gesellschafter wahrnehmen zu können[871]. So hat der *Bundesgerichtshof* dem Gesellschafter in Anlehnung an die § 118 HGB, §§ 242, 716 BGB ein weitergehendes Informationsrecht für den Fall zugebilligt, dass die erforderlichen Angaben nicht aus den Büchern der Gesellschaft hervorgehen[872].

Umstritten ist der Umfang dieses ungeschriebenen Auskunftsrechts: Nach überwiegender Ansicht in der Literatur besteht das Auskunftsrecht des Kommanditisten hinsichtlich Informationen über alle Angelegenheiten der Gesellschaft, die er benötigt, um seine Gesellschafterrechte sachgerecht ausüben zu können, und insbesondere bestimmte Gesellschafterbeschlüsse fassen zu können[873]. Fraglich ist, ob das Auskunftsrecht auf den Zweck der bevorstehenden

866 Hahn, BB 1997, 741 (744).

867 Koller/Roth/Morck/Koller, HGB, § 166 Rn. 2.

868 Wiedemann, Gesellschaftsrecht I, 376f.; Schiessl, GmbHR 1985, 109 (110f.).

869 Veltins/Hikel, DB 1989, 465 (467); ähnlich auch Hahn, BB 1997, 741 (743).

870 So wohl Hahn, BB 1997, 741 (745); Dietrich, 75, Baumbach/Hopt/Hopt, HGB, § 166 Rn. 11; Schlegelberger/Martens, HGB, § 166 Rn. 18f; Eggenberger, 207; Schlitt in Sudhoff, GmbH & Co. KG, § 24 Rn. 29/30.

871 Röhricht/Graf von Westphalen/von Gerkan/Haas, HGB, § 166 Rn. 26; Koller/Roth/Morck/Koller, HGB, § 166 Rn. 2; Staub/Schilling, § 166 Rn. 2; Heymann/Horn, HGB, Bd. 2, § 166 Rn. 19; gegen einen generellen Auskunftsanspruch ist aber Schlegelberger/Martens, HGB, § 166 Rn. 19; Schlitt in Sudhoff, GmbH & Co. KG, § 24 Rn. 29/30.

872 BGH, ZIP 1983, 935 (936); BGH, BB 1992, 1024 (1025).

873 Weipert, in: Münchener HB d. Gesellschaftsrechts, Bd. 2, § 15 Rn. 26/27; ders., DStR 1992, 1097 (1098); Baumbach/Hopt/Hopt, HGB, § 166 Rn. 11; Grunewald, ZGR 1989, 545 (552); Schlegelberger/Martens, HGB, § 166 Rn. 18; Staub/Schilling, HGB, § 166 Rn. 2; Binz/Freudenberg/Sorg, BB 1991, 785 (787); ähnlich Heymann/Horn, HGB, Bd. 2, § 166 Rn. 19; Weitergehend, Karsten Schmidt, Informationsrechte, 65ff., und Wiedemann, Gesellschaftsrecht I, 375f.

Beschlussfassung zu beschränken ist[874] oder ob man es allgemein zur sachgerechten Ausübung gesellschafterlicher Rechte annehmen kann[875]. Für eine Einschränkung der Auskunftsansprüche wird vorgebracht, wenn auf die Kommanditistenrechte generell Bezug genommen würde, könne der Kommanditist jederzeit über alle laufenden Angelegenheiten der Gesellschaft mit der Begründung, eine außerordentliche Kündigung stehe an, Auskunft verlangen[876]. Die Ansicht, die ein Auskunftsrecht bezüglich der sachgerechten Ausübung der gesellschafterlichen Rechte ohne Beschränkung annimmt, ist trotz dieser eher aus praktischen Gründen erwogenen Bedenken zu bevorzugen, da die Ausübung der Mitgliedschaftsrechte nur zum Teil darin bestehen, Gesellschafterbeschlüsse zu fassen. Entscheidend ist, dass es noch weitere Mitgliedschaftsrechte gibt, zu deren Wahrnehmung ein Kommanditist Informationen benötigt[877]. Deren Ausübung kann nicht wegen einer fehlenden Informationsgrundlage verhindert oder zumindest beschränkt werden, mit dem Argument, ein Auskunftsrecht des Kommanditisten könne rechtsmissbräuchlich eingesetzt werden. Wichtig ist festzuhalten, dass die Gesellschaft die Darlegungs- und Beweislast dafür trägt, dass die verlangte Auskunft für die sachgemäße Ausübung des infragestehenden Mitgliedsrechts nicht erforderlich ist[878].

So gehört zum Kernbereich der Mitgliedschaftsrechte eines Kommanditisten das Recht zur Beendigung der Mitgliedschaft, das für die Personengesellschaften gemäß § 723 Abs. 1, 3 BGB gewährleistet ist und nicht durch unangemessene Kündigungsfristen oder Abfindungsregelungen unzumutbar erschwert werden darf[879]. Nach inzwischen überholter Auffassung bezog sich das nur auf Kündigung und Auflösung, heute ist die Veräußerlichkeit einer personalen Mitgliedschaft anerkannt; deshalb kann ein Kommanditist auch im Gesellschaftsvertrag auf die Abtretung seines Anteils verwiesen werden[880]. Dies gilt insbesondere dann, wenn ein funktionierender Markt für den Erwerb von Anteilen existiert[881].

---

874 So Weipert, DStR 1992, 1097 (1101); ders., in: Münchener HB d. Gesellschaftsrechts, Bd. 2, § 15 Rn. 28; Hahn, BB 1991, 741 (744); Grunewald, ZGR 1989, 545 (552), alle unter Verweis auf § 131 AktG.

875 Schlegelberger/Martens, HGB, § 166 Rn. 44; Binz/Freudenberg/Sorg, BB 1991, 785 (787); Karsten Schmidt, Gesellschaftsrecht, 1541; Staub/Schilling, HGB, § 166 Rn. 2; Schlegelberger/Martens, HGB, § 166 Rn. 18; Heymann/Horn, HGB, Bd. 2, § 166 Rn. 19.

876 Hahn, BB 1997, 741 (745).

877 Schlegelberger/Martens, HGB, § 166 Rn. 44; Immenga, ZGR 1974, 385 (414f.)

878 Großkomm/Schilling, HGB, § 166 Rn. 2.

879 Röhricht/Graf von Westphalen/von Gerkan/Haas, HGB, § 119 Rn. 23; BGH, WM 1973, 990 (991).

880 Schlegelberger/Karsten Schmidt, HGB, § 132 Rn. 29.

881 Heymann/Emmerich, HGB, § 132 Rn. 14.

Die Abtretung des Anteils gehört zumindest auch zur Wahrnehmung des Rechts, die Mitgliedschaft zu beenden.

Angesichts der heute üblichen Transaktionspraxis kann weitergehend der Schluss gezogen werden, dass zur Abtretung eines Anteils die vorherige Durchführung einer Due Diligence üblich ist und diese damit dem Zwecke der Ausübung mitgliedschaftlicher Rechte gehört. Ist ein Kommanditist auf die Abtretung seines Gesellschaftsanteils durch eine entsprechende Regelung des Gesellschaftsvertrages beschränkt, und wird dennoch die Gestattung einer Due Diligence verneint, würden die Rechte des Kommanditisten, die Mitgliedschaft zu beenden, zwar formal bestehen, praktisch jedoch nicht realisierbar sein. Eine Due Diligence muss dem Kommanditisten ebenso wie dem Gesellschafter einer GmbH zugestanden werden, um ihm durch Feststellung des Wertes einen preislich angemessenen Beteiligungsverkauf erst zu ermöglichen. So soll zum Beispiel nach Lutter ein Informationsbedürfnis unter anderem zur Feststellung des Wertes der Beteiligung bestehen[882].

Angelegenheiten der Gesellschaft sind – wie bei § 51a GmbHG, § 118 HGB – grundsätzlich alle Vorgänge, die mit Geschäftsführung, allgemeinen wirtschaftlichen Verhältnissen der Gesellschaft, Beziehungen zu Dritten, zu Gesellschaftern zusammenhängen[883]. Wegen dieses sehr weiten Begriffs sind die umfassenden Informationen, die für eine Due Diligence benötigt werden, darunter zu verstehen. Als Ergebnis kann ein Kommanditist somit die Informationen, die er für eine Due Diligence benötigt, verlangen.

Anspruchsgegner ist die Gesellschaft und nicht die geschäftsführenden Gesellschafter[884]. Zusätzlich ist die Inanspruchnahme des geschäftsführenden Gesellschafters auf Erfüllung einer Organverbindlichkeit aus Praktikabilitätsgründen nach der Rechtsprechung zulässig[885]. Nach anderer Ansicht soll das Verhältnis umgekehrt sein: Vorrangig richte sich der Informationsanspruch gegen die Gesellschafter und nur daneben gegen die Gesellschaft selbst[886]. Dem kann nicht gefolgt werden, da die Auskunftspflichten unabhängig von der Zusammensetzung der geschäftsführenden Organe der Kommanditgesellschaft bestehen und daher Gesellschaftschuld ist[887].

---

882 Lutter, ZIP 1997, 613 (619).

883 Weipert, DStR 1992, 1097 (1098); Karsten Schmidt, Informationsrechte, 32ff.

884 So Weipert, DStR 1992, 1097 (1100); ders., in: Münchener HB d. Gesellschaftsrechts, Bd. 2, § 15 Rn. 39; Staub/Schilling, HGB, § 166 Rn. 4; Baumbach/Merkt/Hopt, HBG, § 166 Rn. 1; Karsten Schmidt, Informationsrechte, 70/71; BGH, BB 1962, 899; Lutter, ZIP 1997, 613 (618).

885 BGH, BB 1962, 899; OLG Celle, ZIP 1983, 943 (944).

886 BGH, ZIP 1983, 935 (935); Schlegelberger/Martens, HGB, § 166 Rn. 13.

887 Weipert, DStR 1992, 1097 (1100).

4. Grenzen des Auskunftsrechts des Kommanditisten

Nach *Weipert* bestehen hinsichtlich des Auskunftsrechts im Gegensatz zu den Kontrollrechten gemäß § 166 HGB keine Verweigerungsrechte; dies soll daraus folgen, dass das Auskunftsrecht nur hinsichtlich der Informationen, die zur Beschlussfassung durch alle Gesellschafter notwendig sind, besteht und in diesem Zusammenhang zwingend mit dem Stimmrecht verbunden sind[888]. Wie bereits dargelegt, geht das Auskunftsrecht aber darüber hinaus. Es ist nicht auf Informationen, die zur Ausübung von Stimmrechten des Kommanditisten notwendig sind, beschränkt. Als Konsequenz ist daher festzuhalten, dass weitere Informationsverweigerungsrechte – wie bei den Kontrollrechten – bestehen müssen. Wie das Kontrollrecht nach § 166 HGB unterliegt auch das Auskunftsrecht der Treuepflicht[889].

Ein Informationsverweigerungsrecht liegt daher dann vor, wenn eine durch die Erfüllung des Auskunftsanspruchs entstehende Schädigung der Kommanditgesellschaft vorhersehbar ist[890]. Die gesellschafterliche Treuepflicht legt jedem Gesellschafter die Pflicht auf, auf Interessen der Gesellschaft selbst und auf die Belange der Mitgesellschafter Rücksicht zu nehmen[891].

Das Informationsrecht ist im Rahmen einer Abwägung mit berechtigten Interessen der Kommanditgesellschaft zu begrenzen[892]. Der Kommanditist kann daher keine Auskunft verlangen, wenn zu besorgen ist, dass er sie zu gesellschaftsfremden Zwecken verwenden wird[893]. Zu berücksichtigen sind im Rahmen der Abwägung auch alternativ zur Abtretung bestehende Austrittsmöglichkeiten, wie die Kündigung oder die Auflösung. Stehen diese dem Gesellschafter zur Verfügung, da sie nicht durch eine Regelung im Gesellschaftsvertrag ausgeschlossen sind, wird man nicht die gleiche Notwendigkeit der Due Diligence annehmen können, wie wenn der Gesellschafter auf eine Abtretung seines Anteils angewiesen ist, um seine Mitgliedschaft zu beenden. Erscheinen die mit der Informationsoffenlegung verbundenen Risiken der Transaktion unverhältnismäßig hoch, kann die Gesellschaft verlangen, dass das Auskunftsrecht von einem zur

---

888 Weipert, DStR 1992, 1097 (1101), ähnlich auch Schlitt in Sudhoff, GmbH & Co KG, § 24, Rn. 31.

889 Röhricht/Graf von Westphalen/von Gerkan/Haas, HGB, § 166 Rn. 27; wohl auch Heymann/Horn, Bd. 2, HGB, § 166 Rn. 19; Schlegelberger/Martens, HGB, § 166 Rn. 20.

890 Weipert, DStR 1992, 1097 (1101), ders., in: Münchener HB d. Gesellschaftsrechts, Bd. 2, § 15 Rn. 41.

891 Röhricht/Graf von Westphalen/von Gerkan/Haas, HGB, § 109 Rn. 12.

892 Heymann/Horn, Bd. 2, HGB, § 166 Rn. 19; Schlegelberger/Martens, HGB, § 166 Rn. 21.

893 Röhricht/Graf von Westphalen/von Gerkan/Haas, HGB, § 166 Rn. 27.

Verschwiegenheit verpflichteten Sachverständigen wahrgenommen wird[894]. Auch *Lutter* betont im Fall der Kommanditgesellschaft vor allem die Möglichkeit der Risikoreduzierung durch Einschaltung unabhängiger, neutraler Sachverständiger und den Gleichbehandlungsgrundsatz[895]. Aufgrund der gleichgelagerten Interessen kann bezüglich der Faktoren, die im Rahmen der Abwägung zu berücksichtigen sind, auf die entsprechenden Ausführungen bezüglich GmbH-Gesellschafter verwiesen werden[896].

5. Entscheidungszuständigkeit

Auch bei Informationsbegehren eines Kommanditisten stellt sich wiederum die Frage, ob der oder die geschäftsführenden Gesellschafter oder die Gesellschafterversammlung zuständig sind, diese Entscheidung zu treffen. Wie im Fall des Informationsbegehrens von einem geschäftsführenden und unbeschränkt haftenden Gesellschafters in der OHG oder der KG ist auch hier die Abwägung von dem geschäftsführenden Komplementär zu treffen[897]. Je nachdem, ob im Gesellschaftsvertrag für die geschäftsführenden Komplementäre eine Einzel- oder Gesamtgeschäftsführung vereinbart wurde, ist der Ablauf des Entscheidungsvorgangs vorgeschrieben.

6. Gerichtliche Durchsetzung des Auskunftsrechts

Das Auskunftsrecht ist im streitigen Verfahren durch Klage vor den ordentlichen Gerichten geltend zu machen; der angestrebte Titel ist auf die „Gestattung der Einsicht", § 810 BGB, gerichtet[898]. Darüber hinaus kann der Kommanditist nach herrschender Meinung bei Vorliegen der entsprechenden prozessualen Voraussetzungen vorläufigen Rechtsschutz durch eine Regelungsverfügung gemäß § 940 ZPO beantragen[899].

---

894 Für das Kontrollrecht ausdrücklich BGH, BB 1979, 1315 (1316); Baumbach/Hopt/Hopt, HGB, § 166 Rn. 7; Schlitt in: Sudhoff, GmbH & Co KG, § 24 Rn. 48, das gleiche muss wohl auch für das Auskunftsrecht gelten.

895 Lutter, ZIP 1997, 613 (619).

896 Siehe oben unter F.II.3.

897 Siehe hierzu unter G.1.5.

898 Weipert, DStR 1992, 1097 (1101).

899 Weipert, DStR 1992, 1097 (1102); Baumbach/Hopt/Hopt, HGB, § 166 Rn. 14; Schlegelberger/Martens, HGB, § 166 Rn. 13; Großkomm/Schilling, HGB, § 166 Rn. 13; BayObLG, DB 1978, 2405 (2406).

7. Ergebnis

Kommanditisten können die für eine Due Diligence erforderlichen Informationen auf einen funktionsgebundenen Anspruch stützen, der sich danach richtet, welche Informationen der Kommanditist zur Ausübung seiner Gesellschafterrechte benötigt, da der Verkauf des Gesellschaftsanteils – falls in dem Gesellschaftsvertrag vorgesehen – mit zu den Gesellschafterrechten gehört[900]. Ein Auskunftsverweigerungsrecht liegt vor, falls eine Abwägung zwischen den widerstreitenden Interessen zum Ergebnis hat, dass die der Gesellschaft an der Geheimhaltung überwiegen. Ein Gesellschafterbeschluss ist über diese Entscheidung zu fassen.

III. Informationsansprüche der übrigen Mitkommanditisten/ Mitgesellschafter in der OHG/KG

Auch innerhalb einer OHG oder einer Kommanditgesellschaft gilt der Gleichbehandlungsgrundsatz[901]: Alle Gesellschafter (Komplementäre und Kommanditisten) können danach verlangen, dass sie nach gleichen Maßstäben behandelt werden. Dies bedeutet aber nicht, dass alle Gesellschafter gleiche Rechte und gleiche Pflichten haben[902].

Daraus folgt im Ergebnis, dass ein persönlicher haftender Gesellschafter, der einem Kommanditisten gegenüber die Durchführung einer Due Diligence gestattet, die Informationen aber gegenüber allen Kommanditisten offenbaren muss, sofern bezüglich der Auskunftsbegehren eine vergleichbare Interessen- beziehungsweise Gefahrenlage vorliegt[903].

IV. GmbH & Co KG

1. Informationsansprüche von Gesellschaftern der Komplementär-GmbH/ Kommanditisten der KG

Die GmbH & Co KG ist eine Kommanditgesellschaft, deren (oft einziger) Komplementär eine Gesellschaft mit beschränkter Haftung ist. Ist ein Kommanditist zugleich GmbH-Gesellschafter, steht ihm gegenüber der GmbH das Informa-

900 Diesem Ergebnis stimmt auch Krömker, ZGR 2003, 418 (419), zu.
901 Lutter, ZIP 1997, 613 (619).
902 Sudhoff, Kommanditisten 1 I. 9. (4).
903 Vergleiche hierzu die Diskussion bezüglich der AG unter D.VII.

tionsrecht gemäß § 51a GmbHG auch hinsichtlich der Angelegenheiten der Kommanditgesellschaft zu, da deren Angelegenheiten auch die der GmbH sind[904].

Der Nur-Kommanditist hat jedoch über § 166 HGB hinaus lediglich einen funktionalen Anspruch[905]. Das hierdurch entstehende Informationsgefälle zwischen Nur-Kommanditist und Gesellschafter der GmbH wird allgemein als unbefriedigend empfunden, da es keinen sachlichen Grund für diesen unterschiedlichen Umfang der Informationsrechte gibt[906]. Es wird vorgeschlagen, dem Kommanditisten im Wege der Rechtsfortbildung die actio pro socio mit der Maßgabe zu gewähren, dass die begehrte Auskunft jedem einzelnen Kommanditisten zu erteilen ist[907]. Eine analoge Anwendung des § 51a GmbHG auf den Kommanditisten, der nicht zugleich Gesellschafter der GmbH ist, wird (aber) richtigerweise nach herrschender Meinung abgelehnt, da dies der eindeutigen gesetzlichen Regelung widerspricht[908].

Dieses Informationsgefälle ist zwar unbefriedigend, aber ohne Eingreifen des Gesetzgebers als nicht reparabel einzuordnen ist[909]. Als Ergebnis ist festzuhalten, dass der Kommanditist in einer GmbH & Co. KG, der nicht zugleich Gesellschafter der GmbH ist, kann sein Informationsbegehren nur auf das allgemeine Auskunftsrecht stützen, welches jedem Kommanditisten zusteht[910].

Die Komplementär-GmbH selbst hat die einem persönlich haftenden Gesellschafter zustehenden Informationsrechte gemäß § 118 HGB[911].

---

904 Koller/Roth/Morck/Koller, HGB, § 166 Rn. 4; Hamm, NJW 1986, 1693 (1694); Schlegelberger/Martens, HGB, § 166 Rn. 50; BGH, WM 1988, 1447 (1448); NJW 1989, 225 (226); Baumbach/Hopt/Hopt, HGB, Anhang § 177a Rn. 25; Weipert, DStR 1992, 1097 (1098). Anderer Ansicht ist Binz/Freudenberg/Sorg, BB 1991, 785 (788).

905 Siehe hierzu unter G.II.3 - 6.

906 Gerkan/Haas in Röhricht/Graf von Westphalen, HGB, § 166 Rn. 35.

907 Binz/Freudenberg/Sorg, BB 1991, 785 (787).

908 Binz/Freudenberg/Sorg, BB 1991, 785 (787); Schlegelberger/Martens, HGB, § 166 Rn. 50; Staub/Schilling, HGB, § 166 Rn. 2, Fn. 1; Baumbach/Hopt/Hopt, HGB, Anhang 177a Rn. 3; Heymann/Horn, HGB, Bd. 2, § 166 Rn. 22. Für eine analoge Anwendung sind Schiessl, GmbHR 1985, 109 (110f.); ders., NJW 1989, 1597 (1598); Eggenberger, 215; a.A. Roth/Altmeppen, GmbHG, § 51a Rn. 44.

909 Schlegelberger/Martens, HGB, § 166 Rn. 50.

910 Zu den Informationsansprüchen des Kommanditisten sieht unter G.II.

911 Zu den Informationsansprüchen des Komplementärs siehe unter G.I..

2. Weitergabe der erlangten Informationen durch den Gesellschafter der Komplementär-GmbH

Hieran knüpft sich die Frage, ob der Gesellschafter der Komplementär-GmbH, der erfolgreich die erforderlichen Informationen auf § 51a GmbHG gestützt erlangt hat, diese an einen am Kauf des Gesellschaftsanteils interessierten Dritten weitergeben darf. Fraglich ist, ob sich dies ausschließlich nach § 51a GmbH und den sonstigen dem Gesellschafter einer GmbH obliegende Pflichten richtet oder ob zusätzlich die Regeln des HGB Anwendung finden, da die GmbH wiederum Gesellschafterin der KG ist. Aufgrund der Tatsache, dass Informationen der KG oft als Trägerin des operativen Geschäfts weitergeben werden sollen, ergeben sich schutzwürdige Interessen der Kommanditisten. Deshalb nimmt *Eggenberger* an, dass neben dem Beschluss der GmbH-Gesellschafterversammlung auch ein zustimmender Beschluss der Gesellschaft der KG erforderlich ist[912]. Dieser Ansicht fehlt jedoch die gesetzliche Grundlage. Stattdessen sind die Interessen der Kommanditisten von den Gesellschaftern der GmbH bei ihrer Beschlussfassung im Rahmen der gegenseitig bestehenden Treuepflicht zu berücksichtigen[913].

3. Ergebnis

Die Komplementär-GmbH und die Kommanditisten haben Informationsansprüche als Gesellschafter der KG. Die Gesellschafter der Komplementär-GmbH haben Ansprüche aus § 51a GmbHG. Die Weitergabe der Informationen durch die Gesellschafter der Komplementär-GmbH bestimmt sich nach den für die GmbH geltenden Bestimmungen, wobei die Interessen der Kommanditisten zu berücksichtigen sind.

V. Publikums-Kommanditgesellschaft

Publikums-Kommanditgesellschaften sind Kommanditgesellschaften, die sich durch eine Vielzahl rein kapitalistisch beteiligter Gesellschafter auszeichnen.

Sie sind meistens als GmbH & Co. KG ausgestaltet. Das Kontrollrecht des § 166 HGB als zumindest im Kern unentziehbares Kontrollrecht gilt grundsätz-

912 Eggenberger, 213f.

913 Baumbach/Hopt/Hopt, HGB, Anh § 177a Rn. 22.

lich auch hier[914]. Häufig ist aber die Ausübung der Kontrollrechte der Anleger-Kommanditisten auf ein Vertretungsorgan übertragen[915].

Nach *Roth* ist wegen der vergleichbaren Interessenlage bei der Publikumsgesellschaft, die darin besteht, dass eine Vielzahl von Kommanditisten beteiligt ist, § 51a GmbHG analog anzuwenden[916]. Nach herrschender Meinung ist dies wegen der eindeutigen entgegenstehenden gesetzlichen Regelung abzulehnen[917]. Auch die strengen Vorschriften über die Sonderprüfung gemäß §§ 142 ff. AktG sind bei der Publikums-KG nicht anwendbar; eine Ausdehnung der Rechte aus § 166 HGB ist de lege lata nicht zu begründen[918]. Dennoch benötigt der Kommanditist in der Publikums-KG umfassende Informationen, da er typischerweise weitgehend aus dem geschäfts- und unternehmenspolitischen Entscheidungsbereich verdrängt ist: Der auch für Kommanditisten im Rahmen einer Publikums-KG bestehende Auskunftsanspruch des Kapitalanlegers, der ihm zur Wahrnehmung seiner Rechte dient, ist an der Regelung der §§ 131ff. AktG zu orientieren[919], der durch entsprechende Anwendung aus dem Gesichtspunkt des Anlegerschutzes gerechtfertigt ist.

VI. Zusammenfassung

1. Geschäftsführende Gesellschafter in der OHG und der KG können die Informationen, die sie zur Durchführung der Due Diligence benötigen, nur auf ihre Ansprüche als Gesellschafter, und insbesondere auf § 118 HGB stützen. Zur Prüfung, ob ein Recht zur Auskunftsverweigerung vorliegt, ist eine umfassende Abwägung zwischen den Interessen der Gesellschaft und des am Verkauf interessierten Gesellschafters vorzunehmen. Das gleiche gilt für die Weitergabe der Informationen an Dritte. Zur Entscheidung über die Zulassung der Due Diligence ist ein Gesellschafterbeschluss herbeizuführen. Hierbei ist ein Stimmverbot des betroffenen Gesellschafters anzunehmen.
2. Der Kommanditist hat keinen Anspruch auf die für eine Due Diligence benötigten Informationen aus § 166 Abs. 1 HGB oder § 166 Abs. 3 HGB es steht ihm aber ein sonstiges Auskunftsrecht zu, um seine mitgliedschaftlichen

---

914 Dietrich, 101.

915 Heymann/Horn, HGB, § 166 Rn. 30.

916 Roth/Altmeppen, GmbHG, § 51a Anm. 44, sich Roth anschliessend auch Koller/Roth/ Morck/ Koller, HGB, § 166 Rn. 4.

917 Schlegelberger/Martens, HGB, § 166 Rn. 50; Heymann/Horn, HGB, Bd. 2, § 166 Rn. 22.

918 Heymann/Horn, HGB, Bd. 2, § 166 Rn. 22; Schlegelberger/Martens, HGB, § 166 Rn. 50; Karsten Schmidt, Informationsrechte, 77f.

919 Schlegelberger/Martens, HGB, § 166 Rn. 45.

Rechte, insbesondere das auf Beendigung der Mitgliedschaft, wahrnehmen zu können. Hieraus kann ein Anspruch auf Durchführung der Due Diligence resultieren, falls die Beendigung seiner Mitgliedschaft ansonsten nicht realisierbar wäre.

3. Der Anspruch findet seine Grenzen in der Treuepflicht. Die Geschäftsführung hat wie bei der AG und der GmbH eine Abwägung zwischen den Interessen der Kommanditgesellschaft an der Geheimhaltung und den Interessen des Kommanditisten an der Auskunft vorzunehmen.
4. Der Kommanditist kann den Auskunftsanspruch durch eine Klage vor den ordentlichen Gerichten, gegebenenfalls im Rahmen eines einstweiligen Rechtsschutzes gemäß § 940 ZPO durchsetzen.
5. Über Auskünfte, die über den Anspruch des Kommanditisten aus § 166 Abs. 1, 3 HGB hinausgehen, kann die Geschäftsführung nicht disponieren, weil hierin eine außergewöhnliche Maßnahme zu sehen ist. Die Gesellschafterversammlung hat hierüber einstimmig zu entscheiden. Im Rahmen dieses Gesellschafterbeschlusses ist der Gleichbehandlungsgrundsatz zu berücksichtigen, das heißt, jedem Kommanditisten ist bei gleichen Umständen eine Due Diligence zu gestatten, wenn sie einem Kommanditisten zu einem früheren Zeitpunkt gestattet wurde.
6. Die Rechte des Kommanditisten in der GmbH & Co. KG, der nicht zugleich Gesellschafter der GmbH ist, gehen nicht weiter. Im Falle der Doppelstellung richten sich die Informationsrechte nach der Rechtslage der GmbH. In einer Publikums-Kommanditgesellschaft gelten hinsichtlich der Auskunftsrechte keine Besonderheiten.

H. Unterschiede zwischen AG, GmbH und KG

Wie festgestellt, bestehen in der AG, der GmbH und der KG unterschiedliche, rechtliche Möglichkeiten, eine Due Diligence durchzuführen. Dies beruht auf den je nach Rechtsform bestehenden strukturellen Verschiedenheiten der Gesellschaften und den entsprechend geregelten Informationsrechten. So sind Unterschiede in den gesetzlichen Regelungen durch eine kapitalistisch organisierte Verbandstruktur mit einer Vielzahl von Mitgliedern im Gegensatz zu einer personalistisch strukturierten Gesellschaft, die nur wenige Gesellschafter hat und grundsätzlich einstimmige Beschlüsse erfordert, gerechtfertigt.

I. Aktiengesellschaft

1. Informationsrechte und Due Diligence in der Aktiengesellschaft

In der Aktiengesellschaft sind die Informationsrechte und -pflichten am ausführlichsten geregelt und geben am häufigsten Anlass für rechtliche Diskussionen[920]. Das individuelle Auskunftsrecht des Aktionärs ist in § 131 AktG funktionsbezogen, welches hauptsächlich zur Wahrnehmung seiner mitgliedschaftlichen Rechte in der Hauptversammlung dient; außerhalb der Hauptversammlung hat ein Aktionär keinen Auskunftsanspruch. Im Hinblick auf §§ 93 Abs. 1 S. 3 , 404 AktG, und §§ 53a, 131 Abs. 4 AktG darf der Vorstand – unabhängig von einem Anspruch des Aktionärs – die Informationen herausgeben und eine Due Diligence durchführen, wobei er durch eine Abwägung der Gesellschaftsinteressen, die für und gegen eine Offenbarung von Gesellschaftsdaten sprechen, beantworten muss. Die Entscheidung kann der Vorstand eigenverantwortlich handelnd treffen und muss sie nicht zur Entscheidung der Aktionäre in der Hauptversammlung stellen.

920 Wilde, ZGR 1998, 423 (425/426).

2. Vergleich zu anderen Gesellschaftsformen

Ein einzelner Aktionär hat kein umfangreiches Auskunftsrecht, um im Gegensatz zu den Gesellschaftern in der GmbH eine Due Diligence durchzuführen. Angesichts der umfassenden Leitungskompetenz des Vorstandes gemäß § 76 Abs. 1 AktG reicht die Entscheidungsbefugnis des Vorstands einer Aktiengesellschaft weiter als bei der GmbH[921].

3. Aktiengesellschaft im Konzern

Anders stellt sich die Lage im Konzern dar: Das Mutterunternehmen, das aufgrund eines Unternehmensvertrages über die Zielgesellschaft herrscht, hat keine lockere Bindung zu dem Unternehmen, vielmehr trägt sie das unternehmerische Risiko der Tochtergesellschaft. Entsprechend starke Möglichkeiten, auf die Geschäftsführung des beherrschten Unternehmens Einfluss zu nehmen, sind daher gerechtfertigt. Die Folge ist, dass das Mutterunternehmen aufgrund der Regelung des § 308 AktG gegenüber der abhängigen Aktiengesellschaft die Durchführung der Due Diligence durchsetzen kann. Dies stellt eine Risikoverlagerung auf die Konzernleitung dar.

Hieraus folgt der Unterschied zur Situation im faktischen Konzern, bei welchem der Vorstand der abhängigen Gesellschaft die Due Diligence nach Abwägung der Unternehmensinteressen im Rahmen des § 311 AktG gestatten darf, aber nicht durchführen muss, da die Konzernmutter hierauf keinen Anspruch hat.

4. Ergebnis

Das Ergebnis entspricht der gesetzlichen Konzeption der Aktiengesellschaft als Publikumsgesellschaft, die einem breiten Anlegerkreis offen steht[922]. Die lockere Bindung des Aktionärs an die Gesellschaft durch die jederzeitige Veräußerbarkeit rechtfertigt deren geringe Einflussmöglichkeiten auf die Gesellschaft selbst. Das Risiko der Anleger ist auf den für die Aktien gezahlten Betrag beschränkt. Es ist nicht erforderlich, dass ein Aktionär die Durchführung der Due Diligence durchsetzen kann. Diese Befugnis hat nur der Vorstand einer Aktiengesellschaft bei Überwiegen entsprechend starker Unternehmensinteressen.

921 Bremer, GmbHR 2000. 176 (176ff.).

922 Karsten Schmidt, Gesellschaftsrecht, 778/779.

II. Börsennotierte Aktiengesellschaft

1. Informationsweitergabe und Due Diligence im WpHG

Nach allgemeiner Ansicht schützt die Insiderregelung des WpHG in Übereinstimmung mit dem europäischen Recht allein das über individuelle Interessen hinausgehende Rechtsgut der Funktionsfähigkeit des organisierten Kapitalmarkts[923]. Hieraus folgt zwischen einer privaten Aktiengesellschaft und einer börsennotierten Aktiengesellschaft der Unterschied, dass bei Herausgabe von Informationen im Rahmen der Due Diligence die Regelungen des WpHG zu berücksichtigen sind.

Nach einer entsprechenden Stellungnahme des EuGH ist ein enger Zusammenhang und die Einordnung einer Informationsweitergabe als „unerlässlich" nach einer umfassenden Interessenabwägung erforderlich, um eine Zurückstellung der Interessen an der Funktionsfähigkeit der Märkte zuzulassen und die Strafbarkeit gemäß §§ 38 Abs. 1 Nr. 2, 39 Abs. 2 Nr. 3 i.V.m. § 14 Abs. 1 Nr. 2 WpHG auszuschließen.

2. Ergebnis

Die gesteigerten Anforderungen an die Informationsweitergabe zum Zweck der Durchführung der Due Diligence sind in Anbetracht der zusätzlich zu berücksichtigenden Interessen zu erklären: Es gilt nicht nur, die Interessen von Aktionär und Unternehmen (inklusive Arbeitnehmer etc.) zu berücksichtigen, sondern auch die Funktionsfähigkeit der Märkte zu schützen.

III. Gesellschaft mit beschränkter Haftung

1. Informationsrechte und Due Diligence in der GmbH

Das wesentliche Merkmal in der Organisation der GmbH ist die Weisungsabhängigkeit der Geschäftsführer; die Gesellschafter sind für die Bestellung, Abberufung und Entlastung und für die Prüfung und Überwachung der Geschäftsführer zuständig. [924]. Sie können der Geschäftsführung Weisungen erteilen.

---

923 Assmann/Schneider/Assmann, WpHG, § 14 Rn. 7.

924 Karsten Schmidt, Gesellschaftsrecht, § 36 I. 2. a).

2. Vergleich mit anderen Gesellschaftsformen

§ 51a GmbHG eröffnet den Gesellschaftern der GmbH weiterreichende Informationsmöglichkeiten, als sie der Aktionär in der Aktiengesellschaft oder der Kommanditist in der KG hat. Auch wenn dies in Anbetracht der Weisungsbefugnis bei der GmbH zugunsten der Gesellschafter im Gegensatz zu der Aktiengesellschaft gerechtfertigt erscheint[925], ist im Fall der GmbH zu beachten, dass die Weisungsbefugnis ihre Grenzen dort findet, wo die Pflicht der Geschäftsleitung zum Schutz der Gesellschaft beginnt[926].

Die Gestattung der Due Diligence über einen bestehenden Informationsanspruch eines Gesellschafters hinaus kann der Geschäftsführer einer GmbH im Gegensatz zu dem Vorstand in der Aktiengesellschaft nicht selbständig treffen; aufgrund der unterschiedlichen Stellung von Geschäftsführer und Vorstand muss diese Entscheidung bei der GmbH von der Gesellschafterversammlung getroffen werden[927]. Hierin wird der Unterschied zwischen GmbH und AG deutlich, der darin liegt, dass der Vorstand die Aktiengesellschaft in eigener Verantwortung und damit ohne Weisungsabhängigkeit gemäß § 76 AktG leitet, während in der GmbH die Gesellschafterversammlung das höchste Organ ist; sie kann der Geschäftsführung Weisungen erteilen[928].

3. Ergebnis

Diese Ergebnisse entsprechen der GmbH als Kapitalgesellschaft, die aber auch personalistische Strukturelemente aufweist, indem sie auf wenige Gesellschafter und nicht auf breites Publikum ausgerichtet ist[929]. Im Regelfall verliert ein Gesellschafter seine Rechtsstellung durch Veräußerung seines Anteils oder durch Beendigung der Gesellschaft. Ein ordentliches Kündigungsrecht ist nicht vorgesehen[930]. In Anbetracht dessen, dass der Gesellschafter also auf Veräußerung angewiesen ist, kein Markt wie für Aktien besteht, rechtfertigt sich der Anspruch auf Durchführung einer Due Diligence.

---

925 Karsten Schmidt, Gesellschaftsrecht, § 36 I. 2. a).
926 Teichmann, in: Merkt, Rn. 873.
927 Meincke, WM 1998, 749 (752).
928 Karsten Schmidt, Gesellschaftsrecht, 1068f.
929 Karsten Schmidt, Gesellschaftsrecht, 985.
930 Karsten Schmidt, Gesellschaftsrecht, 1065.

IV. OHG/KG

1. Informationsrechte und Due Diligence in der OHG/KG

Die Informationsrechte des Kommanditisten sind in der KG nicht befriedigend geregelt: Nur eine Fortbildung des Informationsrechts schafft Hilfe[931]. Komplementäre in einer KG bzw. einer OHG dagegen haben umfassende Informationsrechte.

2. Vergleich mit anderen Gesellschaftsformen

Nach *Bartels* soll der Kommanditist nach derzeitiger Gesetzeslage gegenüber einem Aktionär schlechter gestellt sein, da sich seine Informationsrechte auf die Ausübung eines Kontrollrechts beziehen[932]. Der Kommanditist ist nur scheinbar schlechter gestellt als Aktionär und Gesellschafter in der GmbH[933]. Aufgrund seines über den gesetzlichen Rahmen des § 166 HGB hinausgehendes Auskunftsrechts kann er dann einen Anspruch auf Durchführung der Due Diligence haben, wenn er, um seine Mitgliedschaft zu beenden, nur die Möglichkeit hat, seinen Geschäftsanteil zu verkaufen.

Für Komplementäre in der OHG und KG folgen ausreichende Informationsrechte aus § 118 HGB, so dass sie nach umfassender Abwägung zwischen den Interessen der Gesellschaft und denen des am Verkauf interessierten Gesellschafters die Durchführung einer Due Diligence durchsetzen können. Im Ergebnis ist ihre Situation mit derjenigen von Gesellschaftern in einer GmbH vergleichbar.

3. Ergebnis

Gemäß der passiven Teilhaberschaft von Kommanditisten sind die Rechte, auf die Leitung der Gesellschaft Einfluss zu nehmen, schwach ausgestaltet: Ihnen stehen lediglich das Widerspruchsrecht bei ungewöhnlichen Geschäften gemäß § 164 HGB und das Kontrollrecht gemäß § 166 HGB zu. Da sie jedoch die Möglichkeit haben müssen, ihre Mitgliedschaftsrechte, wozu die Beendigung der Mitgliedschaft gehört, auszuüben, ist ihr Auskunftsrecht über den Rahmen des § 166 HGB hinaus zu erweitern.

---

931 Karsten Schmidt, Gesellschaftsrecht, § 53 III 3. a) und b) (1540f.).

932 Bartels, DStZ 1999, 73 (75 Fn. 12).

933 Lutter, ZIP 1997, 613 (620).

I. Zusammenfassung/Überblick

Die Frage von Information und Geheimhaltung in der Due Diligence wird noch immer kontrovers diskutiert. Die Weigerung durch die Geschäftsleitung, eine Due Diligence zu gestatten, beruht inzwischen weniger auf der Tatsache, dass die Durchführung einer Due Diligence in Deutschland unüblich ist oder die Geschäftsleitungen aus Unkenntnis über die Vorteile der Due Diligence diese nicht gestatten. Stattdessen liegt es an den drohenden Gefahren, die von der Offenlegung der Unternehmensinterna im Rahmen der Due Diligence ausgehen können, dass sich Vorstände oder Geschäftsführer oftmals nur schwer überzeugen lassen, eine Due Diligence zu gestatten: Auch wenn Fälle, in denen die Risiken sich realisierten, kaum in der Öffentlichkeit bekannt werden, hemmen die Risiken die Entschlussfreudigkeit der Geschäftsleitungen.

Diese Situation veranlasste ursprünglich einzelne Stimmen in der rechtlichen Literatur, die Durchführung der Due Diligence entweder nicht zuzulassen, oder wenigstens erheblich einzuschränken. Doch zeigt die Entwicklung in der Literatur der letzten Jahre, dass der Geschäftsleitung zunehmend Flexibilität im Spannungsfeld zwischen Geheimhaltung und Information eingeräumt worden ist. Diese Tendenz berücksichtigt die Anforderungen der Praxis hinsichtlich Unternehmenstransaktionen, um auf der einen Seite den Anforderungen einer strategisch und unternehmerisch anspruchsvollen Geschäftsleitung gerechtwerden zu können und um auf der anderen Seite Rechte der Gesellschafter oder Aktionäre nicht empfindlich zu beschneiden. Auch wenn durch die Grongaard und Bang-Entscheidung des EuGH die Tendenz geschaffen wurde, die Zulässigkeit der Informationsweitergabe im Rahmen einer Due Diligence eher restriktiv zu beurteilen, bleibt festzuhalten, dass bei Vorliegen einer entsprechenden Interessenlage, wie zum Beispiel bei Veräußerung einer wesentlichen Beteiligung, die Informationsweitergabe „unerlässlich“ und damit zulässig ist.

Zweck dieser Arbeit war es, offen zu legen, dass die Problematik von Information und Geheimhaltung nicht aufgrund der Adaption eines angloamerikanischen Rechtsinstituts, quasi eines Fremdkörpers, ins deutsche Recht entsteht, sondern vor allem aufgrund der gegensätzlichen Interessenlage zwischen potentiellen Käufer und Verkäufer einer komplexen Transaktion[934]. Die Probleme entstehen nicht nur bei Durchführung einer umfassenden Due Diligence, sondern

934 So auch Volhard/Weber, in: Semler-FS, 387 (387/388).

bei sämtlichen sensiblen Informationen, die im Vorfeld einer Transaktion offen gelegt werden. Es ist nicht entscheidend, dass umfassend Unternehmensinterna durch eine Due Diligence offen gelegt werden. Der Kaufinteressent eines Unternehmens wird unabhängig von der Durchführung einer Due Diligence immer soviel Informationen über das Objekt des Interesses haben wollen, wie der Verkäufer bereit ist zu geben.

Barthel geht noch weiter und regt an, die üblicherweise entstehenden Konfliktpunkte, wie Gewährleistungsregelungen im Anteilskaufvertrag, Regelungen zur Anpassung des Kaufpreises, zwischen Käufer und Verkäufer mittels der Due Diligence zu lösen[935]. Unverzichtbar ist, dass die Informationsübergabe im Wege einer umfassenden Due Diligence nicht willkürlich und unüberlegt geschieht, sondern in einer Art und Weise, die höchstmögliche Geheimhaltung gewährleistet. Wird eine Due Diligence nach dem vorgeschlagenen Muster durchgeführt, können demnach die damit verbundenen Gefahren bestmöglich reduziert werden.

935 Barthel, DStZ 1999, 73 (75).

J. ANHANG

I. Beispiel einer Due Diligence Checkliste

Vorbereitung eines Datenraumes [Name des Targets] **(„Gesellschaft")**

Liste der benötigten Unterlagen und Informationen

A. Business

		bereitgestellt	**nicht anwendbar**
1.	Produktinformationen, Erläuterung des Produktprogrammes;	☐	☐
2.	Marktanalyse, einschließlich Analyse von Wettbewerbern;	☐	☐
3.	Überblick über Vertriebsschienen und Vertriebskapazitäten; Höhe der in die Planung eingestellten Vertriebskosten;	☐	☐
4.	Mittel- und langfristige Business- und Strategieplanung;	☐	☐

B. Finanzen und Steuern

		bereitgestellt	nicht anwendbar
1.	Jahresabschlüsse, Lageberichte und Prüfungsberichte für die letzten drei Geschäftsjahre;	☐	☐
2.	aktueller Geschäftsplan, einschließlich Jahresbudget und Cash Flow-Planung, für das laufende und das kommende Geschäftsjahr; Quartalspläne;	☐	☐
3.	Monatliche betriebswirtschaftliche Auswertungen;	☐	☐
4.	Aktuelle GuV;	☐	☐
5.	Inventarliste;	☐	☐
6.	Erläuterungen zur Risikovorsorge in der Bilanz bzw. zur Auflösung von Rückstellungen;	☐	☐
7.	Betriebsprüfungen; sonstige steuerlichen Verfahren; Lohnsteueraußenprüfung	☐	☐
8.	Korrespondenz mit Finanzbehörden;	☐	☐
9.	Steuererklärungen und -bescheide für die letzten drei Jahre;	☐	☐

C. Rechtliche Verhältnisse

a. Gesellschaftsverfassung und Beteiligungsstruktur

		bereitgestellt	nicht anwendbar
1.	Aktueller Handelsregisterauszug einschließlich noch nicht eingetragener Anmeldungen zum Handelsregister;	☐	☐
2.	Gesellschaftsvertrag in der derzeit gültigen Fassung;	☐	☐
3.	Gründungsvertrag der Gesellschaft und Urkunden über seit Gesellschaftsgründung gefasste satzungsändernde Hauptversammlungsbeschlüsse (einschließlich noch nicht zum Handelsregister angemeldeter Beschlüsse); soweit es sich um Beschlüsse handelt, mit denen das Stammkapital erhöht oder herabgesetzt worden ist, sind die entsprechenden Übernahmeerklärungen beizufügen sowie Nachweise über den Betrag, die Form und den Zeitpunkt der Einlageleistung;	☐	☐
4.	Liste der derzeitigen Gesellschafter einschließlich ihrer Anschriften und der gehaltenen Geschäftsanteile, unter Angabe von Fällen, in denen die Geschäftsanteile treuhänderisch für Dritte gehalten werden sowie von Unterbeteiligungen;	☐	☐
5.	Geschlossene Kette der Urkunden über die Übertragung von Geschäftsanteilen vom Zeitpunkt der Gesellschaftsgründung bis hin zum Zeitpunkt des Erwerbes durch die jetzigen Gesellschafter;	☐	☐
6.	Vereinbarungen über jegliche Belastungen der Geschäftsanteile sowie über sonstige Rechte Dritter daran, insbesondere Verpfändungen, Optionsrechte, Vorkaufsrechte;	☐	☐

7. Protokolle der Gesellschafterversammlungen seit Gründung der Gesellschaft; ☐ ☐

8. Vereinbarungen über die Gewährung von Gesellschafterdarlehen bzw. Darlehen von verbundenen Unternehmen oder Angehörigen der Gesellschafter an die Gesellschaft und Vereinbarungen über die Gewährung von Darlehen durch die Gesellschaft an Gesellschafter bzw. deren verbundene Unternehmen oder Angehörige, jeweils unter Angabe des Zinssatzes, des Betrages und des Zeitpunktes der Leistung und der Rückzahlung sowie der Bestellung von Sicherheiten; ☐ ☐

9. Vereinbarungen über die Bestellung von Sicherheiten durch Gesellschafter bzw. deren verbundene Unternehmen oder Angehörige für Verbindlichkeiten der Gesellschaft und Vereinbarungen über die Bestellung von Sicherheiten durch die Gesellschaft für Verbindlichkeiten der Gesellschafter bzw. deren verbundene Unternehmen oder Angehörige; ☐ ☐

10. Andere Vereinbarungen der Gesellschaft mit Gesellschaftern oder deren Angehörigen; ☐ ☐

11. Die Gesellschaft oder das Gesellschaftsverhältnis betreffende Vereinbarungen der Gesellschafter untereinander bzw. mit Dritten, insbesondere Beteiligungsvereinbarungen, Gesellschaftervereinbarungen und Stimmbindungsvereinbarungen; ☐ ☐

12. Vereinbarungen über die Einbringung, den Erwerb, die Veräußerung und/oder Übertragung und/oder Verpachtung von Unternehmen oder Unternehmensteilen oder wesentlichen Vermögensgegenständen (Patente, Know-how, etc.); ☐ ☐

b. Wesentliche Verträge

		bereitgestellt	nicht anwendbar
1.	Sämtliche Vereinbarungen und Absichtserklärungen hinsichtlich durchgeführter oder in Planung befindlicher Beteiligungen der Gesellschaft an Gemeinschaftsunternehmen (Joint-Ventures), Konsortien, Kooperationen und Zusammenarbeitsvereinbarungen mit anderen Forschungseinrichtungen und der Industrie (z.B. für Forschung und Entwicklung, Herstellung, Marketing oder Ein- und Verkauf);	☐	☐
2.	Sämtliche Vereinbarungen und Absichtserklärungen mit Partnern, Lieferanten, Subunternehmern und Kunden;	☐	☐
3.	Lizenzvereinbarungen;	☐	☐
4.	Beraterverträge;	☐	☐

c. Personalangelegenheiten

		bereitgestellt	nicht anwendbar
1.	Liste aller Geschäftsführer und Arbeitnehmer (einschließlich leitender Angestellter sowie freier Mitarbeiter) unter Angabe des Namens, des Alters, des Eintrittszeitpunktes, der Funktion und des Bruttogehaltes einschließlich von Boni, Prämien etc.;	☐	☐
2.	Kopien der Geschäftsführer-Dienstverträge sowie der Anstellungsverträge sämtlicher Arbeitnehmer der Gesellschaft;	☐	☐
3.	Eventuelle Standard-Dienstverträge für die Arbeitnehmer der Gesellschaft;	☐	☐
4.	Zusagen für betriebliche Altersversorgungen (Direktzusagen oder mittelbare Versorgungszusagen), unabhängig ob Kollektiv- oder Individualzusagen, gegenüber derzeitigen oder früheren Geschäftsführern und Arbeitnehmern oder anderen Personen unter Darstellung der einschlägigen Pensionspläne und deren Sicherstellung (Rückstellungen, Direktversicherungen o.a.) und unter Angabe bereits entstandener unverfallbarer Anwartschaften und Beifügung vorhandener versicherungsmathematischer Gutachten;	☐	☐
5.	Vereinbarungen über die Gewährung gewinn- oder umsatzabhängiger oder anderer neben das Grundgehalt tretender Vergütungen für Geschäftsführer, leitende Angestellte und anderer Arbeitnehmer der Gesellschaft;	☐	☐

d. Finanzangelegenheiten

		bereitgestellt	nicht anwendbar
1.	Vereinbarungen über die Inanspruchnahme oder Gewährung von Krediten (einschließlich der Einräumung oder bloßen Duldung der Inanspruchnahme von Kreditlinien) und deren Besicherung, ausgenommen handelsübliche Stundung von Forderungen und Verbindlichkeiten;	☐	☐
2.	Bürgschaften, Garantieverpflichtungen und Sicherheitsleistungen aller Art (einschließlich Patronatserklärungen) der Gesellschaft, sowie Verpflichtungen gegenüber Dritten, die wiederum für die Gesellschaft Bürgschaften, Garantien oder sonstige Sicherheiten gestellt haben, ausgenommen branchenübliche Erfüllungsbürgschaften, Akkreditive und Garantieverpflichtungen im Zusammenhang mit der Abwicklung von Lieferungen und Leistungen im gewöhnlichen Geschäftsbetrieb;	☐	☐
3.	Kopien sämtlicher Leasing, Teilzahlungs- und etwaiger Factoringverträge, Liste aller geleasten Fahrzeuge unter Angaben zum Fahrzeugtyp, monatliche Leasingrate, Nebenkosten, Laufzeit, eventuell geleistete Anfangs-zahlungen, Übernahmeverpflichtungen, Schlusszahlungen;	☐	☐
4.	Liste der Bankkonten der Gesellschaft unter Angabe der jeweils Zeichnungsberechtigten.	☐	☐

e. Rechtsstreitigkeiten

		bereitgestellt	nicht anwendbar
1.	Aufstellung aller schwebenden oder drohenden Prozesse (zivilrechtliche und verwaltungsrechtliche Verfahren) und Schiedsverfahren, jeweils aktiv und passiv, sowie behördlicher Untersuchungen und Verfahren einschließlich aller Straf- und Ordnungswidrigkeitsverfahren (gegen das Unternehmen, Organe oder Arbeitnehmer, sofern sie mit dem Geschäftsbetrieb zusammenhängen);	☐	☐
2.	Kopien sämtlicher Anwaltsschreiben an die Abschlussprüfer im Hinblick auf schwebende oder drohende Prozesse und Verfahren.	☐	☐

f. Öffentliche Förderungen und Zuschüsse

	bereitgestellt	nicht anwendbar
Informationen zu öffentlichen Förderungen und Zuschüssen	☐	☐

g. Betriebsstätten und Geschäftsbetrieb

		bereitgestellt	nicht anwendbar
1.	Liste aller Betriebsstätten der Gesellschaft unter Einschluss der Zweigniederlassungen und Filialen (Grundstücke und Räumlichkeiten) mit genauer Adresse;	☐	☐
2.	Miet-, Pacht- und Leasingverträge über Betriebsstätten in fremdem Eigentum;	☐	☐
3.	Kopie der Gewerbeanmeldung;	☐	☐

h. Gewerbliche Schutzrechte

		bereitgestellt	nicht anwendbar
1.	Aufstellung sämtlicher eigener Patente sowie fremder Patente, die von der Gesellschaft genutzt werden, sowie sämtlicher anhängigen Patentanmeldungen;	☐	☐
2.	Aufstellung von Widerspruchs- bzw. Nichtigkeitsverfahren hinsichtlich der erteilten bzw. angemeldeten Patente;	☐	☐
3.	Lizenzverträge über Dritten gewährte Lizenzen für Patente;	☐	☐
4.	Angaben zu Patentverletzungsverfahren, in denen die Gesellschaft Partei ist;	☐	☐
5.	Angaben entsprechend der Ziffern 1. - 5. für Marken;	☐	☐
6.	Beschreibung des bei der Gesellschaft genutzten Know-hows unter Angabe, wer Inhaber dieses Know-how ist;	☐	☐
7.	Beschreibung der bei der Gesellschaft genutzten Urheberrechte unter Angabe, wer Inhaber dieser Urheberrechte ist;	☐	☐
8.	Verträge hinsichtlich der Nutzung von Know-how und Urheberrechten durch die Gesellschaft;	☐	☐
9.	Verträge hinsichtlich der Nutzung von Know-how und Urheberrechten der Gesellschaft durch Dritte;	☐	☐
10.	Liste aller abgeschlossenen Geheimhaltungsvereinbarungen;	☐	☐
11.	Zusammenarbeitsvereinbarungen, Entwicklungsverträge und sonstige Vereinbarungen auf dem Gebiet der gewerblichen Schutzrechte;	☐	☐

i. Verschiedenes

		bereitgestellt	nicht anwendbar
1.	Aufstellung der von der Gesellschaft abgeschlossenen Versicherungen (ausgenommen Versicherungen der betrieblich genutzten Personenkraftfahrzeuge) unter Angabe des Versicherers, der gedeckten Risiken und der Versicherungssummen sowie der Prämien (einschließlich der fälligen und nicht gezahlten Prämien); Angabe, ob die Gesellschaft die Bestimmungen der Verträge beachtet oder ob der Versicherungsschutz gefährdet ist, ob eine Versicherung gekündigt wurde (vom Versicherer oder der Gesellschaft) und ob Versicherungsansprüche über EURO 25.000 geltend gemacht wurden;	☐	☐
2.	Verträge aus denen sich Verpflichtungen der Gesellschaft von mehr als EURO 25.000,00 (netto) im Einzelfall ergeben oder die außerhalb des gewöhnlichen Geschäftsverkehrs der Gesellschaft liegen, soweit diese nicht bereits in einer der vorgezeichneten anderen Kategorien angegeben sind;	☐	☐

Quelle: Eigene Darstellung

II. Beispiel eines Confidentiality Agreement

[Briefkopf des potentiellen Käufers]

[ ]

Attention: [ ]

Dear Sirs

CONFIDENTIALITY UNDERTAKING

We refer to our discussions with [ ] (**"Company"**) in relation to [ ] (**"Project"**). In consideration of the Company and any members of the group of companies affiliated with the Company (**"Group"**) or any of its or their professional advisers, directors, officers, servants or employees releasing to is or to any of our holding, associated and subsidiary companies, as the case may be, any business, financial, operational or other information or data (**"Confidential Information"**), we undertake to the Company as follows:

1. Confidentiality Undertaking

Subject to paragraph 2, we shall:

(a) treat all Confidential Information as strictly secret and confidential at all times;

(b) only disclose the Confidential Information to our professional advisers, directors, officers, servants or employees and those of its affiliated companies within the meaning of section 15 German Stock Corporation Act (the **"Representatives"**) who necessarily need to receive and consider the Confidential Information for the purposes of the Project;

(c) not disclose the Confidential Information to anyone, other than the persons referred to in paragraph 1(b), without the Company's prior written consent (which may be given on such terms as the Company considers appropriate); and

(d) not use the Confidential Information for any purpose (including, but not limited to, any competitive or commercial purpose) other than in relation to the Project.

Any person referred to in paragraph 1(b) will be expressly informed by us of the confidential nature of the Confidential Information and the purpose for which it may be used and we will be responsible for procuring their compliance with the terms of this Letter as if they were subject to the same obligations to the Company as we are subject to under this Letter.

We will promptly notify the Company if we or any of our officers, employees, affiliates or agents becomes aware of any breach of confidence by any person, firm or corporation to whom it has divulged all or any part of the Confidential Information or who becomes aware of it in an unauthorized way, and will give the Company all reasonable assistance in connection with any proceedings which the Company may institute against such person, firm or corporation for breach of confidence in relation to the Confidential Information.

2. Exceptions

We will be under no obligation to keep confidential any Confidential Information that we demonstrate:

(a) was known to us at the time of its disclosure to us by the Company and was not acquired in any way from the Company or any members of the Group or any of its or their professional advisers, directors, officers, servants or employees and provided that such information, as far as we are aware, is not known to be subject to any other duty of confidentiality owed to the Company or any other person; or

(b) is in, or has, after disclosure to or acquisition by us, entered the public domain other than by reason of a breach of the undertakings given pursuant to this Letter by us.

We will be entitled to disclose any Confidential Information if and to the extent that it is required to do so by any law or by any court or regulatory agency or authority, provided that, except to the extent prohibited by law or regulation from so doing, we will notify the Company as soon as reasonably possible upon becoming aware of any such requirement and give the Company reasonable assistance in connection with any legally available steps which it may take to resist or narrow such requirements.

3. Returning Confidential Information

Upon receipt of a written request from the Company, we will to the extent permitted by law:

(a) return to the Company or, subject to paragraph 3(b) below, destroy all documents and all other materials containing or reflecting any Confidential Information, together with any copies, which are in our possession or control or in the possession or control of any of our directors, officers, servants, employees or professional advisers and which are in a form capable of delivery or destruction; and

(b) to the extent possible, expunge all Confidential Information from any computer, word processor or similar device into which it was programmed by us or on our behalf or by our professional advisers or on their behalf,

provided that we will be permitted to retain one copy of the Confidential Information for the purposes of and so long as required by any law, court or regulatory agency, authority or in accordance with applicable law.

If we are requested by the Company in writing to comply with sub-paragraphs 3(a) and (b) above, we shall, within 14 days of that request, provide the Company with a certificate addressed to it and signed by one of our directors confirming the compliance with this paragraph.

We acknowledge that neither the return of any Confidential Information nor the expunging of any of the same from our records will release us from our obligations under this Letter.

4. Representations

We shall be responsible for making our own decision on the Confidential Information and we acknowledge that neither the Company nor any other member of the Group nor its or their professional advisers, directors, officers, servants, employees or agents nor any other person (**"Relevant Persons"**) make any representation, warranty or undertaking, express or implied, as to the accuracy, reliability, completeness or reasonableness of the Confidential Information. The Relevant Persons will be under no duty to provide access to any additional information or to update or correct (if required) any Confidential Information. Accordingly, the Relevant Persons will not be liable for any direct, indirect or consequential loss or damage suffered by any person as a result of relying on any statement contained in or omitted from the Confidential Information.

We understand that the furnishing of the Confidential Information will not constitute an offer of any nature whatsoever by any Relevant Person, nor form the basis of or any representation in relation to any contract.

5. Duration

The rights and obligations undertaken by us under this Letter will remain in force until the earlier of: (a) the completion of the Project between us and the Company; and (b) a period of eighteen (18) months from the date of this agreement.

6. Relief

We acknowledge that remedies at law may be inadequate to protect the Company against any breach of this Letter by us or by our professional advisers, directors, officers, servants or employees, and without prejudice to any other rights and remedies otherwise available to the Company we agree that the Company will be entitled to the granting of injunctive relief in its favor.

7. Reciprocity

In consideration of the undertakings given by us in this letter, the Company undertakes for itself and on behalf of the Group to keep confidential and not disclose to any third party (i) the fact that the Confidential Information has been made available to us and our group, or that any discussions or negotiations are taking place or have taken place involving us or any other members of our group relating to the Project (ii) any non-public information or material regarding us or any other member of our group provided by us/any other member of our group or our officers, directors, employees, agents or advisers to in connection with or throughout the course of any discussions relating to the Project, and, in addition, the Company undertakes not to make any announcement relating thereto without our prior written consent.

8. Waiver

No failure or delay in exercising any right, power or privilege under this Letter will operate as a waiver of it, nor will any single or partial exercise of it preclude any further exercise.

9. Severability

The provisions of this Letter shall be separate and several in the event that any of the provisions are held by a court of competent jurisdiction to be invalid, void or otherwise unenforceable and the remaining provisions shall remain enforceable to the fullest extent permitted by law. Existing or arising gaps shall be closed by amendatory interpretation of the agreement, in reasonable consideration of the interests of the parties.

10. Governing Law

This Letter will be governed by and construed in accordance with the laws of the Federal Republic of Germany and we irrevocably submit to the exclusive jurisdiction of the German courts in connection with this Letter.

11. Acceptance

Please confirm your acceptance of the terms of this Letter by signing the acknowledgement on the attached copy of this Letter and returning it to us.

Yours faithfully

Agreed and accepted.

....
for [ ]

Date: ....

III. Übersicht über Durchführung der Due Diligence in den verschiedenen Rechtsformen

	AG	GmbH	KG/ GmbH & Co. KG/ Publikums-KG
Auskunftsrecht des am Verkauf interessierten Aktionärs bzw. Gesellschafters	Für den Aktionär: § 131 Abs. 1 S. 1 AktG	Für den Gesellschafter: § 51a Abs. 1 GmbHG	Für den Kommanditist: Allgemeines Auskunftsrecht
Anspruch hieraus auf Durchführung der Due Diligence	nein	ja, wenn Interessen des Gesellschafters an der Offenlegung die Interessen des Unternehmens an der Geheimhaltung unter Berücksichtigung des § 51a Abs. 2 GmbHG und gesellschafterlichen Treuepflichten überwiegen	ja, wenn Interessen des Kommanditisten an der Offenlegung die Interessen des Unternehmens an der Geheimhaltung überwiegen, insbesondere wenn Anteilsübertragung für den Kommanditist die einzige Möglichkeit der Beendigung seiner Mitgliedschaft ist.
Im Vertragskonzern	ja, gemäß § 308 Abs. 1 S. 1 AktG	--	--
Im faktischen Konzern	nein	--	--
Für die Abwägung zuständiges Gesellschaftsorgan, Entscheidungsform	Beschluss des Gesamtvorstand	Geschäftsführer Falls dieser Auskunft verweigern will, ist Beschluss der Gesellschafterversammlung herbeizuführen, § 51a Abs. 2 S. 2 GmbHG	geschäftsführender Gesellschafter

Befugnis der Geschäftsleitung, eine Due Diligence unabhängig des Anspruchs eines Aktionärs/ Gesellschafters durchzuführen	ja, wenn im Rahmen des § 93 Abs. 1 S. 3 AktG die Unternehmens-interessen an der Offenlegung die Unternehmens-interessen an der Geheimhaltung überwiegen	ja, wenn Unternehmensinteressen an der Offenlegung die Unternehmensinteressen an der Geheimhaltung überwiegen	ja, wenn Unternehmensinteressen an der Offenlegung die Unternehmensinteressen an der Geheimhaltung überwiegen
Im Vertragskonzern	§ 93 Abs. 1 S. 3 AktG ist zu beachten, wenn dieser in Ermangelung einer Weisung i.S.d. § 308 Abs. 2 AktG gemäß § 310 Abs. 3 AktG nicht verdrängt wird.	--	--
Im faktischen Konzern	Neben § 93 Abs. 1 S. 3 AktG greift § 311 AktG ein.	--	--
Bei Börsennotierung	Im Rahmen der Abwägung sind zusätzlich die Interessen an der Funktionsfähigkeit der Märkte zu berücksichtigen.	--	--
Für die Abwägung zuständiges Organ, Entscheidungsform	Beschluss des Gesamtvorstands	Beschluss der Gesellschafterversammlung	Beschluss der Gesellschafterversammlung

IV. Zeitschiene für die Due Diligence am Beispiel eines Unternehmenskaufs (Aktiengesellschaft)

- Erste Kontaktaufnahme/ Vorbereitende Sondierungsgespräche zur Ermittlung der übereinstimmenden Kauf- und Verkaufsbereitschaft
- Erhalt eines ersten Unternehmensprofils
- Unterzeichnung einer Absichtserklärung („Letter of Intent“) und einer Geheimhaltungsvereinbarung
- Bei Bietungsverfahren:
    - Anweisungen für das Bietungsverfahren (First Round Bidding Instructions)/ Abgabe erster unverbindlicher Angebote (First Unbinding bids)
    - Aufnahme in das abschließende Bietungsverfahren (Final Round Bidding)
- Beginn der Vertragsverhandlungen
- Beschluss des Gesamtvorstands über die Gestattung der Due Diligence
- Vorbereitung des Data Rooms durch den Verkäufer, ggf. Zurückhaltung besonders sensibler Daten/ Festlegung der Rules of Data Room Procedure, insbesondere Festlegung der Personen, die Zutritt erhalten
- Due Diligence:
    - Betriebsbesichtigung, Interviews, Dokumentendurchsicht
    - Schwerpunktbildung
    - Erstellen von Opinion Letter und Due Diligence Report
- ggf. Memorandum of Understanding
- Letztes bindendes Gebot
- Letzte Vertragsverhandlungen
- Unterzeichnung des Kaufvertrages
- Closing/ Übernahme der tatsächlichen Leitungsmacht über das verkaufte Unternehmen durch den Käufer
- ev. Post Acquisition Audit

Quelle: Eigene Darstellung

www.ingramcontent.com/pod-product-compliance
Ingram Content Group UK Ltd.
Pitfield, Milton Keynes, MK11 3LW, UK
UKHW021235031026
15588UKWH00001B/97